质与量的未来
塑造企业未来的"20字诀"

杨钢 ◎ 著

The
Future
of
Quality and
Quantity

"The 20-words Action Guide" of Competing to Shape the Future

本书是备受推崇的畅销书《质与量的战争》的姊妹篇。作者针对中国企业经营管理中的质与量的乱象以及由量向质转型升级的困局，给出了理论上的解答、行动上的指南以及实现的途径。

作者经过20多年的实践与探索、思考与验证，纵观古今、横贯东西；立足现实，面向未来。不仅第一次系统阐述了全新的品质观、品质的"四性说"、品质创新原则、品质战略逻辑图、品质文化变革原理、品质领导力模型以及"品质竞争力驾驶舱"等，而且给出了一套适用于中国企业创新未来的品质竞争力解决方案。

本书立意高远，气势宏大，深入浅出，是对零缺陷管理的一次全面系统的新诠释，是一部有关品质战略、品质文化变革与品质竞争力的扛鼎之作；是一部激励富有远见的企业家、管理者自我革命，以寻求国际普适原则与本土思想文化资源对接的变革之书；也是一部激发企业员工活力，释放潜能、自主管理的行动之书。

图书在版编目（CIP）数据

质与量的未来 / 杨钢著. —北京：机械工业出版社，2020.7（2024.10重印）

ISBN 978-7-111-66038-5

Ⅰ.①质… Ⅱ.①杨… Ⅲ.①质量管理-研究-中国 Ⅳ.①F279.23

中国版本图书馆CIP数据核字（2020）第119691号

机械工业出版社（北京市百万庄大街22号 邮政编码100037）
策划编辑：坚喜斌　　　　　责任编辑：坚喜斌　蔡欣欣
责任校对：王　欣　　　　　责任印制：邰　敏
三河市宏达印刷有限公司印刷
2024年10月第1版·第8次印刷
170mm×230mm·19.25印张·3插页·236千字
标准书号：ISBN 978-7-111-66038-5
定价：83.00元

电话服务	网络服务
客服电话：010-88361066	机 工 官 网：www.cmpbook.com
010-88379833	机 工 官 博：weibo.com/cmp1952
010-68326294	金 书 网：www.golden-book.com
封底无防伪标均为盗版	机工教育服务网：www.cmpedu.com

本书赞誉

杨钢是"宣言书",向"质量就是符合要求"宣誓,向"质量就是差不多"宣战,向"进军世界一流"宣言;杨钢是"宣传队",从基本概念到质量理念,从案例剖析到中国实践,从生产企业到国防军工,掀起了一轮又一轮零缺陷和中国品质浪潮;杨钢是"播种机",播种质量种子,传播质量文化,剖析质量症结,形成了中国品质文化的燎原之势。

——蒋教平少将,中央军委科技委原委员、中国军方零缺陷管理首席专家

作者以自己的博学和对事业的执着,积极探索,认真实践,有理有据地揭示了一个恒久不变地真谛:质量是国之重器,是人类社会赖以生存的根本,启迪社会各方面为追求质量、创造质量、提高质量而坚持不懈地奋斗。

——郭若虚,中国质量万里行副会长、
原国家质量技术监督局暨国家经贸委质量司司长

这是一本竖看历史,立足现实,规划未来的质量领域里的力作。

杨钢博士常常能够纠正甚至刷新一些质量管理的"常识"与"习惯",一直致力于思考、探索适用于中国企业高质量发展的理念与方法。《质与量的未来》是中国质量新发展理念的实践篇,也是中国模式、中国经验、中国声音对世界质量的新贡献,值得每一位投身于新时代高质量发展变革征途中的实践者学习和借鉴。

——郝照平,中国航空工业集团总经理

中国经济转向高质量发展阶段,建设质量强国是实现中华民族伟大复兴的中国梦的根基。面临新时代的巨大不确定性,正确认知质量,才能准确拾获质量,无论是从产品观、符合观、顾客观、评价观、价值观角度,

还是从质量哲学视野，对质量的定义都需优化和再定义。杨钢的《质与量的未来》，以时不我待的责任感，透视管理变革，昭示了一场伟大的社会实验，发出中国质量人的声音。作者历经多年思考与探索，提出全新的品质观、品质文化说、品质战略论；全书立意新颖，不忘质量初心，牢记质量使命，系统诠释零缺陷管理，是数字时代、信息时代、智能时代质量界难得、不多的好书。

——符志民博士，国际宇航科学院院士、世界生产力科学院院士、中国航天科工集团公司总工艺师

质与量本是一对命运共同体，我们却时不时挑起它们之间的战争。没有量的质，是空中楼阁；而没有质的量，是一堆垃圾！杨钢老师集多年传道、授业、解惑之知识与智慧所思、所悟、所得，带你走出质与量的战争，塑造质与量的未来！

——杨双进，中国航天科技集团公司质量部部长

进入新世纪，时间似乎越来越快了，新的科技革命似乎也很快就要降临人间，人的基因和细胞的功能也越来越不够用了。在这样的时代，全球竞争的制高点也似乎不再是对机器的环境进行改变，而是要对自身进行革命了。中国零缺陷之父杨钢博士的《质与量的未来》一书就是人类进入这个新时代的指南，一本把握质与量辩证关系，突破人类自身在时间和空间中局限的里程碑性巨著。这部著作可贵之处不仅在于其是一本理论著作，还是一本实践著作，这部著作是作者几十年理论与实践的结晶，当然，这个结晶不仅属于作者个人，还属于他服务过、指导过的如雷贯耳的知名企业，如华为、中国航天，等等。我相信，随着这本书的出版和在中国甚至世界上那些知名的科技企业间的传播和讨论，作者的理论和实践必将推动人类在把控质与量的辩证关系方面跃升到新的境界。

——杜语博士，《美中时报》驻纽约首席代表、美国华新社首席评论员

这是零缺陷管理的扛鼎之作，这是面向未来的智慧洞见。杨钢博士的最新力作《质与量的未来》以宏大的气势、丰富的内涵、引人入胜的笔触告诉我们：心有所信，方能行远；量有所质，永续经营；峰有所登，必致巅顶。

——马智宏博士，全国党的建设研讨会特邀研究员、中远船务集团原党委书记

我在质量界做了一辈子，深知打赢"质与量的战争"是一件多么艰难的事情，但是我和杨钢都有着共同的信念，那就是要尽我们自己的微薄之力去做一件对国家、对社会都有重要意义的事情，而杨钢是我认为在目前中国的质量界做得最突出的专家与学者。我深信他的《质与量的未来》一定会把"中国品质"带向新的高度。

——解艾兰，原中国质量管理协会理事长、党委书记

杨钢老师的这本新书是对零缺陷管理的一次全面系统的新诠释，也是我们打造"方太品质"的有效指南。更可贵的是，本书将国际品质文化理念与中国本土思想文化和企业实践相结合，发出了品质管理领域的"中国声音"，是一本值得研读的好书。

——茅忠群，方太集团董事长兼总裁、2009—2010年度全国质量工作先进个人

在公司转型突破之际，有幸结缘杨钢院长和零缺陷。零缺陷是一种人生和工作哲学，作为通向员工"物心"双幸福之路的钥匙，助力全员实现百年新阳梦。我很喜欢莲花，它是花中君子，每一个人心中都有一朵清净的莲花与无量的智慧；我笃信，零缺陷就是我们生命中的莲花，只要将良知和良能生发出来，则我们的成就就会无量。我非常钦佩杨钢院长，他对当下"中国品质"蜕变化蝶的所思、所想、所为都彰显出远见、深邃、担当和情怀。

——郭文英，日本技研新阳集团董事总经理、深圳盛和塾理事长

管理学本身源于实践，是解决实践问题的科学。遗憾的是，历经百年发展，管理研究与管理实践渐行渐远，理论的完美性与实践的迫切性形成鲜明的矛盾。杨钢先生历经20多年的实践探索与深度思考，推出的力作《质与量的未来》，是零缺陷管理思想在中国管理实践上的升华，希望能照亮管理实践者前行的道路。

——何桢，天津大学管理与经济学部教授、教育部长江学者特聘教授、国家杰出青年基金获得者、万人计划领军人才、国际质量科学院院士

我和杨钢老师相识十几年了，当时公司研发体系正在进行管理变革，发现虽然有很多质量管理措施，但并没有统一的质量管理体系和语言。在杨钢老师的引导和培训下，体系化地把克劳士比质量管理思想和方法论在公司落地，对质量管理和质量文化建设发挥了重要的作用。对我本人在质量的认知方面产生了极大的帮助。后来我负责公司的IT信息技术部门，也把克劳士比质量管理思想引进来，帮助数据中心和IT系统业务的连续性建设起到了重要的作用。如今零缺陷早已成了我们的工作理念，影响至深。

杨钢老师是一个知识丰富的儒雅导师，听杨钢老师做质量引导和培训也是一种享受。《质与量的未来》这本书的出版，必将为广大读者与产业界带来巨大的帮助。

——苏立青，华为云首席数字化转型官

我跟克劳士比先生一起工作了超过40年，跟杨钢做同事和朋友也超过了20年。如果克劳士比今天还健在，他一定会为杨钢领导的克劳士比中国学院所做的出色工作感到非常的震惊和无比的欣慰。他能够深刻理解克劳士比先生的思想，并使用中西文化融通的方式全新诠释了品质及其实现的路径，成功地帮助了大量的中国企业领导层持续地致力于打造可信赖的和

创新性的组织。这不仅对于中国企业，而且对于全球企业的组织文化变革都具有示范作用。

——韦恩·考斯特博士，美国质量学院（AQI）创始院长、
克劳士比学院原董事长兼CEO、美国政府品质管理顾问

杨钢博士是华为贯彻质量领先战略、打造"华为品质"的真诚伙伴与指导者。本书复盘了华为消费者业务的一些真实案例，也针对经营企业中由量向质的转型，给出了理论上的指导和行动上的建议。《华为基本法》第八条："质量是我们的自尊心""各级管理者践行质量领导力，全体员工坚持零缺陷的工作标准"今天已融入我们组织的血液中。华为始终坚持以消费者为中心，以创新的产品、可靠的质量，打造万物互联的智慧全场景体验，构建消费者喜爱和信赖的品牌。期待与具有共同质量追求的伙伴共建高质量的产业链，践行"高质量铸就未来"的价值主张。

——余承东，华为常务董事、消费者业务CEO

看到杨钢博士的新作《质与量的未来》精神为之一振，一本好书可以醍醐灌顶，可以开山指路，此书汇聚了杨钢博士长期研究、实践和助力各行业零缺陷质量管理的功力，传递了屹立时代潮头迎接质量变革的思考。案例翔实，思辨缜密，既指引思想，又指导实践，是致力于中国电子行业质量事业的有识之士的手持卷、案头书。

——仲里，中国电子科技集团公司副总工程师

前　言

一场伟大的社会实验

这几年，笔者在乐观的外表下总有一种对未来挥之不去的忧虑，原因有三：

"奇点"将至，时不我待

"技术大爆炸"带来的冲击，尤其是 AlphaGo 战胜人类顶级高手之后"进化"成 AlphaGo Zero——把所学到的人类所有的棋局全部删除归零之后，开始自创规矩和棋局了；"伶牙俐齿"的机器人索菲亚，在取得了沙特阿拉伯的公民身份之后，在媒体面前宣布自己有一个成家生子的愿望；3D 打印机，不仅可以打印各种物品，而且可以批量生产，而英国已经在实验室打印出活体生物了。美国科技大咖雷·库兹韦尔（Ray Kurzweil）明确给出了"奇点"（singularity）到来的时间表——2045 年，他一直在与谷歌及 NASA（美国宇航局）合作，在硅谷设立"奇点大学"，做着未雨绸缪的工作——他认为"奇点"，即机器文明彻底取代人类文明之日，再之后，整个宇宙开始觉醒，将变成一部拥有超级智能的机器；凯文·凯利（Kevin Kelly）作为未来科技思想家，也在 TED 的讲坛上详细地绘制过宇宙将要变成超级智能机器的图画。

那么，人类将会是一种怎样的生存境况呢？没人敢于、更不愿意去想象。

但在 2017 年 10 月 23 日出版的那期《纽约客》杂志，却在封面上描绘出了一幅幽默但冷酷的画面：匆忙赶路的机器人，牵着自己的宠物——机器狗，正在向坐在地上行乞的人和他的宠物狗进行施舍……一时间全球惊呼，人们纷纷转发。一个月以后，科技史上的标志性人物史蒂芬·霍金，在全球移动互联网大会上表示，他对人工智能的快速崛起并终有一天全面超越人类、完全取代人类，有着严重的担忧。

"硅谷钢铁侠"埃隆·马斯克，一直抱持着"人工智能威胁论"，他虽然已经广泛地把人工智能应用到航天、汽车和太阳能及其制造等各个方面，也在专事研究人脑与计算机连接或把人脑"拷贝"到计算机芯片中的可能性，但他认为，人类可能在不知不觉中创造了"一个不朽的独裁者"，并将永远无法摆脱他们的统治。但马斯克居然成了索菲亚在各种场合公然嘲笑的对象。

一位年过八旬的智慧老人，活跃在政坛大半个世纪的亨利·基辛格博士，同样忧心忡忡，为此他专门组织了一系列关于这一主题的非正式对话。2018 年 5 月他在《大西洋月刊》发表文章 "How the Enlightenment Ends"（启蒙如何终结）。他认为，纵观历史，由于印刷术的发明和使用最终使人类进入理性时代，"个人的洞察力和科学知识取代了信仰作为人类意识的主要准则"。如今，一场新的、更为广泛的技术革命的勃发，也最终可能会诞生"一个依靠数据和算法驱动充满机器的世界"——人类的认知失去了个性，"个体变成了数据，而数据也就成了规范"；信息用速度和便利性抑制了人的内省与反思，威胁着智慧，真理也就变成相对的了……基辛格博士深深地担忧：我们人类的历史有可能被"一种不可理解的，甚至令人敬畏的"机器文化所终结。他甚至怀疑我们已经身处"人类历史新阶段的边缘"而浑然不知。如果再不准备，"不久我们就会发现我们开始得太晚了"。

管理变革，一直在进行

此时的中国正处于"伟大复兴"的重要时刻，企业更是处在努力消化东西方文化、融会贯通古今文明的历史时期，但因循的习惯，使人们常常开启"自动巡航"模式，而使闲置的理性越发蒙尘生锈；种种流行的"时尚式的"谬误和偏见，便会时不时地干扰行进的方向与路线；"管理短视症"基本上让组织失去了内省和自我剖析的能力，从而有意无意地忽视或无视"基因的局限"（加里·哈默）。所以，必须去把人们从思想的"懒惰和怯懦"（康德）中唤醒，用电击去医治人们因为倨傲而掩盖问题的麻木的神经，并将独立思考的外衣给他们穿上，促其踏上漫长的修行之旅。

怎么回事？许多人不解：难道发展了百年的管理学走错了路、出现了瓶颈，成为人们思想的桎梏？

这其实并不是一种质疑，而是一次演绎"困境与突围"的精彩篇章。从管理史上的欧文的空想社会主义，到梅奥的关于工业革命文明中的人类问题和社会问题，再到后来意志坚定的福利特，以及执着的老麦（道格拉斯·麦格雷戈）的"企业的人性面"的研究等，一路下来，可谓是精彩纷呈。如果我们再与当初那些乘着"五月花号"西行的欧罗巴叛逆者们加以对照，便可知他们都在致力于对美利坚进行改造。可以说，是一帮现实主义者在推动着工业革命的战车，是一帮理想主义者在推动着社会的进步、改造着社会。当这两股力量结合在一起时，就成就了美国式的实用主义，就推动了"管理学"的产生，也使得波澜壮阔的20世纪享有"管理世纪"的美誉。诡异的是，在号称自由民主的阵营里，其工商业组织却是"铁幕化"的、近乎独裁的，即使其生产力与效率的光芒暂时遮蔽了人们的眼睛。准军事化的管理制度大行其道，纪律、等级、规范、控制、胡萝卜加大棒，花样不断翻新，而且时时穿着科学管理的外衣。石油和美元"控制着"世界,钢铁和汽车"管理着"国家。就这样,企业迷失了方向,日渐富裕的人们早已习惯了人性扭曲的"双面性",而淫浸在后现代"无聊即意义"的社会生活里。

直到 2008 年,伴随着金融危机的飓风海啸,正准备庆祝百年华诞的通用汽车却在 6 月 1 日宣布破产保护。这位曾经代表着美国的形象、美式管理荣耀的工业巨人的倒下,是在敲响现代管理科学的丧钟吗?

人们当然有足够的理由这样认为。

几乎就在同时,一位蓄着英国绅士唇胡的美国学者,在跑步机上捕捉到了灵感,便决定效仿美国国家工程学院召集一些最聪明的科学家为未来列出一张最紧迫的任务清单的做法,也召集一帮最聪明的管理学家做同样的一件事。于是,在乍暖还寒的 2008 年 5 月,36 位美国顶级的学者、咨询顾问和 CEO 集聚在硅谷南面那个风光秀丽的度假胜地半月湾。他们中包括大名鼎鼎的彼得·圣吉、亨利·明茨伯格、C.K. 普拉哈拉德、凯文·凯利,以及 IDEO 的蒂姆·布朗、谷歌的玛瑞莎·梅耶尔。当然,少不了故事的主角,那位顶着"世界一流的战略大师"(《经济学人》)和"全球百位最有影响力的商业思想家"(《华尔街日报》)首位头衔的加里·哈默先生。经过两天的头脑风暴,他们制订出一个有关未来管理的"探月计划"(Moon Shots),以期能够消除管理中的痼疾,揭开管理学"宇宙大爆炸"之谜,最终征服管理领域的太空。为此,产生了 25 个"登月探测器"。它们又可归为六大类主题,即修补灵魂、释放潜能、促进变革、分配权利、寻求平衡、重塑思想。

如此看来,当科学管理统治"管理世纪"的时候,一百多年来,一定有一批充满创意和反叛精神的人,在进行着另一场伟大的实践,那就是让企业更加民主、更加充满激情、更加人性化。事实上,这些充满智慧的权威们——虽然缺少中国人的智慧而引以为憾——在"探月"之后,意犹未尽，依然集聚在由哈默教授领导的非营利组织MLab（管理实验室）中，发动着一场全球化的名为"人类运动（The Human Movement）——建立适合人类的组织"的运动，其宗旨是："我们相信：是时候建立一个旨在战胜官僚主义以使我们的组织人性化的全球运动了"。

伟大的实验，中国的声音

这些年我一直坚信：我们现在所做的一切都在影响和塑造着未来——正如德鲁克先生所说的，现在即"正在发生的未来"。每年十二三万公里的飞行距离，使我"面向未来"的企业启蒙与指导的主题变得更加真切而有质感。云端思考，地面践行，拓宽眼界；眼观古今，脚踏东西，展现情怀；梦也考量，醒也实践，趣味盎然。虽无"为伊消得人憔悴"，确有"众里寻他千百度"。何故？终有一套适用于中国企业去创新未来的思路与解决方案——立足现实，面向未来；思想（芯片）引领、系统（操作系统）支撑；虽然长着世界面孔，但有一颗中国的心。

任何理论和方法，如果不能将国际普适原则与本土思想文化资源对接，不能把全球优秀的最佳实践根植于本土文化之土壤之中，将因失去源头活水而干涸，也将因"文化血型"排异而枯萎。

也正因此，我们从身边一些颇为"特立独行"的企业实践中可以观察到未来组织的身影，也可透过这些身影去发现他们努力践行的深层次的理念与原则。

换句话说，对这些伟大实验的远眺近观，乃至详查或亲身参与，直接激发了我对源于西方管理传统的"创造性破坏"（约瑟夫·熊彼特）以及对未来中国企业品质竞争力及其永续经营能力的"重新想象"（汤姆·彼得斯）与构建。

几年来，许多企业领导、管理者、业界专家与我的学生们都希望我能够尽快出版此书，以弥补当下"中国品质"蜕变化蝶之理论与实践的"空白"。我本人也很愿意把这些年传道、授业、解惑的所思、所想、所为，与大家分享切磋。虽然它依然只是素描式的，缺乏耀眼的色彩，但我却认为，如果这种原创能够因此多了"一种中国声音"，即使是因激动而高喊、因急切而嘶哑，也将心无所憾了。正如马克思说过的那样："我已经说了，我已经拯救了自己的灵魂。"（《哥达纲领批判》）

杨　钢

目 录

本书赞誉

前言　一场伟大的社会实验

导　读
"20字诀"：直面未来之战

- 身份危机：我们是谁 / 3
- "20字诀"：只为寻找精神家园 / 4
- 逻辑关联：一幅完整的"大画面" / 6
- 要素展开：一种"自然的"行动指南 / 8
- "20字诀"： 未来品质的解决方案 / 12

第1章
数字时代的"天问"：何谓品质，谁传道之

1.1 **品质并不是"问题"** / 15
　　1. 一种自我迷惑的游戏 / 16
　　2. "公司的质量心态" / 17
　　3. 品质的"先天缺失症" / 19

1.2 **品质如何变成了"问题"** / 20
　　1. 有没有"品质问题" / 20
　　2. 组织为什么会被"品质问题"所困扰 / 22
　　3. "厕所问题"，究竟是什么问题 / 24

1.3 **发现管理的"基因缺陷"** / 27
　　1. 从管理史看管理欲解决的问题 / 27
　　2. "六组火箭" / 27
　　3. "智能时代"的管理变局 / 29

1.4 重新定义品质 / 31

    1. 品质即价值 / 32

    2. 品质是一种竞争优势 / 35

    3. 品质是一种竞争能力 / 39

1.5 品质智慧之"四性说" / 42

    1. "完整性"——组织的完整性 / 42

    2. "结构性"——"三个层面说" / 43

    3. "系统性"——"生命系统"的组织架构 / 45

    4. "根本性"——零缺陷管理哲学或"四项基本原则" / 46

第 2 章 价值引领：达成共识，形成内驱

2.1 使命愿景驱动：为组织找灵魂、寻活法 / 51

    1. 忘掉了初心 / 51

    2. "美式管理"之殇 / 54

    3. "风景这边独好" / 57

    4. 某微电子公司的重要会议 / 62

2.2 客户价值引领：华为为什么使用了极端的语言 / 64

    1. 华为的答案 / 65

    2. "客户价值学" / 69

    3. 简单的事情并不简单 / 72

2.3 员工价值激发：为什么有人竟敢主张"员工第一" / 74

    1. 主人翁，还是打工仔 / 74

    2. "人类运动" / 77

    3. 如何激活员工的潜能 / 80

2.4 品质价值彰显：质量人的价值何在 / 83

    1. 如何彰显品质的价值 / 84

2. 韦尔奇的"造神计划" / 85
3. 质量人的"三问、三必、五变" / 86

第 3 章 随需应变：创新需求，转型升级

3.1 换上"客户镜头"：围着客户转，需求是关键 / 92
　　1. "凡物自言"：理念自得 / 93
　　2. "需求景观图"：全新的需求思考模式 / 95

3.2 重新定义客户：创新为满足，成效随需变 / 103
　　1. "需求创新" / 103
　　2. 打开需求的"黑盒子" / 106

3.3 "客户价值图"：品牌现忠诚，品质乃信赖 / 112
　　1. 客户"价值体验设计模型" / 113
　　2. 绘制"客户价值图" / 116
　　3. 品质战略："品质战"如何打 / 119
　　4. "谁去做、怎么做、做什么" / 125

3.4 品质竞争优势：构建"品质驾驶舱" / 128
　　1. 品质诊疗系统构想 / 128
　　2. 构建"品质驾驶舱" / 133

第 4 章 人人担责：责任回归，激发潜能

4.1 "司机归位"：提升个人工作品质 / 145
　　1. 华为如何让"司机归位" / 146
　　2. "品质是个人的事" / 151
　　3. 提升工作品质的关键 / 155

4.2 尊重何价：构建"员工能力环" / 157
　　1. 员工到底需要什么 / 157

目录

    2. 何为"人性化管理" /164

    3. "员工满意度"的逻辑 /168

    4. 构建"员工能力环" /169

4.3 "价值魔盘":开车上路,释放潜力 /172

    1. 转动"魔盘",窥视"魔性" /172

    2. 古方发挥新疗效 /177

4.4 自主经营:让责任回归主体 /190

    1. 戈尔公司如何转动"魔盘" /190

    2. 学以致用,焕然一新 /194

    3. 为什么害怕病人拥有"自主权" /196

第5章 环环相扣:数据驱动,品质铄金

5.1 建"质量链":串起责任,化解冲突 /201

    1. "产品价值公式"意欲何为 /201

    2. 观念/思维的冲突 /207

    3. 思维/行为的冲突 /210

    4. 行为/方法的冲突 /212

5.2 织"品质网":系统重构,优生优育 /213

    1. 构建预防系统的"三要务" /214

    2. 系统重构:"产房里面闹革命" /218

    3. "优生优育":用 ZdToolbox"建链织网" /222

5.3 自主品质:嵌入要求,数据驱动 /227

    1. 好流程产生好员工 /229

    2. 智能互联产品:自主品质是否可能 /230

    3. 海尔的"品质自营体" /233

5.4 价值损益：挖掘利润，价值重塑 / 237
    1. 质量是水，成本是火 / 237
    2. "质量成本"的来龙去脉 / 239
    3. TRW 的成功故事 / 243
    4. 价值损益五要点 / 247

第 6 章 文化制胜：品质优先，永续经营

6.1 重塑思想：回归原点，人是目的 / 253
    1. 难以找到的"思想原点" / 253
    2. 人是目的，还是手段 / 254
    3. 重塑思想，重设管理 / 258

6.2 品质优先：成为"零缺陷公司"吧 / 263
    1. 华为的品质文化变革 / 263
    2. 华为手机的故事 / 267
    3. 成为一家"零缺陷公司" / 268

6.3 品质变革：创新未来解决方案的原理 / 270
    1. 传统企业何以变革 / 272
    2. 品质创新的基本原理 / 273

6.4 品质领导力：成为品质战略与文化的领导者 / 276
    1. 品质领导力 / 276
    2. 谁应该为品质负责 / 278
    3. 最新指令：先格式化"你脑中的"零缺陷 / 280

后记 / 284

参考文献 / 286

质与量的未来

导 读

"20字诀":
直面未来之战

导 读 "20字诀"：直面未来之战

身份危机：我们是谁

这两年有两个人叫醒了我。一个是写作《人类简史》和《未来简史》的以色列人赫拉利博士——虽然我至今对他写"人类"和"未来"却把我们中国人省略或简化掉而耿耿于怀。他的"从动物到上帝"以及"从智人到神人"的观念，让我突然意识到，我依然延续着过去或传统的概念，依然在老的框框里面在打转，并没有未来的"味道"，而未来，一定是一种与过去几千年完全不同的概念与样态。因为未来将不再是"智人"的未来，而是"神人"的未来。

另一个是硅谷的科技大咖凯文·凯利，他用"进托邦"（Protobia）的概念解释说，技术在本质上是自我催生和自我生成的；过去两百年来，我们最伟大的发明恰恰是科学流程及其本身，而这种流程将会持续地自我进化和改进，创造出成千上万的新奇事物；加之万物互通互联，就会产生种种颠覆的力量，再加上技术及其生成物皆可数据化，而数据本身又具有深度学习的能力。因此，他在《必然》一书中说道："机器人取代人工是必然的，一切只是时间问题。我们将在未来的30年甚至一个世纪里，陷入一种旷日持久的身份危机，不断扪心自问人类的意义。当然吊诡的是，我们在定义人工智能，而人工智能却在帮助我们定义人性——它们真的能告诉我们：我们是谁吗？"

大多数人都从他的书中读到了对未来的一种乐观的态度，我却看到了他身上有一种淡淡的忧郁的气质。五六年前，我曾经在哈佛大学校内的书店里买了一本他的《科技想要什么》，当时就在内心感到了一种莫名的共鸣。阅读这本书时我还特别注意到了他对"炸弹客"卡辛斯基也做出了回应。半年后，我曾经在"中国品质的未来"国际峰会上，手持此书与嘉宾对谈：科技想要什么？品质想要什么？

因此，我深感于中国社会科学院哲学研究所赵汀阳的态度：问题不是用来回答的，而是用来形成"思想和生活的诱惑，它展开可能性，它意味着有事情可以折腾，生活因此就开展开来了"。因为"拒绝答案可以防止思想变成制度化或官僚化的知识，这样思想才是活的"。他用"知识至上"定义现代性的一个关键性质，而"知识就是力量"又被非常窄地变成科学技术这个"第一生产力"，最终，知识至上等于技术至上。于是乎对待知识的态度被夸张为对待整个思想的态度，也就挤掉了智慧。

更有甚者，这种近代以来技术即一切的"新宗教"，把"进步"的概念一点点、一片片地渗透到了社会发展的方方面面。从此就使得"进步大于善良"，而非"善良大于进步"了。传统的"道德至上"的理念，从此变成了一种虚无缥缈的理想了。

我特别希望自己在写作《质与量的未来》时，能够像好莱坞经典影片《回到未来》中那样，乘坐时空穿梭机从2025年回到2019年，然后发现企业某些偶然的历史因素，去引导它、修正它，从而延长企业的历史进程。或者，我乘坐了《星际迷航》中的宇宙飞船，从未来的世界回到2019年，然后我拿出未来的企业"进托邦"宝典，展示给大家，希望再次传道、授业、解惑，以帮助大家一步一步走在通往未来的道路上。

"20字诀"：只为寻找精神家园

当然，如果真的有这部宝典的话，那么我就认为是"20字诀"了：价值引领，人人担责，随需应变，环环相扣，文化制胜。因为它不仅脚踏东西、融通中外、以道御术，而且它实际上回答了三个关键问题。

① 未来的智能人时代，人的身份危机是否缘于"人性"的改变与对人的价值预期的改变？如果说"人的本质是一切社会关系的总和"（马克思），人与人以及事和物之间的关系定义了人，那么，人与"非人""半人"在万物有智、万物互联的关系网互动之中，人性也因此被莫名其妙地重新定义了吗？如果是这样，那么人是否应该进行主动的革命，以守住正在悄然逝去的"精神家园"？

② 我们还需要所谓的"人类的"管理吗？作为 20 世纪最伟大的发明——管理学，是基于从"机器/工具人""经济人"到"社会人"的逻辑产生的，能否在 21 世纪从"社会人"到"智能机器人"的时代重放异彩呢？——如果沿着"机器革命"的路径走下去，则行不通；但如果沿着"人的革命"路径走下去，则答案必是行得通。

③ 我们一旦重新定义了人性和管理的价值，是否意味着为求"品质人生"而要进行自身的文化变革——用基于品质智慧/价值而非数量的理想设计思维，去重新设计企业的经营方式，包括客户的体验模式、员工的工作方式、企业的转型升级与品质文化的变革方式呢？如此这般的话，那么庞大的品质人员的价值又在哪里呢？怎样做，他们才能拥有未来呢？

针对上述的三个问题，我将在本书的各章节中围绕着"20 字诀"逐一展开——而对于第三个问题的答案，我会把它们融到每一个章节里。事实上，品质及品质人，在本质上应该像空气那样价值无限，又遁于无形，像盐那样不可或缺，但与水一体，溶于无形，共同创造出价值。

这样，我的系列书籍就产生了一种内在的关联。如果说**《第一次把事情做对》**提出了"人们如何走出洞穴、走出去之后又会怎样"的问题，而**《质与量的战争》**中，则描绘出人们面临选择时的精神紧张、焦虑与烦躁状态：是走出来，还是不出去；是走出"自然洞穴"后再进入"人造洞穴"；

是出去后向上上山,还是顺势向下下山;是选择向上的精神超越,成为"超人"(尼采),还是选择向下的精神沉沦,成为"常人"(海德格尔)。

《零缺陷大道》则坚定地指出,必须砸掉任何精神的洞穴,才能阔步走上光明大道;而要拆墙砸洞,必须首先洗心革面、向内求索,破除"行政管理之恶"之"传统的智慧"迷思,砸烂作茧自缚的"技术理性思维"的枷锁,方可生出《零缺陷智慧》,踏上零缺陷的康庄大道。因此,在《**质与量的未来**》中,就必然要明确地回答"柏拉图质疑":当人们走出洞穴之后,一定要向上超越,成为具有自由意志的"志士仁人"(孔子),成为"问苍茫大地,谁主沉浮"(毛泽东)的勇于担当的"自由人"(康德)。

逻辑关联:一幅完整的"大画面"

许多读过我的书、上过我的课的人,这时可能会生出一些疑问:这里的"20字诀"与哈默的"未来管理"、零缺陷的"品质哲学"以及"品质文化变革过程",它们之间到底是什么关系?

事实上,当它们连接在一起时,便产生出一幅未来品质"行动纲领"图(见下图)——它通过三大关键行动(价值整合、教育赋能、行动契合)而有效连接,形成一个整体,展示了一幅完整的"大画面"。

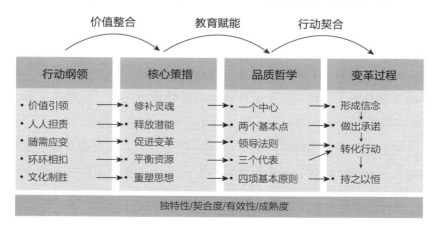

价值整合。未来品质的关键，就在于外在商业价值引领与内在精神价值驱动、创造客户价值、分享企业价值；是一个发现、创造和分享价值的过程，也是一个识别、确定、传递、创造与满足客户需求的"端到端"过程。这就是在创造一种机会——赋予那些既懂客户、又懂供应商、同时还懂业务过程的品质团队一种新的职责和定位，这就是在进行企业价值整合。换句话说，**用价值引领，去修补灵魂；用人人担责，去释放潜能；用随需应变，去促进变革；用环环相扣，去平衡资源；用文化制胜，去重塑思想**。

当然，要想真正把变革的核心策略落实到行动中去，就必须进行教育赋能。

教育赋能。我们一直认为，教育是管头脑的，而培训是管手脚的。对于文化变革来说，尤其是对于公司里面的决策者与高级管理干部来说，思想的共识，精神的准备，是怎么重视都不过分的。这就是为什么克劳士比先生在创立克劳士比中国学院之初，就明确地定义了我们是一家企业医院，而且是心脑专科医院，因为企业这台"主机"病了，"芯片"出了问题，所以特别强调进行教育，尤其是品质哲学的教育。这种心智的教育或王阳明所谓的"心上的工夫"，就是：用"一个中心"，赋予组织以灵魂；用"两个基本点"，去释放组织的潜能；用"三个代表"，去平衡组织的资源；用"四项基本原则"，去重塑组织的思想（具体内容见"品质智慧之'四性说'"）。

由此，便可能有效地将"行动纲领""核心策略"与"品质哲学"进行有机的统一和融合。而这一切的责任的主体，毋庸置疑，目前依然还是最高层管理者，或者叫干部队伍。毛泽东的话依然是至理名言："政治路线确定之后，干部就是决定的因素"。

行动契合。再次认真看图，就会发现：它其实是在应用一种结果倒推式的逻辑去展开整个过程——也就是说，"变革过程"是需要"品质哲学"

作指导的，否则难以产生有契合度的行动；而如果不能用"品质哲学"对人员进行有效的心智教育与思维训练，则"核心策略"基本上就会落空，成为纸上谈兵；而最终，一定要通过"价值的整合"方可把所有的东西都通过"行动纲领"加以落实，融入日常工作，并产生出实效来。

从另一个方面来说，如果"变革过程"中缺乏支撑架构和流程，就不会形成系统的解决方案；如果缺乏"品质哲学"的教育作驱动，缺乏明确的使命和目标，就会迷失方向，产生混乱；而如果"核心策略"不能产生应有的动力和需求，并提供相应的资源和技能，就会缺少带头人，使人们产生抵触情绪，产生焦虑和挫折感。而如果不能进行价值的整合，开展有效的价值评估，推动组织中所有的人参与到变革之中，就不可能使人们产生归属感，从而得到最后想要的结果，也就会使得"行动纲领"沦为一纸空文。

由此，我们又展开并得到了一幅有关"行动纲领"中的四个关键要素的评估与验证图。如下图所示。

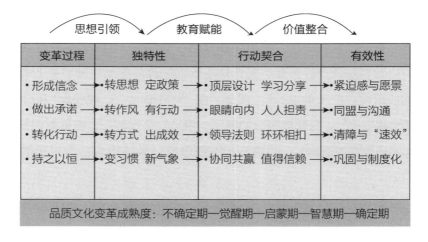

要素展开：一种"自然的"行动指南

变革过程。克劳士比先生曾经用"4个C"构建变革的过程，也即形成信念（Conviction），做出承诺（Commitment），转化行动（Conversion）以及持之以恒（Continuance）。显而易见，做任何事情，如果你要想获得预期结果，就必须持之以恒，而要想持之以恒，就必须要先采取行动；但在采取行动之前，还必须要做出承诺，以明确地表明态度，亮出底牌。

但是，如果你没有对某些事情形成坚定的信念，比如戒烟、减肥，你也会应付式地跟着当面"承诺"，而私下依然我行我素，就会使"拍胸脯"变得虚伪，变得虚假和形式化，则所做出的行动也会变得苍白，变得容易妥协；而最后，坚持只会变成此一时彼一时的"应景之举"，或是"投机取巧"式的作秀之举。因为在现实中，这样的事情，我们遇到过太多，相信每一位读者都会有类似的经验教训。

独特性。对比克劳士比的品质文化变革过程与"企业文化理论之父"埃德加·沙因（Edgar Schein）的经典"企业文化变革"模式，二者相互关联，比如，企业文化的"三个层次"（人工饰物、信念和价值观、基本假设），"三个阶段"（解冻、变革、重新冻结），"战略受文化约束，文化决定战略是否正确"。但两者又有区别，比如，企业文化建设强调的是使命愿景的建立，企业文化制度建设以及在员工行为上的体现；更多地注重外在的表现，比如，文化手册、视觉识别系统、统一着装、齐唱企歌，等等，很容易变成"为了文化变革而变革"的活动，而使绝大多数一线人员缺乏兴趣。而品质文化变革强调的，则是直面解决关键的业务问题，如何将企业文化的核心部分——使命愿景、价值观，通过日常工作落实到核心业务里，体现在客户和利益相关方对产品/服务的感受中。正如我常说的：性相近、习相远。企业文化是"习"，东南西北中，你我各不同，而品质文化是"性"，大千世界，人同此心，心同此理。

也就是说，如图中的逻辑所示，只有通过思想的转变，达成决策的共识，方可形成信念，也才有可能产生出相应的决策；而只有做出了承诺，才有可能下决心转变现有的工作作风，也才有可能规划出应有的有效行动。而如果你不改变你现有的工作方式和工作习惯，所谓转化行动，也是没有效果的。当然最后，要想持之以恒，必须要改变习惯，并以坚定的领导力，来强化它、固化它，以养成新的习惯，形成新的气象。

行动契合度。所谓行动契合度，是指在变革过程中，对经济刺激、裁员与重组等硬性因素和培养文化与人员忠诚度等软性因素的有效组合与平衡。它是基于迈克·比尔（Michael Beer）和尼汀·诺里亚（Nitin Nohria）的强硬的"E 理论"与柔软的"O 理论"结合而成的。基于 E－O 两种理论的融合，品质文化变革本身也成为软硬两手都要抓、两手还要平衡协调的一种变革。作为对变革过程和独特性的一种逻辑延伸与自然的承载关系行动契合度需要做到以下几点：

首先，一旦思想有所转变，就需要中高级管理者们进行学习与经验分享，才有可能实施变革的顶层设计规划，落实所制定的政策。

其次，只有眼睛向内，刀刃向内，致力于自我改变，才有可能转变工作作风，也才有可能承担应有的责任，并推动每一个人都承担起自己的职责，改进自己的工作品质。

再次，就像接力赛一样，只要跟着前一棒运动员跑一段，主动伸出手来，杜绝等、靠、要，才有可能真正地转变工作方式，也才有可能与上下游环环相扣，取得预期的成效。

最后，当我们通过协同作战，实现了共赢，才能说我们的习惯正在改变——我们正在变得越来越有价值，可信赖。如此，方有可能体现出一种前所未有的新气象。

有效性。变革的有效性，也叫变革的效率。基于哈佛商学院的著名教授约翰·科特（John Kotter）的《公司转型失败的八大主因》一文的基本原则可以确定组织变革是否有效。科特教授总结了大多数变革行动失败的原因，相应地提出了获取成功的八个有效的行动。

①制造足够的紧迫感；

②建立足够强大的指导同盟；

③创建明确的变革愿景；

④充分宣传与沟通变革的愿景；

⑤扫清变革之路上的障碍；

⑥系统地规划短期目标并取得成绩；

⑦巩固成果、深化变革；

⑧将变革成果制度化。

首先，为了转变思想，形成信念，我们需要通过落实第①条和第③条，强调紧迫感与变革的愿景，并据此进行领导干部的学习分享。其次，通过第②条和第④条的实施，建立指导同盟并进行充分的宣传与沟通；再次，通过第⑤条和第⑥条转变方式、清除障碍，并系统地平衡长短期计划，以尽早获取阶段性成果，也就使得流程协同的效力进一步彰显；最后，通过第⑦和第⑧条的落实，对变革进行巩固深化，以及适时地加以制度化，才有可能真正地持之以恒，变成习惯，也就为成为一个值得信赖的个人或组织打下了坚实的基础。

成熟度。品质文化成熟度，由克劳士比先生在《质量免费》一书中首次以"质量管理成熟度方格"（QMMG）的形式提出，将静态且模糊艰涩的"质量管理"加以动态化、结构化和透明化，影响巨大；十余年后又在《质量再免费》中提出了第2代模型，随后又在《永续成功的组织》里面，升级成为一个"组织健康度"的评估模式。其基本的概念，就是基于管理没有好坏，只有成熟和不成熟、健康和不健康的区别。

顺便说一下，全球有名的质量奖，包括著名的美国波多里奇国家质量奖、欧洲质量奖以及中国的质量奖，都是基于质量成熟度的概念与原理进行开发与评估的。麦肯锡咨询公司曾经在20年前，基于克劳士比的QMMG模式对全球的汽车零配件企业进行了广泛的调查，发布了一份有影响力的报告。就技术层面来讲，当年卡内基－梅隆大学软件工程学院也曾经希望找一个能够把软件开发过程的黑箱状态打开的工具，就参照了克劳士比的 QMMG 模型，创建出风靡全球的"软件过程能力成熟度"（CMMi）——国际公认的等级认证标准。

"20 字诀"：未来品质的解决方案

作为未来品质的解决方案，"20 字诀"构成了一个完整的模型。如下图所示。该模型为本书内容的展开奠定了基础，勾画了蓝图。正如凯文·凯利所说：（就"20 字诀"来说）"这些力量并非命运，而是轨迹。它们提供的并不是我们将去往何方的预测。它们只是告诉我们，在不远的将来，我们会向哪些方向前行，必然而然。"

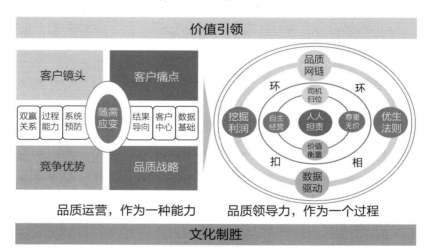

"20 字诀"看似繁杂，实则简单，我们会按逻辑与情境将其逐一展开。

- 数字时代的"天问"：何为品质，谁传道之；
- 价值引领：达成共识，形成内驱；
- 随需应变：创新需求，转型升级；
- 人人担责：责任回归，激发潜能；
- 环环相扣：数据驱动，品质铄金；
- 文化制胜：品质变革，永续经营。

质与量的未来

第 1 章

数字时代的"天问":
何谓品质,谁传道之

本章导读

人人都在谈质量，却说不清什么是质量；而要讲清楚什么是质量（品质），先要说明什么不是质量，以及品质不是什么；进而找到造成"质量问题"的真凶，尤其是发现现代管理的"基因缺陷"，重新定义品质，开启组织的以及个人的品质智慧，从而描绘出未来品质的行动蓝图与计划。

核心话题

品质如何变成了"问题"？"质量问题"究竟是什么问题？品质为谁而生、价值何在？如何打造品质竞争力？"品质四性说"为什么是一种智慧？品质文化变革如何助力中国企业永续成功？

第 1 章　数字时代的"天问"：何谓品质，谁传道之

无论在何时、何处，只要是关于质量（我更愿意叫品质，随后会解释）的话题，最后，都是要回到一个基本的问题点的，那就是：什么是质量（品质）？用我的话说，是"归零"，或者说是"回归原点"。

所以，当我们意欲出发去探求品质的未来时，应该在脑海里回想起那个著名的"进一步，退两步"的声音，然后退回原点，整理好身心，再重新上路——正所谓"低头便见水中天……退步原来是向前"。但"退回去"谈何容易，往往是积重难返、归途难觅；就算可以回去，也往往因自诩"好马不吃回头草"而依然我行我素；至于找到"原点"，对绝大多数人来说，那基本上就是一种"横看成岭侧成峰"式的思想反讽甚至是一种"水中捞月"式的精神自虐。

但我们必须回去。就像用拉丁文深沉低吟着"我思故我在"的笛卡尔，用那个著名的"第一哲学"为牛顿的"第一性原则"确定了原点，就像盘旋在人们灵魂深处的朱熹，吟唱着"问渠那得清如许，为有源头活水来"，为人们指明了明志笃行的方向。

看来，要讲清楚什么是质量（品质），必须先要说明什么不是质量，以及品质不是什么。

1.1　品质并不是"问题"

如果站在厂家/商家的立场，你自然会把质量（产品质量与服务质量）

与所产生的问题紧密相连。因为对于有没有"质量"问题，往往是依据客户/消费者有没有抱怨和投诉、有多少抱怨和投诉，甚至是有没有重大的投诉和索赔而确定的。一旦出现了这些"问题"，就会自然地有人进行"问题归责"，有人为此付出代价，有人要努力去解决"质量问题"。此情此景，所谓的"以客户为中心"，就是努力采取措施、解决问题，而尽可能减少"质量"对客户/消费者造成的伤害。

而如果站在客户/消费者的角度——其实，我们每一个人都是客户/消费者，我们花钱绝不是为了买"问题"，而是买产品/服务"应有的品质"；只是没有品质，才发现遇到问题了。显然，质量是问题的结果，而非问题本身。

1. 一种自我迷惑的游戏

正因为厂家/商家习惯性地用"问题"定义质量，也就在不知不觉中掉进了一种自我迷惑或自我麻醉式的游戏之中了：如果客户/消费者不抱怨，甚至少抱怨，就是"有质量"了，而且"质量不错"。为此，我们便把大量的人力、时间和精力，甚至不少的物力都投到了"救火"、加强检验、解决问题、惩戒错误、意识培训等上面了，以期获得客户的满意（顾客满意值在满意的区间）和"好的质量"（其实是"达标就可以"）。

然而，诡异的是，听不到客户的抱怨，从逻辑上讲应该是出现了"预期的"质量的大好形势，不免要庆贺一番才对，却不料陷入了一种无形的恐慌之中：客户不可能没有抱怨，一定是我们哪里出了问题；客户越沉默，越表明要出大事了……

游戏的结果，往往让企业又陷入了一种质量与成本的两难抉择的困境之中：没有质量就没有利润，获得质量必须投入成本；而成本投入多了，质量往往会"过剩"，就会导致利润减少。于是，大多数企业都会娴熟地玩着一种"平衡术"——背后就是那个所谓的"质量经济学"理论（克劳士比曾经在《质量免费》中批评过），究其实质，无非是打着"客户满意"的旗号，以听不到抱怨为限，意欲赚更多的钱。

于是，质量就一次次地被"经济了"；组织中的"质量人"更是被业务主管们从心理上流放到西伯利亚去了。

2."公司的质量心态"

作为"质量专家"，我走到哪里，企业里各层级的人们，尤其是质量人都会把我当作"亲人"，与我滔滔不绝地谈论各种有关经营管理的问题——虽然很多时候都是借用质量的名义。我总是认真地听他们带着不同的情绪谈论着"质量问题"，进而透过质量这个放大镜去理解和洞悉他们的想法与逻辑。

比如，一些人抱怨说：

- 品质认知程度不高，一些部门领导认为品质管理是品质部门的事情。
- 生产单位对员工的激励政策普遍倾向于进度，员工品质意识淡薄，忧患意识差，品质理念很少入脑、入心。
- 权力高于程序和图样要求，凭经验操作的现象比较普遍。
- 操作者对检验人员依赖性高，自检能力不足，违章操作屡禁不止。
- "常见病，多发病"仍然没有得到有效扼制，过程管理与控制仍然出现低级错误。
- 尽管各企业的品质管理体系运行多年，总体有效，但执行力不够，是品质管理面临的主要问题。
- 各级"一把手"对品质的重要性认识不够，部分领导和员工的品质理念不正确。事前控制的理念薄弱，缺乏预先的策划，出现问题了才引起重视；进度紧张时，常常会忽视了对品质控制的要求。
- 对供应商品质管理不重视，缺少经验和手段。

- 品质管理的工具和方法还基本上存在于企业部分品质管理专业人员的头脑里，而真正需要并且能够产生实际效果的设计、工艺、采购、生产等专业人员对品质管理工具和方法的掌握和应用不足。
- 品质信息不透明及不遵守工艺纪律等行为时有发生；对工作中的问题视而不见或麻木不仁的现象还比较普遍。
- 有的企业有完整的品质管理体系，有各种管理制度，企业领导都很重视品质，也采取了很多措施，做了大量改进工作，但为什么取得的成效不明显？

……

还有一些公司把品质管理编成了顺口溜——把严肃变成了滑稽：

- "三个不要"：不要把公司当成返工返修场；不要把公司当成废料垃圾场；不要把公司当成产品试验场。
- "六个可怕"：违规失信最可怕，失控失管最可怕，原因不明最可怕，掩盖问题最可怕，恶化巨变最可怕，源头缺陷最可怕。

总结一下，套用克劳士比先生的"公司的质量心态"用语，企业管理者们普遍呈现出一种"岁月如梭，欲话质量好困惑"的心态："我们不知道为什么你的质量会有问题。"因为"管理者不知道质量可以作为一项积极的管理工具。他们时常把质量管理当作警察的职责一样，其任务就是在犯罪现场抓罪犯。他们认为，如果没有符合要求，是因为对那些坏蛋不够严厉"。问题是，无法解决的问题总是有，"问题滋生问题，而缺乏一套可以公开解决这些问题的方法，因而造成了更多的问题，进而在管理层产生情绪问题"。

这是克劳士比先生在"质量管理成熟度方格"中描述的"不确定阶段"的典型特征。用克劳士比先生的话说，这类公司"多少有点儿像酗酒者，他们头号的症状便是斩钉截铁地否认这种状况的存在"。他们知道有问题,却不知道问题产生的原因;"虽然他们知道这并不是由于他们工作得不够卖力所造成的,可是大多数人都对于需要投入如此巨大的人力、物力才能维持运转这点,感到十分沮丧"。

3. 品质的"先天缺失症"

也有许多行业的表率们,不惜为质量投入巨资,以期取悦客户,打造"有品质的"品牌。不管是出于本能所为、自觉行动,还是出于功利的选择,他们都会组建庞大的质量人队伍——一般都在总人数的6%~10%,专事质量检验、检查、测量、控制和审核等工作;他们愿意对员工,尤其是一线员工进行培训,因为他们才是抓质量的关键,如果他们缺乏质量意识、不会使用质量改进工具,那就会失去质量控制的基础;这些表率们会抓质量体系建设工作,以期用制度和程序,尤其是SOP(作业指导书)来管控员工的行为,减少各种"变异"情况的出现。

当然所有的质量认证证书,只要有用,都要收入囊中,同时,不厌其烦地进行各种形式的内部审核与外部审核;这些表率们会组织专门的团队,围绕"获奖创品牌"——无论是区市级、省级质量奖,还是国家级质量奖,抑或外国的质量奖开展活动,只要有助于"创建"品牌、"证明"公司质量工作做得不错的奖项,都会全力以赴、志在必得。

有心之人,会马上联想到美国人为了获得产品的可靠性而曾经走过相同的路:抓质量控制、抓意识培训、抓体系保障、抓质量改进、抓质量创建奖……而蹩脚的质量专家们,则会在颁发获奖证书时豪情万丈却人云亦云地指出:质量管理有四个阶段,他们(获奖者)已经按照线性规律,一步步地走到质量管理的至高阶段了,希望他们再接再厉,不骄不躁。

但这些"表率们",听完先是吓了一跳,接着只是会心一笑。因为只有表率们自己才知道葫芦里卖的是什么药,也只有表率们自己才了解这些药是不是真的有效。

我曾经在《质与量的战争》一书中把这些叫作"'中国品质'的先天缺失症",并指出:"我国质量管理上存在着四大先天的缺失/缺陷,即:认识上的缺失、结构上的缺陷、系统性的缺陷以及体制上的缺失。"

"啊!是吗?我们一直还在努力地这么做,而且还真的不如人家呢!"许多企业高管听到这里往往都会倒吸一口冷气。自然就会冒出一大堆疑问:"难道我们不是在努力做质量吗?难道这些不是质量?"

这的确是一个非常真实而又有趣的问题。从表面上看,"做质量"不成问题;向深处看,则不是在做质量。究其本质,是在努力地就一个个错误的问题给出正确的答案。为了说明这点,我们不得不回头看那个未解之谜:到底什么是质量,什么是品质?品质如何变成了"问题"?

1.2 品质如何变成了"问题"

1. 有没有"品质问题"

1)"品质问题"是一种责任的推卸吗

当年克劳士比先生刚到在全球叱咤风云的 ITT(国际电报电话公司)就任集团质量副总裁,他原以为公司成绩显赫的背后,是强大的质量管理体系在支撑着的。没想到,在高管会议上,一谈到"质量问题",大家都把脸转向他,仿佛默认他就是问题制造者和质量的责任人。

那时的克劳士比已然开始显露出了大师的风范,他不仅让与会的每一个人明白了自己的质量责任和角色,而且还向他们讲述了新的逻辑:没有所谓的"品质问题",只有具体的销售、设计、制造等问题;必须从问题的来源和出处为问题命名,而避免把它们掩盖在笼统的"品质问题"里。从此以后,ITT 便开始流行谈具体的工作问题了,"品质问题"也就相应地变成了"品质价值"的问题。这是后话。后面章节将有专门阐述。

把质量当作问题,就好比一个蹩脚的画家,像侯宝林的相声里说的那样，把林黛玉画成了"黑旋风"李逵，然后再使用各种工具和方法把画修改成客户想象中的林妹妹。

就质量管理本身而言，的确依赖许多假设的条件，不幸的是，一些质量专家甚至是质量大家们居然建议企业依据这些本来就是假设的条件去"控制"质量或为质量画像，这就必然造成了把林黛玉画成了李逵，然后再不得不依据客户心中的画像来回修改画面的结果。

2)"品质问题"背后的真凶何在

我喜欢在研讨班上与参与者们轻松互动。就此问题，我会找身边的某个人做一个小游戏。请他憋气，让其他人给他计时。待他憋不住时，就问他头晕吗？吸气时，问他空气新鲜吗？一开始会引来哄堂大笑。我会让憋气者对大家说，头晕到底是缺氧所致，还是因为空气出了什么问题。往往这时，我会引导大家得出结论：空气没什么变化，不增不减，就好比品质也还是那个品质，没有问题；问题出在我们自己身上，只能从我们的头脑里去找原因。许多人为之一震。

我紧接着问大家："谁来回答我——到底有没有'品质问题'？"沉默。这时，有些人开始若有所思，还有些人的脸上已经露出了会心的微笑。

既然说到这里，就要拿雾霾及其治理举例。如今人们越来越清醒地知道了，是人类"发明"了"空气污染"，让原本不是问题的空气变成了问题，而且成为绝大部分工业地区面临的严重的问题。但大部分人仍自以为是地认为这是经济发展的必然产物，因此也必须接受它、忍受它。直到中央对地方政府的弄虚作假和阳奉阴违采取"零容忍"的态度，人们才开始觉悟：经济发展不等于GDP，财富积累并不必然"污染"空气和食物、"损害"健康和生命；缺乏对污染后果的认知以及消极对待污染的态度与认知障碍，才是最大的"污染源"。

所以，和所谓的"品质问题"一样，要解决"空气问题"，不仅要了解有关的化学现象和影响，更要了解造成这些污染背后的人类态度、思想和理念。

这才是我要引导人们认清问题的要害所在。

2. 组织为什么会被"品质问题"所困扰

克劳士比先生曾经指出：一个被"品质问题"所困扰的组织，往往具有五个基本的特征——企业一般可以据此评估自己企业的品质困扰程度，即：

1. 产品/服务时常与自己的承诺或客户的要求不一致；
2. 产生许多修修补补的工作和"救火"的行为；
3. 由于政策不清而事实上允许大家犯错误；
4. 不知道不符合要求会付出真正的代价；
5. 管理者往往寻找各种借口而不肯正视问题的根源。

经过成百上千次的实际验证，我发现了一个规律：参与测试的管理者们，基本上都是毫不犹豫地把前两题给出了高分，第4、5题迟疑了一下给出了居中分，对于第3题往往语焉不详或犹豫不决。

这实际上是一种非常真实的状态。大部分人在日常的工作中，总是被第1、2个问题中的情景围绕着，因此就把超过一半的时间和精力用于"救火"和围着问题转；往往以为"解决了"或"搞定了"的问题，殊不知依然不期而遇或死灰复燃。

1）我们真的找到"根因"了吗

人们似乎已经把"根因分析""消除根因"挂在嘴边了，分析报告越来越厚，PPT做得也越来越吸引人眼球，进而会产生一种皆大欢喜的幻觉，或"我们是最棒的"短暂的自我催眠——虽然问题依然重复产生，返工仍然是家常便饭。

我一直认为，用错误的假设是无法把事情做对的。换言之，你无法在

第1章 数字时代的"天问":何谓品质,谁传道之

现有的认知水平下解决问题;问题不是被"解决"了,而是转移了——在空间上,把你的问题转移给了他人;在时间上,则把当下的问题转移到了以后。关于这一点,爱因斯坦先生也曾说过:"我们不能用制造问题时的同一水平思维来解决问题"。

那么,问题的根因到底在哪儿呢?为了说明这个问题,不妨再听听我常常在研讨会上讲的那个"五星级厕所"的故事。

曾经有一家高新技术企业,它的客户多是来自德、日、美等国家的一流的公司。有一次,客户要来参观访问。总经理也不知从哪里听说了一件事:优秀的客户来访,不看你豪华的大堂,宽敞的会议室,而要看你的厕所和员工餐厅。于是他决定把公司的厕所改造成五星级的。可是他很快就到国外出差去了,要半个月以后才能回来。因此,他把这件事委托给了公司副总,副总又郑重地交给了办公室主任去办理,而办公室主任又按照规矩进行招投标。最终,某装修公司幸运中标。

装修公司的领导对项目总监强调说,这是个重要的客户,要严格按五星级的标准去做。项目总监又向项目经理强调,这是个重要客户,要严格执行五星级标准。项目经理同样向项目成员强调,客户要五星级的,一定要好好干。任务最终落到某装修工身上。虽然他刚刚才由朋友介绍过来,但他对工作还是认真负责的。他开始在脑海中搜索他干过的最好的项目——在他看来,所谓五星级就是"最好的"。于是,他就按照自己的五星级标准来装修厕所。

半个月后,出差归来的公司老总一下飞机,就急匆匆地想去看他的"五星级的厕所"。这时,我们看到:前面所述的"5个特征"中的第1条就产生了——这哪里是五星级的厕所?这完全是二星级、三星级的厕所。于是,第2条也产生了:赶快砸掉,重做。在这个过程中,第4条也随之产生了——客户马上要到了,而人们为了赶工,往往是不计代价的。

最后,事情是过去了,但这件事,让老总非常生气,要追究责任。先

是副总，非常紧张，可当他把办公室主任叫过来，马上就把愤怒和恐慌转移过去了；办公室主任，同样焦虑和恐慌，但他也很快拿出合同，拍桌子、瞪眼睛，向装修公司老板宣泄和转移不满与恐慌。只有那位装修公司的老板先是进行了检讨和道歉，然后理直气壮地宣告：这件事已经解决了，是我们的临时工干的，我们已经把他开除了。于是，大家全都释然了，笑了。

2）厕所的问题折射出的是什么问题

许多决策者都认可这是一种公司的真实写照，并开始认真反省那种层层"外包"责任———一旦出错，又理直气壮地惩罚别人不负责任的做法及其后果，尤其是对于上述"五个基本特征"中的第3个——公司的政策之得失，有了一种"倒吸一口凉气"的感觉。他们原以为是员工的执行力太差，没想到原因竟然是政策有缺陷；把自以为是却笼统空泛的东西交给大家去执行，不啻为以其昏昏使人昭昭之举；政策一旦变成了每一个人都可以自我去理解和判断的东西，则灾难不远矣。

故事的要点是什么？一言以蔽之，管理者才是问题的根源，同时，又是问题的答案；因为正是管理者本身，才是解开管理问题的关键。

我非常喜欢电影《功夫熊猫》，倒不是因为好莱坞的技术把中国文化展现得多么精彩，而是因为故事本身揭示的主题——太郎为争夺武林秘籍而与熊猫展开决战，拿到后却大失所望：原来是一张白纸！熊猫却顿悟了：原本就不存在什么功夫秘籍，要说有什么制胜法宝，那就是你自己！

无独有偶，我们同样可以得出一个明白无误的结论：质量的秘诀不在于其他什么，而在于你自己！品质之秘诀，无它，我乃根源耳。根源在我，因为品质是我个人的事情！

3．"厕所问题"，究竟是什么问题

为了进一步说清楚这个问题，我们依然拿厕所举例。

第1章 数字时代的"天问":何谓品质,谁传道之

假设有一家公司,他们的厕所总是出现脏乱差的情况。于是管理层认为,这是一个问题,便聘请了一位保洁阿姨。似乎问题得到了解决。可是厕所问题依然还被投诉,于是,又增加了一位保洁阿姨。由于保洁阿姨在清扫男厕所时,男员工如厕多有不便,便又聘请了一位男保洁。问题好像得到了解决。

没过多久,抱怨之声再起,脏乱差的问题依然没有得到根本解决。此时,管理层发现,原来这些保洁人员需要进行规范和管理。于是便给他们指派了一名主管,其任务便是召集大家开会,制定各种规范和检查表,以及考核打分。一下子,好像许多问题都得到了解决。于是,他们便认为这种方式不错,就开始在集团下属的公司内推广开来。

不久,许多老问题又出现了,甚至出现了在检查表上弄虚作假的情况,比如,明明是上午10点清扫的,却在检查表的11点和12点这两行也打了勾、签了字。管理层愤怒了,便指派一名督导人员,对所有的保洁人员以及主管人员进行监督、检查和考核。很快问题似乎得到了解决。

接着,为了体现对此问题的重视,在老问题还没有出现反复之前,管理层便决定加强管理,加大监督检查的力度,又增派了几名巡查和"飞检"人员。好像问题一下子就解决了,没有出现反复。

这让管理层信心大增,在年度大会上,便将此案例作为一个公司在"管理提升年"的样板进行了经验分享和表彰。

随着第二年公司贯彻"提质增效"、向管理要效益的政策,以及落实强化集团化管控的举措,管理层便决定把全集团所有与厕所相关的人员组织起来,成立一个"厕所管理中心",进行集约化的、高效率的管理。据悉,不少兄弟公司及其利益相关单位,也都纷纷前往学习取经,效仿实践。

此故事,乍一听是喜剧,再听是悲剧,最后则是悲喜剧。讲者有意,听者有心。联系实际,举一反三,难免笑过之后,酸甜苦辣,五味杂陈。

1)"厕所问题",是谁的责任

你如果问一个人这个问题,恐怕他会难以回答。如果你换一种问法:你家的厕所是谁在负责打扫?则答案一定是清楚的。如果再问:公司的厕所是谁在负责?答案就有趣了——我们大家(如果有"厕所管理部",则会另加一条)。我们大家在负责,不过主要是厕所管理部。

熟悉吗?是不是跟你问"品质是谁的责任"所得到的答案高度吻合?

2)竟然忘记了为什么要设立厕所

透过"厕所的故事",我们看到了组织冗杂、内耗、低效的情况;也看到了品质和安全是如何在组织中一步步"沦落"的境况。

既然是公共产品,就要以满足客户需求为目标,比如车站、机场、医院、剧场等的公厕,应了解客户的需求——质的要求,比如是否及时(下飞机后路过的第一个厕所)、是否方便(等行李处及出口处往往人多,而厕所又少又小)、地面是否湿滑、是否易放行李、有无臭味、能否及时补纸等。但对清洁工的考核,则多是基于对量的考量,比如清洁的时间、次数(以按时在检查表上签字为准),也就难免常常出现提前签字的作弊情况。

清洁工当然需要考核,需要改进。只是在制定清洁工的考核标准时,不仅要使责任主体与检查者都能够清楚,而且要便于执行,比如,弯腰45度看过去,没有水渍,而且可以让清洁工自己决定什么时候做清洁,做到什么程度,如何提升等。

也许人们对厕所意见比较大,管理层便设定了改进目标和团队。大家经过反复讨论,最后确定了一项关键改进指标——在厕所里增加风干机,以免人们滑倒。由于涉及设备采购,迟迟无法落实改进方案,好不容易走完采购流程,买来的低价风干机又一次成为投诉的焦点。为了解决这个问题,再立项,组织有六西格玛黑带高手的团队接手去做。

三个月之后,"项目"结题,风干机轰鸣,各方皆大欢喜。过往的人们却惊讶于"工厂一样的"厕所,噪声吵人,不免心里面嘀咕道:真是忘掉了设立厕所到底是为了什么。

1.3 发现管理的"基因缺陷"

1. 从管理史看管理欲解决的问题

读史明智。与五千年的中国发展史作对比,无论欧洲,还是美国都只是处在不同的历史演化阶段;同样,我们当下的企业也只是处在不同的历史演化阶段——虽然不排除个体差异。

谈现代管理史是无法绕开欧美的。而我们的企业又恰恰处在不同的发展时期,因此,我们如果对任何"时尚的"解决方案都照单全收,稍不留神就会犯下重复发明轮子的闹剧。

只有了解自己的问题所在,了解别人为什么能够使用那种诊疗方式,才有可能提出对自己有效的解决方案。

我们从美国企业谈起,从研究管理未来的哈默教授开始。哈默教授曾经在 TED 讲坛上说过,1890 年之前的美国,基本上没有一家员工数超过四个人的企业,而经过短短的 25 年,到 1915 年就出现了庞大的企业集团,比如美国的钢铁公司、福特汽车公司等,如此快速的发展,必然产生大量需要解决的问题,比如规模、效率、成本和劳动力等。经过一代代企业家、学者和管理者的不懈努力,最终形成了现代管理范式,并积淀与塑造了企业的 DNA,创造了巨大的生产力与财富,支撑着美国的地位。

2. "六组火箭"

"现代管理存在着本质上的缺陷",哈默教授在《管理的未来》中说,"使用纪律和控制破坏了人类最美妙的想象力和创新精神;它使商业运转更有效率，但没能使其更加关注伦理价值。"哈默教授同时提出了"六原则"：标准化、专业化、目标认同、等级制、规划与控制、外部奖励。

其结果，正如芬利（Finley）、萨坦（Sartan）与塔特（Tate）教授在其《工业的人类行为》中所描述的："现代工业的悲剧之一，就是大部分工人没有产生做出智力贡献的感觉。早期的工匠们却有，而且农民、专业人士以及其他人都有。但是，如今的许多工作都被拆分成细小的部分，每个部分成为一个工人全部的工作。结果就使得许多人从与最终产品或完整的社会秩序的真正关系的立场来看，对他们所做的工作基本上没有想法。所以，在这种情况下，许多人工作基本上就是为了钱——除此之外他们看不到工作是为了什么。"

于是，从旧金山到伦敦，从大阪到斯图加特，从深圳到班加罗尔，从上海到巴黎，面对盖洛普（Gallup）"全球员工敬业度调查"的结论，我们只有目瞪口呆，且一脸茫然。所谓"停杯投箸不能食，拔剑四顾心茫然"（李白）。因为我们看到的是，人们朝九晚五地工作甚至经常要加班，忙忙碌碌以致积劳成疾。但盖洛普的结论却是：中国的敬业员工比例仅为6%，远低于13%的全球平均水平，处于世界最低水平，而该机构2019年发布的相同主题的调查报告中，中国员工敬业度仅为2%。与之相似，ADP研究院发表在《哈佛商业评论》上的调查结果发现：全球范围内只有16%的员工是全身心投入工作的，84%的人在工作中是心不在焉、敷衍了事的。

中国的企业简直是"生命中无法承受之轻"，一方面面临"招人慌"，无论制造业还是服务业都陷入了招工难、招不到人的困境；另一方面员工流失率高，沿海城市制造业企业员工流失率普遍高达25%~30%，北上广深等一线都市的服务业也基本相同。

12年前，加里·哈默组织了来自美英学界、商界和咨询界顶级权威人士一起开展头脑风暴，得到了25个关于未来管理巨大挑战的清单与深刻的洞见，建立了未来"管理2.0"创新的议程，并组装成了六组"火箭"，等待着向神秘的天空逐一发射。

究其实质，我更愿意把它们叫作传统管理的"六宗罪"——如果反过来解读，就会一目了然，亦即：传统的管理是缺少灵魂的，是压抑激情的，是阻碍变革的，是权力集中的，是系统失衡的，是思想错漏的。

显然，上述的每一组都具有足够的杀伤力。而如今，我们已身处"百年未有之大变局"（习近平），"新生代"（85后、90后）已经成为职场主流，难以想象工业时代的"老祖们"的管理套路如何能套住数字时代的"Z世代"

3．"智能时代"的管理变局

易中天老师曾经说过："传统是一个挥之不去的幽灵，总在左右着我们的思维，决定着我们每一个变革的成败。因此，无视传统的理论是掩耳盗铃，无视传统的制度是无根之本，而无视传统的改革则难免屡遭挫折。"

我则用"四个新"来表述当下"正在发生的未来"（彼得·德鲁克），即新技术、新思维、新生代、新价值。换言之，新技术必然带来新的思维，而具有新思维的新生代，也必然会带来新的价值。

这可以从两个方面来谈，一是所谓的新技术。毋庸讳言，曾几何时，我们还觉得非常遥远的东西，如今都已经或正在融入我们的生活，比如，云计算、大数据、基因序列、3D打印机、物联网、区块链、人工智能等，它们共同聚合成巨大的冲击力，颠覆着我们的视野、震动着我们的思维、改变着我们的观念，让我们对未来的世界不断产生或形成新的看法与构想。

二是所谓的新生代。我们习惯于叫作80后、90后，欧美称作"Y一代"（1982—2000年之间出生的）、"Z一代"（1995—2009年间出生的）。他们的成长时期几乎同时和互联网的形成与高速发展时期相吻合，又被称为网络一代、互联网一代。因此，与他们的父辈、祖辈相比，这一代人呼唤"三公"(公平、公正、公开)与"三化"(去中心化、去中介化、分布式决策化)的共治精神力量之崛起,必定会砸开"传统管理"坚硬无比的重盔厚甲,让新鲜自由的空气畅快流动,让创造的激情照亮每一个阴暗的角落。

如今,无论你身处何地,都不难分辨出所谓的老式的"底特律工厂"与新兴的"硅谷企业"的区别,看清楚珠江三角洲和长江三角洲的工厂模式与北上广深的科创模式的分野;不仅其经营风格泾渭分明,其文化特质乃至外观形象都大不相同。

这也难怪,人们一直在快速地进行着行业和城市的选择。如果再看看那些最优秀的毕业生选择的去向,就更能引发企业家们的思考与行动了。

哈默教授一直努力推动开展"人性化组织及反官僚运动",也试图描绘出适应"新生代"的管理系统蓝图:

- 每个人都有自己的声音;
- 创造力的工具易于获得;
- 试验变得非常容易和低成本;
- 能力远比头衔重要;
- 自愿的付出与投入;
- 来自底层的力量;
- 权力是流动的,目的是不断增加价值;
- 唯一的阶层就是大众阶层;
- 社区是自我定义的,每个个体都能获得信息;
- 所有的事情都是非中心化的;
- 创意竞争的公平性;
- 买卖双方更容易找到对方;
- 任何机会都有可利用的资源;
- 决策是大众做出的。

他说:"这并不能说是 21 世纪管理系统详细的全貌,但我认为也相差不远了。"

1.4 重新定义品质

经常有人问我:"为什么有关品质的定义与观念如此之多?那些'质量大师'也说法不一,到底该听谁的呢?"这让我想起哈佛商学院的戴维·加文(David A. Garvin)教授,也许 35 年前他就被这些问题所烦扰,于是写了一篇《什么是"产品质量"的真正含义?》的文章,总结概述了"五类(14 种)质量定义"并提出了"质量的八种纬度"——我们还将在第 5 章详加阐述;从此名声大噪,总是被后来者,尤其是教科书奉为圭臬。

而有些企业里的质量专业人员,为了通过"资格认证"考试需要比别人知道得更多,因此,背诵加文的"成果"——(可称作"质量的 5 + 14 + 8")以备填空和简述之需,这完全可以理解。但如果用于企业内部上上下下品质观念的统一与形成共识,则往往事与愿违。

究其原因,也并不复杂,可以视之为质量管理发展过程中的阶段结果,也可视之为质量事业 20 世纪 80 年代所呈现出来的百花齐放的局面。而如今时代巨变,事过境迁,再回过头来总结一番,我们就会发现:

a) 对于质量的**定位**是不同的。人们由于缺乏结构化的分析而把更多的精力聚焦在产品质量上,忽视了流程质量,尤其是工作质量;

b) 对质量的**期许**有所不同。从厂家标准到国家/国际标准,再到客户标准,背后是客户/消费者的"质量意识"的日渐觉醒,"零缺陷"的价值主张日渐形成;

c) 对质量存在**理由**的再认知。从组织存在的理由去思考质量,方可更深刻地理解它的意图、目的与意义,方能更加清晰地彰显出组织之于客户、之于员工、之于合作伙伴以及社会的真正价值所在。

由此观之，质量管理的发展对于传统的价值链是一种彻底的颠覆，如下图所示。品质的定义也因发生了改变。

如今，我们身处新生代与物联网时代，加之"奇点"将至，未来在我们面前呈现出无限的可能性，我们更应该要重新定义品质，方可引领我们工作的方向。

1. 品质即价值

心理学上也有一种"刻板印象"（Stereotype）的概念，说的是"将某群人概括化，即将同样的特征分派到该群体的所有成员，而不管成员之间实际上的差异"（埃里奥特·阿伦森教授）。我也一直认为人们对质量的认识太过刻板了，往往是要么"无知"（一无所知），要么成见太深，要么是自以为是。正如汤姆·彼得斯批评美国的管理者对待质量的态度那样："（他们）大多有一些乳臭未干式的幼稚，而且他们的耳朵也大多像是装上了3.5英寸的笨拙软盘一样，如果你跟他们说'质量'一词，他们总会脱口而出：'质量圈、统计质量控制、计算机辅助设计、制造以及机器人自动化生产……'当然，质量圈是很重要，统计质量控制也很重要，自动化生产也是必要的，但是这三者都不足以涵盖质量问题的全部要义。"

因此，要回答品质是什么的问题，必须要先回答这样几个问题：为什么要品质？——讲清楚品质存在的目的和理由；谁要品质？——说明白品质为谁而生，价值何在；谁的品质？——不含糊品质的主体责任。

这也正是本书开篇要做的事情。事实上，我们在前文已经都逐一给出了答案及其理由。

因此，这里需要明确重申：品质不等于问题，品质等于价值。

有趣的是，"价值"跟品质一样，也是一个多义而模糊的概念。

但就品质之道而言，其"价值"起码有四个方面：精神价值、经济价值、审美价值和管理价值。

1）品质的精神价值

如今随便去一家企业，都能在他们的墙上看到张贴着"品质即人品""产品即人品""质量即生命"之类的标语。它说明一点：品质与人密不可分，不管你是否真正了解品质的含义，但它在精神层面，尤其是道德层面的现实意义，是毋庸讳言的。

2）品质的经济价值

作为现代经济学的核心概念，亚当·斯密把价值分为使用价值和交换价值，卡尔·马克思则从商品的二重性到劳动的二重性来阐述——价值是凝结在商品中的无差别的人类劳动；而新古典经济学家们也提出了以"均衡价格"为基础的价值理论，认为"价格"是价值的一种特殊的"价值"。总而言之，价值是一个主观作用于客观的过程，或者说客观物体经过人的主观感受和评估，便在头脑中产生了对于此物的"价值"的认知。

于是，我们得到了"价值"的六个主题词：使用，交换，商品，劳动，价格，认知。如果把它们拼在一起，再应用于当下的企业经济活动情景之中，则不难马上切换立场——从客户/消费者的立场出发，询问一个简单的问题：消费者花钱到底买的是什么？其实我们每一个人都是客户/消费者，不妨问问自己这个问题。

换言之，对商家来说，不仅要向客户/消费者提供高性价比的产品/服务，而且要用客户/消费者的眼光来观察经营的要素和过程，要根据客户/消费者对产品/服务的感觉与体验，重新定义经营管理中的每一个要素。

如是，方可保持基本的竞争优势。

3）品质的审美价值

如果再把眼光放在品质的"三层面"上，我们就不难发现：对于中层、下层的产品质量和流程质量，人们都是习惯于用审视的眼光以及检查的、监督的方式去对待它们。它会让我们形成一种思维定式，那就是找问题、揭伤疤、寻病因、搞惩罚，从而产生一种消极防范的心态与做派。

而当我们把品质当作价值，当作消费者的价值，当作让消费者愉悦的东西的时候，我们的工作也随之产生了价值。如果我们能够进一步地用审美的眼光、欣赏的眼光、赞许的眼光去看待和回应每一位客户、伙伴和同事的话，那将会激发我们的一种成就感、自豪感、充实感，以及价值实现感。如果我们能够再基于价值贡献进行分配的话，大家就会有一种可获得感和充实感了。

康德说美是一种"无目的的合目的性"，品质即满足需求，也是一种"有目的的合目的性"，因此，品质是美的。这也正是品质的审美基础。因此，质量之美，其实在内心之中也。

4）品质的管理价值

在日常管理过程中，管理者总会收到许多相互冲突的信号，而这些相互冲突的信号和对优先次序选择的困惑所带来的问题总是层出不穷。因此，人们急于寻找一种新的经营管理的方法，以使得公司的价值最大化。这就是"价值管理"（Value Based Management，VBM）的方法。

著名的价值管理专家詹姆斯·奈特（James A. Knight）认为："成功的价值管理，要求将为价值进行管理的理念融合到决策的制定中去。用这种方法制定决策，要以决策目标——价值管理作为开端，并且通过财务和非财务手段来支持这个目标。"

必须指出的是，这种价值管理是基于美国的商业文化的，其最大的目标就是股东的价值最大化，显然有失偏颇。而将"品质"融进去，就会使得企业的价值变得更加均衡、可持续；因为企业的价值不仅表现在财务上的成功（只是后果），而且必须表现在客户的忠诚、员工的动力、战略伙伴关系以及社区/社会的责任等方面。这样的企业才是克劳士比先生所说的那样，不仅是有价值的，而且是可信赖的。

由此，品质管理也可以称作基于品质价值的管理，或为品质价值而管理，对于打造企业的品质竞争优势至关重要。也就自然与现有的或传统的基于技术、流程、体系与改进的质量管理方法有了显著的不同。

2．品质是一种竞争优势

我曾经在《质与量的战争》中以"与美国小伙谈'品'论'质'"为题，说到某次研讨会间隙与美国小伙迈克就中文"品质"二字进行的一次谈话。显然"品"和口或嘴有关——一种典型的客户化的思维：饭好不好吃是由客户说了算的。由此延伸出一种基本的逻辑：客户满意了，回头率就高，也会介绍其他人来，于是，商家的销售额自然就会增加。而"质"字呢？繁体的质字上面是两个斤，下面是一个贝——用秤称钱，不仅形象，而且用意清晰：成本意识——如果我们把事情第一次就做对，自然减少了浪费，成本也就会随之降低。于是乎，"品质"展开的两条线最终就收拢到结果上，也就是"损益表"里了：品，等同于损益表的上部——销售额的增加；质，等同于损益表的中部——成本的降低。上部减中部就等于底部收益，也就是组织盈利能力的表现了。

由此可见，"品"和"质"即品质，其实就是一种经营管理的基本逻辑和架构。也就可以理解克劳士比先生在《完整性》一书中，把品质视为"组织的骨骼"的原因了。这也是我更愿意把 Quality 叫作品质的原因了。

由此，便引发出三个需要加以说明的问题。

1) 品质如何提升竞争优势

当年克劳士比先生的老友、ITT 欧洲质量副总裁约翰·格鲁库克博士（John M. Groocock），不满足于许多企业仅仅在产品质量的技术和方法论方面尽心费力，而忽视了其战略要义、价值与改进的原则，便基于自身的学识与实践加以总结提炼，提出他的"一链两测"观点。他认为，正如克劳士比先生所说"质量即符合要求"，整个组织必须要构建起从客户需求到产品交付的链条，也即"符合要求链"（The chain of conformance）或叫"质量链"（The Chain of Quality）；克劳士比先生的"质量改进的 14 个步骤"，其意图就是要在组织层面构建这个链条，而非仅仅是在产品质量上做改进。

于是，就有了两个质量改进的基本的"测量点"。其一是测量"客户端的质量"，以便将客户的感知质量及其改进责任，沿着质量链条落实到位；他认为，有五个部门全部都在控制着品质，即市场部、设计开发部、采购部、制造部和质量部。而过去则认为质量部在控制着质量，这本身就是一个"神话"；所谓"人人为质量负责"，也是有待商量的事情。

其二是测量"质量成本"，以便构建起质量、生产力与盈利能力之间的经营管理链条，将改进质量成本制度化，从而展示质量改进的价值。同时他提醒大家，质量成本测量的仅仅是过去的东西，如果你不能实际采取行动，去改进质量、削减成本，而只是意识到这种质量成本的巨大潜能，将不足以影响我们的现在及未来的结果。因此必须要对它进行规划和管理，否则，质量改进就不可能产生。而关键的规划方法，就是准备财务的预算或预测质量成本在下一年的状况。我们将在第 5 章详加阐述。

2) 品质竞争力如何打造

在"华尔街"主导企业话语权的美国，借着克劳士比先生《质量免费》所激发起来的热潮，在与日本和欧洲的竞争之中，更愿意从自己习以为常的财务角度去管理产品质量,并由此引发高层管理者们的"质量兴趣"。在此背景下,发轫于"全面质量管理之父"费根堡姆先生在20世纪50年代提出的,后经过美国国防部、学界、企业界以及ASQ在六七十年代共同构建、完善与实践的"质量成本"的方法,便大放异彩了。对于成功实施质量管理的企业,也大多开始用财务指标来定义其是否成功。

美国管理会计师学会(IMA)专门成立了"持续改进中心"(CIC),组织专家学者进行质量成本的规划、衡量以及持续改进的水平比较与企业最佳实践的研究;还设立论坛,分享与奖励那些最佳实践者。IMA的成果是显著的,确定了业务与质量紧密相连的因果逻辑框架,清晰地展示了质量、生产力和盈利能力的关系:管理层提供战略方向和优先项,以通过有效的质量提升带来生产力的提升,进而持续提升盈利能力,最后带来竞争力的提升。如下图所示。

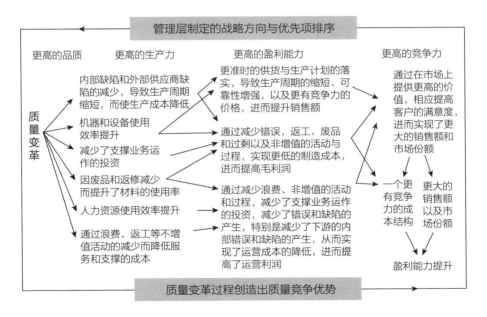

同时,IMA确立了管理会计师的与两个质量相关的关键角色,即代表会计师/财务人员参与质量活动,以及参与规划全公司范围内的质量管理

活动，并建立质量成本的基本评估与报告系统。

中国的不少企业在品质方面往往"后知后觉"，完全可以沿着这条路走下去。

3)"品质优先"对中国企业意味着什么

遗憾的是，美国、欧洲及日本的企业都在这条路上出现了闪失，要么止步不前，要么掉头回转，要么走入岔路。这就为中国企业留下了更多的后发优势以及未来的可想象的空间。

就现实层面来看，如今在全球尚未完全从经济危机中复苏的环境下，中国企业在市场上的表现，依然是可圈可点的，尤其是中国强大的制造能力及其供应链生态系统，更是令全球刮目相看。

几年前，华为公司开始推行"品质优先"策略，明确提出了"成为全球ICT行业高质量的代名词"的目标，实施了一系列的有效举措。华为手机一马当先，势不可挡。

想当年，哈佛大学PIMS团队曾经认真研究了日本企业是如何通过"追随、超越与引领"的竞争策略战胜美国公司的。尤其是日本汽车业对美国汽车业如何再次上演"珍珠港事件"的经典案例，让美国企业恍然大悟，但已积重难返，回天乏力。PIMS的结论非常直白，一针见血：当底特律还在致力于内部的一致性质量的时候，日本汽车早已经开始在抓客户的感知质量了。

只可惜许多企业并未理解。因为除了思维定式使然，还需要某种机缘。换句话说，美国和日本是沿着两条不同的品质竞争曲线在赛跑的：一条是基于技术能力与流程体系而绘制的曲线，是"由己推人"、由内向外（Inside-Out）式的，也是美国企业的惯常做法；另一条则是日本人在市场上"开疆拓土"的不二法门，即基于客户感知的价值精心绘制出质量竞争力曲线，是"推人及己"、由外向内（Outside-In）式的。显然，这两条曲线是有意区别开来的，很合乎"人无我有、人有我优、人优我特"的竞争策略。

1887年英国议会通过了侮辱性的商标法条款，规定所有从德国进口的商品都必须注明"Made in Germany"（德国制造），用来区分优质的"英国制造"与假冒伪劣的德国产品。德国企业知耻而后勇，卧薪尝胆，终使得"德国制造"成为高品质的代名词。同样，日本产品在20世纪六七十年代还背负着低质低价的"东洋货"恶名，但是到了八九十年代便成为优质优价的标志。

如今，我们中国企业已经摆脱了"德国制造"的困扰，正在砥砺前行、迈步走在通往高品质的大路上。

3. 品质是一种竞争能力

美国竞争力协会（ASC）在1995年曾与克劳士比先生合作设立了"克劳士比大奖"（Philip B. Crosby Medals），用于奖励在全球质量竞争力方面处于领先地位或做出卓越贡献的组织和个人。从那时起，在与日本和欧洲企业的竞争中"质量复兴"的美国企业，更加积极地把关注的焦点集中在了"质量竞争力"上面。

如果说竞争优势是一种谁比谁做得更好、更快、更经济和更智能的比较级的概念，那么，质量竞争力则是在品质价值方面体现出来的一种与众不同的综合素质与能力。

正因为如此，质量竞争能力被越来越多的组织当作经营管理的核心所在。从这个意义上来说，各个国家设立质量奖，其目的就是用一种具有质量竞争优势的经营管理模式来引导企业取得卓越的绩效，包含财务的和非财务的绩效指标。所以也被叫作"卓越绩效模式"。

问题是，实用主义往往能够让理想主义哭笑不得，扼腕兴叹。中国企业并没有看到设立质量奖项的真正意图，而只是为了其表面的"获奖创品牌"的实用意义，变成了一次营销活动了。事实上，大家习以为常的ISO 9000国际标准，其最初的意图也是帮助组织构建质量系统，以逐渐在内部培育和打造出质量竞争能力。然而，悲剧再次上演，大家只是把它当作了一种"投标"的条件，大多流于形式，只是做些书面上的、表面化的认证和审核而已，大有买椟还珠之嫌疑。

众所周知，ISO 9000 里面有一个广为人知的质量管理"八项原则"。我曾经对许多的企业中高级管理者们进行过测试——当然也包含质量管理的负责人，结果总是出现大眼瞪小眼、面面相觑的尴尬场面。因为基本上没有人能说出全部八项原则，虽然他们的取证也有快 20 年了。我对他们说，这"八项原则"实际上并非所谓的什么原则——因为当我们中国人谈原则的时候，往往不以为然，也只是为了应付审核背诵一下而已。

其实，这"八项原则"背后还隐藏着一段故事。我们知道，ISO 9000 标准基本上是在欧洲编写的。美国人介入之后，他们就顺着欧洲人的思路也叫原则。但事实上，这八项原则在美国的企业里面被称作"八项能力"——完全不需要你去背诵，而要实实在在地一步一步培养、一点一点使其在企业里生根发芽并成长。

质量竞争能力可以具体地体现在八种能力上：

1. 战略意图与领导力；
2. 客户价值驱动；
3. 确定与满足需求；
4. 过程的系统预防；
5. 环环相扣的团队作战方式；
6. 以事实和数据为基础的决策；
7. 战略伙伴间的协同共赢生态；
8. 持续不间断的自我改进和提升。

如果坚持在组织中培养和打造这种质量竞争能力，就可以使我们走出目前的"负循环"做品质的死胡同——也就是说，客户抱怨了，出问题了，我们就开始进行问题分解与责任归因；接着组织相关部门去研究问题、解决问题；然后还要把结果在组织内部进行落实；最后再把结果反馈给客户。客户再不满意了，我们接着继续做……如此循环往复。这种负循环方式，也可以叫作**向内螺旋下沉式循环**。

你会发现，在一个组织里，如果说一个星期只需要解决几个问题，上述循环还可以对付。但如果有源源不断的客户抱怨的问题汇入，那么，就无法想象整个组织是如何被问题裹挟着掉进了一种被动反应式的漩涡之中的。

只有关掉问题这扇破窗，才可以打开一扇新门——那就是"正循环"做品质：品质既然是客户的价值，那么我们就要把精力和时间用在识别、挖掘、沟通确认和满足客户的价值上；当客户获得了价值，就会回馈我们更多的订单，组织当然不要忘记：要适时地让员工分享价值，让他们有成就感、满足感和可获得感，同时也要让我们的合作伙伴们也有更多的订单。于是，我们的员工和合作伙伴携手共进，努力为客户创造更大的价值。这就形成了一种积极向上的正循环，或叫作**向外螺旋扩展式循环**。

如是，我们重温何为品质的问题，也就对品质有了一幅更加清晰、完整而丰满的画像。如下图所示。我们也更加有理由相信，不如此不能生出品质的智慧，也不能在组织里创生品质的机体，更无从谈起"有用的和可信赖的组织"的创建。

Quantification——量化管理

Union——联合行动

Awareness——质量意识

Leadership——领导力量

Improvement——改进行动

Training——全员培训

Yield——显著收益

1.5 品质智慧之"四性说"

1. "完整性"——组织的完整性

克劳士比先生专门为此写过一本书《完整性》，其副标题给出了清晰的说明："21世纪的品质观"。他提出，一个组织像人一样，是完整的、有生命的——"品质是组织的骨骼，财务是营养，关系是灵魂"。它们相互有机地结合成了一个整体，是不可分割的，这就是"完整性"（Completeness）。因此，不存在那些所谓的工具性的、局部性的、全面性的质量管理。

那么，何为完整性的品质观呢？也就是如今许多人都知道的"一二三四五和14"。

"一"就是"**一个中心**"——第一次把事情做对，或第一次把正确的事情做正确，关键点是正确的事，正确做事以及第一次。

"二"是"**两个基本点**"——成为有用的和可信赖的。

"三"是"**三个代表**"——任何一个组织都要代表客户、员工和供应商或利益相关方的利益或满足其需要。虽然处在不同发展阶段的组织有着不同的关注焦点，但是，忽视任何一方的发展，都将是不可持续的。

"四"是"**四项基本原则**"——作为工作哲学的四个基本原则，也有叫"四大定律"的，或者叫"四个绝对"的。这也是我们将在"根本性"中谈到的内容。

"五"是"**品质绩效**"——五个方面的衡量指标，即除了常规的财务指标和生产率指标之外，还有客户忠诚指标、员工动力指标，以及社会责任或利益相关方的指标。

"14"就是风靡全球的"**14个步骤**"——品质文化变革的过程。此过程可以简化成一个"4P 解决方案"模型。这"14 个步骤"运转起来,便是在一步步落实与贯彻"20 字诀",并形成如下图所示的品质的正向循环。

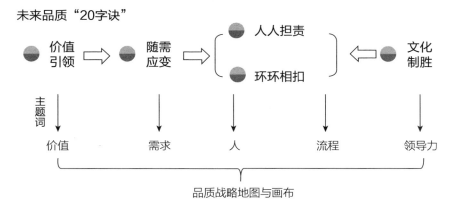

品质战略地图与画布

2. "结构性"——"三个层面说"

所谓"三个层面",第一个层面,就是物理层面。例如设施、设备,物品、原料、交通工具等,它们共同作用的结果,一般都被叫作产品/服务。就品质而言,则直接与产品/服务质量相连。因此,人们一般用"功能"是否实现的各种技术指标来定义产品质量。这就是为什么要控制产品质量,必须要学会观察与分析各种可量化的、可控制的指标。

但在物理层面上,还有一个更高的层面——事理层面。它包含了各种管理制度、标准、体系,做事的流程,等等。如果从品质的角度来说,很多公司都把它叫作流程质量。那么流程质量应该用什么来衡量呢?有趣的是,人们仿佛开始在功能的衡量之外特别添加了"功利"的考量。因为有了流程之后,就会发现事情不是变简单了,而是愈发复杂了。也许,一开始你还考虑说我要为客户做些什么,后来有了流程,你便开始考虑自己的那一亩三分地了。于是乎,产品质量也就开始变了,与成本、安全和进度开始产生矛盾了;流程确定了,责任要明确,利益要分配。所谓的 QCDS(质量 – 成本 – 交付 – 安全)"平衡"之术,即源于此。

第三个层面——"人理"。这是一个令人忧虑又必须深思的话题。

如今,我们看到越来越多的中国优秀企业都在倡导"工作品质"。每个人都应该为自己的工作负责,每个人都应该致力于提升自己的工作品质。即使有不可控因素,但总有我们自己可以掌控的因素。没有理由,无须借口,只有行动。而当大家真正这样去做之后,就会发现:整个组织的产品/服务品质开始大大地提升了。

正如前文所叙,"三个层面说"包含了三种品质:产品/服务质量、流程质量和工作品质。而它们是有机结合在一起的,是不应该被拆分的;它们作为一个整体在发挥作用,所产生的效率和效能,自然可以叫作"管理品质"或管理的质量。这就是大家喜欢挂在嘴上却不明就里的"大品质"。这也正是世界各国设立"质量奖"所追求的东西。对照来看,只是执着于产品/服务质量、流程质量,显然是把品质"小看"了。所以,我更愿意把这些"小品质"用质量一词表示。

那么,在实践中该怎么去做呢?"开车理论"就形象地把企业对于质量的做法与面临的困境给出了简单明了的解释。开车,就好比企业的运营,需要仪表盘,上面有所需的各种数据,可以及时而清楚地告知你车的运行状况。这些数据,无论来自在线检测、离线测试、专项检验,还是考核、评审与稽核,都是为了系统运行的"可控性"。因此,统称为"质量控制",也就是人们最为熟悉的两个英文单词缩写:QC。

QC是基础,没有数据,就好比夜间行车没开车灯。但问题是,有些人开车不看仪表盘。排除看不懂的情形,基本上就是凭经验操作,跟着感觉走。何也?因为在许多组织里,总有一些自以为是的聪明人在闭门造车,所生产出的东西对实际的操作者来说毫无意义。

我们再看开车。除了要看仪表盘,还要遵守交通法规。交通法规就好比组织里的规章制度、实施细则,可以统称为"质量保证",简称QA。开车,如果司机不到位,责任主体也就不能落实。试问:司机是谁?是组织中的每一个人。每一个人都是自己工作的司机,都有责任开好自己的战车。这也正是我们倡导的工作品质的基础。

至于管理者们,尤其是各级主要领导,必须要坐在司机的位置上。

几年前华为公司即开始在海外以"司机归位"为抓手推行品质文化变革。因为"开车理论"本质上直指人的问题,而非补轮胎、修仪表盘、编手册等技术活动问题。所以,一旦人们明白了"品质管理就是管理"的道理之后,那个一直以来折磨着大家的"谁为品质负责"的问题,也就自然有了答案:首先是管理者,其次是每一个人。

3. "系统性"——"生命系统"的组织架构

"生命系统"的组织架构与"机械系统"或非生命系统组织具有本质上的区别。

用 IT 企业的语言叫作两个"E2E",就是一横一竖两个"端到端"的大流程,活像一个"大十字架"。如下图所示。横杠是从客户端到客户端的核心业务流程,竖杆则是从最高管理者到普通员工的战略与执行流程。

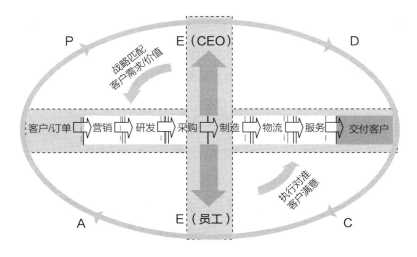

不难发现，这个"大十字架"背在所有的组织身上，很沉重。因为就核心业务流程而言，现在的问题不是"端到端"首尾相连，而是"断到断"掉链子了。很多组织都存在着"部门墙""部门壁垒"现象，有的甚至非常严重，仿佛封建社会里的诸侯割据一般，不仅"躲进小楼成一统"，井水不犯河水，而且各自只扫门前雪，老死不相往来。所谓的协同、配合、协作、团结等，无疑是此地无银三百两而已。

从战略到执行流程，你会发现，强大的科层制，使得管理者和基层员工之间的层级过多、机构臃肿、信息失真、行动迟缓；而顽强的命令-控制模式，更让中基层员工逆来顺受、明哲保身、无可奈何。所谓的主动、责任、创新、绩效等，不啻为埋怨员工执行力太差的反义词而已。

如何卸下这个"十字架"？华为公司的解题思路是：用双手管控人性之恶。一只手叫作"无情的流程"——严肃纪律，严格执行；另一只手叫作"以奋斗者为本"——重赏勇夫，大口吃肉。

克劳士比先生曾就此问题在《质量无泪》中推荐使用"克氏疫苗"的"系统诚信"，帮助众多美国企业放下重负、转危为安。而经过许多企业实践验证过的品质变革的解决方案，则是我提出的"八字方针"——针对核心业务流程，主张"环环相扣"——不掉链子；针对战略到执行流程，主张"人人担责"——不留死角。通俗易懂，简单有效。

4."根本性"——零缺陷管理哲学或"四项基本原则"

它包含了四个方面：一是品质的定义——满足要求，而不是好、更好；二是品质的产生——预防系统产生品质，而不是检验、事后把关；三是品质的准则——品质工作的准则是零缺陷，而不是差不多；四是品质的衡量——品质是用价值来衡量的，而不是指数、技术指标。

至此，如果我们将本书的核心主题"20字诀"与品质"四性说"融合起来看，则会在眼前呈现出一副生机勃勃的画面。如下图所示。从完整性到结构性,当需求碰到了担当,则产生了责任;从结构性到系统性,当责任担当遇到业务流程,则会形成预防;而从结构性到完整性,当流程满足需求,则产生出价值。当然,这一切都必须在根本性的作用下,才有可能通过价值引领,进入"无限的游戏"中的生生不息的文化循环。

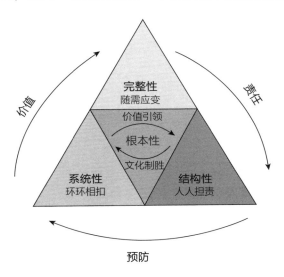

质与量的未来

第 2 章

**价值引领：
达成共识，形成内驱**

使命 ─三轮驱动→ **客户** ─价值整合→ **员工** ─内在驱动力→ **价值**
愿景　　　　　　**价值**　　　　　　**价值**　　　　　　**衡量**

📎 本章导读

　　企业如果忘记了自己的初心，就会沦为一种"失去灵魂的卓越"。为此，需致力于切除"美式管理"的毒瘤，转动"ABC 循环"，去整合客户价值、激发员工的内驱动力、激活现有质量部门的变革意愿与"血性"。

📎 核心话题

　　为什么要为组织寻找灵魂和活法？为什么中国有一批企业家在悄然进行着"一场伟大的社会实验"？为什么文化变革要从统一"品质价值观"开始？为什么华为使用了极端的语言？"人类运动"意欲何为？为什么有人主张"员工第一"？质量部门的价值在哪里？

2.1 使命愿景驱动：为组织找灵魂、寻活法

2019年盛夏的一个下午，我与几位南京ICT行业的老总们进行访谈。其中一位创始人对我说，在公司发展的初期，为了求生存，促发展，一切的努力就是抓订单。虽然问题很多，但他们认为，公司的销售额发展到1亿元时，问题也就自然解决了。可过了1亿元之后，问题依然很多。他们认为发展得还不够，过了10亿元，问题就会得到解决；很快过了10亿元，问题依然多，而且越来越多的是深层次的问题。所以，他们现在非常困惑。

1. 忘掉了初心

我强调说，这个问题的背后，就是克劳士比先生反复逼问的大问题——组织为什么会存在呢？换句话说，你们当初创建公司的使命和愿景到底是什么呢？

他们愣住了，这才发现，原来他们把眼前的一切事情都当作是理所当然的了，而起心动念都与初心和使命大相径庭。我说，从来没有什么理所当然。必须回归原点，才能看清问题的实质。

一语惊醒梦中人。他们开始认识到了，一俊也无法遮百丑，漂亮的成

绩单，同样无法遮掩他们在管理的根本问题上的缺陷。而且，越是在上升的阶段越应查漏补缺，夯实根基。

1）不同的答案，不同的结局

对于"组织为什么存在"这个问题，众所周知，彼得·德鲁克先生的答案是"满足与创造客户的需求"。而克劳士比先生的回答也是非常简单，那就是"提供需要的解决方案"以帮助客户、员工和供应商获得成功。在克劳士比学院建立之初，克劳士比先生就动员大家捐款捐物，做了很多的慈善工作，而且招聘了一位具有 MBA 学历的牧师来专门负责慈善活动，还制定了一个每年拿出销售额的 1% 用来做慈善基金的制度。同时，还通过企业上市来实现培养"百万富翁伙伴"的计划。你如今到佛罗里达州的奥兰多市去看看，就会发现很多的"克劳士比健康中心"，那都是在 1986 年学院成功上市之后，克劳士比先生捐了他的全部股份后陆续建立的。这也使得克劳士比先生当之无愧地成为当年美国的"年度慈善先生"。

你一定会说，不对劲儿啊，企业不就是要盈利吗？不赚钱，企业又将如何存在呢？其实，对此问题德鲁克先生曾有过调侃式的解答。好比人活着要吃饭，企业要存活也一定要赚钱，但是，人活着一定有比吃饭更大的意义，同样企业存在于世也一定有比赚钱更大的意义。那应该是什么呢？这才是我们要认真解答的。

可以说对此问题不同的回答，最后的结果也是截然不同的。当初通用汽车公司在伟大的 CEO 阿尔弗雷德·斯隆接手之后，对此的回答是，通用汽车就是要为美国"造伟大的车"。于是，声名显赫的设计师和工程师们登上舞台的中央，他们通过自己的努力，让那些美国历史上闪亮夺目、令人难忘的车型逐一亮相，展现在世人的面前；并成功地把汽车变成了第二次世界大战后美国人时尚消费与攀比文化的组成部分。但是 20 世纪 70 年代之后，通用大厦的财务人员开始主导公司的一切。他们不在乎汽车是否平庸，也不在乎客户的感受，只在乎他们的钱包，尤其是股价的高低。这是一场"数豆的人"和"造车的人"之间（Bean Counters Vs. Car Guys）的大博弈，拥有在通用汽车工作15年、福特汽车工作12年、克莱斯勒汽车公司工作22年以及宝马汽车工作7年经历的鲍勃·卢兹（Bob Lutz）先生专门写了一本关于通用汽车破产启示录的书，而最终是那帮"数豆的人"把通用汽车在2008年6月逼上破产保护的悬崖，把百岁生日变成了忌日。

另外一个令人伤感的例子，来自同样伟大的摩托罗拉公司。在创始人高尔文先生带领下，公司高举"员工第一，客户至上，股东第三"的大旗，以及"快乐生活，快乐家庭"的价值观，一路凯歌高奏，星光璀璨。期间，由于几次投资失败，被华尔街接手。于是，"股东第一"的大旗开始高高飘扬，公司也就随之一步一步地被阉割、被肢解、被抛下深渊。至今只剩下一个响亮的名字，还有一个悲伤的故事封存在了人们的记忆里。

另一个故事则延续的时间较长，同样一波三折，令人唏嘘。杰克·韦尔奇，通用电气公司的CEO，一个传奇式的英雄人物，他对上述问题的回答极为清楚而明确：企业存在的目的就是股东价值最大化。而这种"股东至上"的理念深得以股价论英雄的华尔街的青睐，既成就了韦尔奇"CEO之神"的神话，也进一步误导了无数追捧他、追随他的全球各类公司的高管们。直到2018年6月被占据了超过百年的道琼斯指数蓝筹股榜单正式剔除，处于破产保护的边缘，大家才幡然醒悟。但悔之已晚矣。

2）如果不缺钱，那到底缺什么

萨缪尔·兰利，一个聚集了星光闪耀的科学家、发明家，时至今日他的名字与美国的航母、空军基地、宇航局研究中心等紧密相连。他在1903年接受了来自美国政府的5万美元以及某研究所的2万美元的资助，招募精英，研制飞机。不幸的是，他失败了，只能眼睁睁地看着一无所有却怀揣梦想的莱特兄弟成功飞行。他遭到了人们的嘲讽，并于三年之后抑郁而终。问题是，他什么都不缺，到底是什么才导致他的失败呢？

我曾经怀着极大的热情拜访过旧金山的硅谷以及波士顿的"创新区"，

所看、所听与所谈，印象深刻，感慨良多。最大的感受是他们身上流露出来的那种乐观向上的精神以及无所畏惧的朝气。似乎每一个创业者，即使是睡在汽车里，工作起来没日没夜，也都有一种青春无悔、相信明天的精神。当我读完了《乔布斯传》和《马斯克传》，尤其是看了《乔布斯》电影之后，我突然意识到，原来他们多数人都在以乔布斯和马斯克为榜样，要用自己的理念、技术和作为去影响世界或改造世界。

2. "美式管理"之殇

马利克先生在他的《战略》一书中谈及 2008 年全球的金融危机时，指出那种至今仍占据商学院主流的、把"股东价值战略"奉为终极真理的理论，是"一种金钱至上、完全财务导向的公司战略"，"这种自我毁灭的美式公司治理在全球的传播，导致了错误的战略、低劣的管理以及如今危机的爆发。"因此，他狠下心来用"**毁灭的机器**"来命名盎格鲁－撒克逊式的公司治理模式。

而那位汽车界的"产品狂人"鲍勃·卢兹先生，在他的《绩效致死：通用汽车的破产启示》一书中更是用针尖戳破了"美式管理"外表那层美丽的气球。他指出，"从某种意义上来讲，通用汽车的衰退、破产、重生不过是全美国正在发生的事情的一个缩影。"

他为此还直言不讳地质问"美式管理"的摇篮——美国的商学院。他认为那些商学院不应该沉浸在自诩为拥有美国商业教育优势的错误信念中，而应该扪心自问，这一切错在哪儿以及为什么错了？他们精心培养了好几代擅长摆弄数字、喜爱替换场景、对数据表格成瘾的专才，他们应该为此感到羞愧。他甚至调侃说："大部分商业教育者就像艺术画廊里的保洁人员。"他们的致命缺陷就在于：什么都谈了，就是不谈客户，而且还把客户理想化了。所以，问题的核心，就在于回到产品或服务本身，也就是客户上来。

1）找寻东方的"解药"

稻盛和夫先生享有日本"四大经营之神"美誉，曾经领导着京瓷公司、KDDI 和日航取得了巨大的商业成绩，让世人对他趋之若鹜，尤其是当国人发现他倡导的"敬天爱人"的哲学思想竟然源自中国传统思想时。

正如杜维明先生所说，稻盛和夫是一位典型的儒商，他的哲学思想来源于阳明心学。因为儒学在日本的影响主要就是阳明学，而且就是在明治维新时期，真正的儒家传统在日本开始普及化和深化了。

曾仕强先生多年来一直致力于挖掘中国智慧，倡导"中国式管理"。我曾多次与曾老师交流并得到确认，他有一个意图，就是要消解所谓"美式管理""日式管理"对我们中国企业的负面影响。"以文化为重点，把全球的和本土的文化兼容并蓄，彼此兼顾并重。而中国式管理，足以承担这样的重大责任。"他认为，美式管理的哲学基础是"个人主义"，日式管理的基础是"集体主义"，而中国式管理则是"交互主义"——秉持"二合一"而非"二选一"的态度，将个人主义和集体主义这两种极端的说法合在一起，形成"在集体中完成个人"的合理主义。中国式管理，是一个修己安人的过程，它有三大主轴，那就是以人为主、因道结合以及依理应变。因此，他的结论也是非常简单明了的，"以中国管理哲学来妥善运用西方现代管理科学，就是我们心目中真正的中国式管理"。

2）"三轮驱动模型"

马利克先生在《战略》一书中提出了"正确使命的三要素"，即需要、能力和信念。他认为，这三个要素的协同互动会催生出一个新的整体或系统，并具有"三个更深层的系统性能力或属性"，即价值、自尊和意义。

马利克的同胞，德国管理学家休·戴维森（Hugh Davidson），曾提出了一个"承诺型组织的三条腿"模型，采用古罗马时代马恩岛人的民族象征"三条腿的男人"(the three legs of Mann)的形象,以"愿景和价值观"为核心,驱动着三条相互连接而且平衡的腿朝着一个方向前进——这三条腿是:高度激发的员工、忠诚的客户和满意的出资人;其运行规则是:忠诚的客户+高度激发的员工=满意的出资人。戴维森先生作为欧洲顶级商学院的客座教授以及牛津企业咨询公司的创始人,他深知伴随着全球化而流行的"美式管理"之殇,更希望为企业寻找"活着的意义",或者像稻盛和夫先生那样为企业寻找一种"活法"。他在书中通过阐述125个组织积累的关于组织愿景与价值观管理的成败经验,进而提出了自己的见解,即构建愿景与价值观,通过行动、信号和语言交流愿景与价值观,将它们植入组织的体系,并加以衡量,然后通过组织品牌反映出来,最终构建一个理想的承诺型组织。

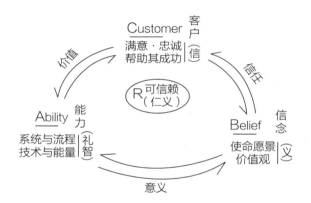

我的"ABC三轮驱动模型"或叫作"ABC循环"(如上图所示),是以"有用的和可信赖的组织"为目标,以客户为中心,要言而有"信",不仅要让客户满意,更要帮助客户成功;而要做到这一点,必须要具备坚定的信念,也就是一个组织的使命和愿景;同时还必须要具备能力,亦即系统、流程和技术。当组织的能力与客户的需求进行交互作用的时候,便产生了价值;而当组织的能力与组织的使命和愿景产生交互作用的时候,便产生了意义;而当抱持信念的组织与客户产生交互作用的时候,便产生

了信任与忠诚。最终，它们之间建立了良性互动与循环，共同致力于打造"有用的和可信赖的组织"。

3."风景这边独好"

在广东东莞的一个偏僻小镇，25年前成立了一家小规模的日资加工厂，如今已经发展成为一个在多国拥有十余家下属机构的响当当的企业集团，这家公司就是技研新阳有限公司。记得当年我第一次应邀去参观的时候，看到虽然他们的办公条件一般，但他们的办公楼正对面斑驳的墙上有12个藏青色的大字，让我看后为之一震："职工幸福，客户感动，基业长青"。不仅因为其逻辑清晰，更是因为它居然把员工摆在客户之前，颇有主张"员工第一"的味道。同时，我也注意到他们在多个厂房与宿舍楼墙上贴出的标语：仁义礼智信，温良恭俭让，引发了我极大的兴趣。

之后，我见到了他们的"大家长"郭文英总经理，她身材娇小，笑容可掬，时常双手合十，细声细气地说："一切都是最好的安排"。她向我讲述了他们的"**家文化**"。在共同推进零缺陷品质文化变革事业的过程中，我对他们的"以人为本，用爱经营"的经营理念以及"打造幸福新阳"的新愿景有更多了的感悟和思考。

1）没有主体的确立，就没有责任

只有文化的自信才能带来文化的自觉，而自觉意识的前提，则是主体责任的觉醒，尤其是"我"的确立。换言之，如果没有"我"的主导，一切的承诺、誓言、责任、忠诚，都只不过是随口的敷衍。

不过，这并非易事。

幸运的是，身处万物互联之"人人时代"（Everybody Time），突显的就是"我"的力量。为此，我们必须顺势而为，先把"我"从"我们"中解放出来——打破想象的边界，激发"我"的事业之激情与工作之动力。

然后,"我"再融入"我们"中,扮演相应的角色,就像演员演戏一样。有趣的是,现实中的演员也被时代裹挟着,演过同样的真实的戏:起先都是归属于某个剧团或电影厂,后来"下海"变成个体户,之后又成立公司或工作室,成为自由职业者。所以,当自由之"我"自觉地融入"我们"之中,发挥角色的作用,以共同为组织创造价值,同时也实现了自身的价值。

如此,便可倒逼企业的变革,用使命愿景、共识和共享精神把彼此相互连接在一起,然后依据客户-员工-供应商三者共创、共享、共赢的剧本,融入"我们",共同演好一出精彩的连续剧。

2) 从统一"品质价值观"开始

那位曾经让大象跳舞的前 IBM 董事长郭士纳有感而发,他说:"如果你想在战略执行方面胜过你的竞争对手,那么你必须把有关公司战略以及价值观清晰地传达给你的所有员工,并在公司的每一个行为中强化这种价值观,还要允许员工有相应的行动自由,信任他们,相信他们将会根据这些价值观执行公司的战略。"

可问题恰恰就出现在这里。因为许多企业的高级管理者们,连自己都不太清楚公司的战略和价值观到底是什么。只能依靠行政管理手段去执行管理职能。因此,也就难以得到预期的好结果,更不用说让参与者们获得成就感了;至于那些追求成功的人们,在经受过一次次的打击、挫折之后,是否还能够保持着热情,那就很难说了。

但是,命运可自主。克劳士比学院半个多世纪的实践表明,企业管理层如果能够求同存异,达成共识,统一"品质价值观",并自上而下、一以贯之,不啻为一种上佳的解决方案。

我这十几年来在咨询项目中的主要任务,就是同企业的高管团队们一起工作,帮助他们理解品质,领悟品质背后的哲学,明确他们在品质变革中所应该扮演的角色,并辅导他们一步一步地规划与管理品质文化变革过

第2章　价值引领：达成共识，形成内驱

程。他们大都有着良好的教育背景，丰富的工作经验，漂亮的履历，显赫的工作业绩；有些人本来就是业内的大专家，有些人则是从其他国家挖来的高手。可以说，每一次辅导都是一个独特的令人印象深刻的有趣过程。因此，当这些人在一起进行讨论的时候，无论是央企还是民企，无论是大型集团还是中小企业，所争议的焦点，引发的思考，碰撞的火花，达成的共识，做出的承诺，这个过程本身就是非常理想的 MBA 案例教学情景剧，参与其中就会给人以启迪。

3）"感觉太好了！"

在与 XM 集团合作时，我先是同集团的最高管理者进行沟通并达成共识后，便开始逐一地与集团执行委员会（以下简称执委会）中的每一位成员进行个别的访谈与对话，以了解其对于品质、品质文化及其变革过程的认知状态，然后进行"成熟度"分析与"态势图"描绘；随后制定了执委会成员研讨的议程。

- 执委会访谈问题的简要综述；
- 品质文化概念回顾及其模型解读；
- 识别与发现"头上的玻璃"或"隐性负债"；
- 对比分析：寻找与价值观不一致的细节；
- 品质文化变革相关问题的决策；
- 执委会成员制订公司的"管理承诺"；
- 执委会成员个人管理承诺及个人行动计划分享。

研讨会进行得还是顺畅而精彩纷呈的。通过前期访谈的综述以及品质文化概念及模型的回顾，我让大家聚焦讨论三个简单的问题：如何定义品质与品质文化？公司过去成功的关键因素是什么，面向未来还缺什么？品质文化变革的突破口在哪里？

在讨论"头上的玻璃"或"隐形负债"时，我主要引导他们列举现行

的日常工作、业务流程和企业氛围三个显性的行为表现方面，然后再列举公司长期以来信奉的价值观；接着进一步对比分析，以发现其与背后的价值观和深层假设之间的差距、冲突；最后带领大家一起省思现行的管理政策、规范与做法，以识别与发现那些积极促成与消极阻碍的因素。

他们在三个行为表现方面给出的"素描"，还是具有典型特征的：

- **日常工作方面**：管理者在"决策－授权－激励－问责"链条的各个方面都缺乏共识；机制不清晰，品质与交付，不知谁第一，员工的感受是交付第一；对重大事件的处理效率很低，程序有问题，员工不认可；"品质第一人"不清晰，往往使责任与资源产生矛盾；无论高层、中层还是基层人员，大家在QCDS的价值排序方面，都会出现困难。

- **业务流程方面**：重结果，轻过程，最终结果也没有人真正负责；总是出现执行标准与工作效率产生矛盾时自我裁定的情形；流程很多也很长，与分权的组织结构时有矛盾，难以体现出整合的效力；现行KPI有不聚焦、不能全覆盖的局限；倡导团队协作与个人排名的做法产生冲突；供应商交付的样品时常出现问题，却可以平安无事。

- **企业氛围方面**："机关作风"浓，流行隔靴搔痒式的自我批评，谁也不敢批评别人；人浮于事，会议多，效率低；自我省思会议更多地集中在生活方面，业务方面尤其是个人方面的省思非常少；组织结构与全流程责任划分复杂导致沟通成本非常高；许多人因为不清楚什么是对的而不作为，甚至不敢为，只好等、靠、要；反映本部门问题，会惹得领导不高兴，也就你好、我好、大家好。

争议的焦点，则集中在集团近期出现的某件重大安全事故上。有交锋，有观点，当然也有共识。那就是大家认识到了，上述的种种现象只是因，而这起事故是必然的结果，从中可以看出公司全部的问题：程序问题、责任问题、机制问题，等等。

上述的讨论对高管们触动很大。他们说，原本也都认为集团有很多的问题，但并不清楚到底是什么问题，会造成什么危害。如今，大家终于可以共同面对问题并锁定目标了。

经过讨论大家有了信心与期待：可以通过"零缺陷哲学"与品质文化变革过程，改变心智模式，确定共同的思维与新的工作方式，最终提升公司的品质价值优势。

然后，大家对即将推行的新的工作方式、相关政策与激励机制，推进的组织与人选以及"点－面－线"相结合的推进策略，逐一进行了决策。

最终，经过激烈的分组讨论与汇总碰撞，确定了集团的"管理承诺"，并举行了承诺仪式。

在这方面我印象最深的是，华为公司的各系统尤其是各产品线的管理团队充满激情且形式多样的承诺。而方太公司茅忠群总裁带领他的管理团队所制订的"管理承诺"（他们更愿意称之为"品质方针"），与自己的愿景、价值观与文化特色紧密相连，堪称范本，分享如下：

> 视顾客为亲人，视品质为生命。坚持零缺陷信念，人人担责，环环相扣，把事情一次做对。用仁爱之心和匠心精神，造中国精品！

尤其值得一提的，是茅总"自责""自省""担当"的精神。他曾经对高管们强调说："事情做不好，根源还是在自己身上。自己要扪心自问，作为领导，除了喊口号，有没有做出实质性的贡献？比如这次'年度新品发布会'的发言稿，我就坚持一定要自己写，虽然为此要花费大量的精力和时间。但是，如果我们说话不用脑子、不走心，读别人写的话，你自己都不信，别人谁会信呢？如今我们有了自己的'品质方针'，也承诺了。那么接下来的个人承诺，就要自己去完成了。我向大家表个态：我自己的承诺自己来写，那封用来具体阐述我们的品质原则、要求与预期的'致全体员工的一封信',我会自己来完成,而且不少于 1000 字。当然也希望你们每一位都带个好头,就从自己去完成自己的承诺和行动计划开始吧。"

这位身材瘦小的老总,声音不大却掷地有声。尤令大家感动的是,半年后在项目的总结大会上。负责组织推进的副总裁在大会上深有感触地说:"很多次我在开车的时候,就不由自主地想到我们的'品质方针',然后就不由自主地背了出来。感觉太好了!我们的这个'品质方针'真是太好了!"话音刚落,下面就响起了一片掌声。

4. 某微电子公司的重要会议

某微电子公司是一家在国内外拥有多家产业基地并在全球范围内提供解决方案和快速服务支持的创新型科技企业集团。

跟他们的合作,同样也是一个严谨、生动而有趣的过程。特别之处在于,我要走遍他们全国各地的基地,去与集团 EMT(经管会)团队成员逐个单独面谈,以了解其认知状态,洞察关键问题。然后,做一番系统分析、求同存异的功课,以便确定研讨会的议题和议程。

研讨分如期召开。将所有参会人员分成两个小组,先集中开会,由总裁进行动员,再由我进行简要的基本概念、理念、原则与方法的阐述;接着就是按小组举行平行会议:一个是由总裁牵头的 EMT 团队小组,另一个是由集团及各基地质量总监组成的小组。

由于大家积极投入,因而会议开得比较顺畅。偶尔激烈争论,吵成了一锅粥;偶尔也会出现冷场,大家盯着白板一言不发。

我的任务就是要适时地进行干预和引导。比如,重申两个基本要求:要面向公司的未来,要站在总裁的角度去看问题。另外,我还要求他们:手指自己,而非别人;要立足某微电子公司的当下与未来,而非别的公司;提醒他们注意中西思维的不同所带来的沟通障碍;在讨论品质组织时,特别强调了未来的几个基本定位,即价值的整合者,文化的引领者,

第 2 章　价值引领：达成共识，形成内驱

风险的控制者以及系统的构建者。

高管组讨论的焦点，集中在影响"品质创造价值"的几个方面。

- **规则是否明确**：规则如果不明确，就不可能清楚地落实到每一个执行者那里；如果执行者不知对错，只听客户声音或看客户脸色，就会漠视规则；另外，为什么人人害怕担责呢？因为没有明确的规则。
- **是非是否分明**：人们对事有是非判断的，但鉴于 KPI 考核的重要性而转向不谈是非，只为完成 KPI 考核；分析问题总从保护自己的角度出发，以逃避责任。
- **责任是否有人承担**：不负责任，何谈价值创造。自己不清楚时，不是主动去询问，而是抱怨没人告诉我，存在"打工者的心态"——让我做什么我就做什么，让我做多少我就做多少。没事就等着。不过，担责需要就位，之所以不能就位，是因为：
  - ◆ 没定位：高层、中层和基层的责任与定位划分不太清楚；
  - ◆ 缺位：总是认为是领导的责任，领导怎么说就怎么做，所以往往是等、靠、要，外加抱怨；
  - ◆ 越位：总是忙来忙去，忙别人的事儿，忙下属的事儿；
  - ◆ 不到位：甘当旁观者——目标责任不清或者太清，看见火烧起来不闻不问，事不关己，高高挂起。

而争议的焦点，也相应集中在：何为价值？品质工作的职责和价值又是什么？零缺陷是一种行为，还是一种思维？奖惩分明，是否要区分出管理者与员工？管理者心目中理想的员工是什么样的？

最终，他们达成了如下共识——作为集团品质文化的核心理念：

- **价值引领**：我们始终以"创造价值"为出发点；
- **明是非**：我们时刻审视是非对错；

- **零缺陷**：我们坚定"一次做对"的信念；
- **定规则**：我们科学制定规则，严格执行规则，动态检查规则；
- **勇担当**：我们以担当为荣，视逃避为耻。

同时，还界定了其**逻辑关系**：创造价值是引领一切工作开展的出发点和最终目标；坚持零缺陷的态度，以价值导向为依据，明确组织、人、事的正确是非观；在明确是非观的前提下，科学制定规则；各层级员工勇于担当，最终实现整体价值最大化。

管理团队和推进团队都明白，"共识"是用来行动的，不是观赏的。因此，为了清晰地传达给每一位员工，他们又进一步对"共识"逐一做了详尽的内涵解读，不仅包含组织层面的要求，还关注个人做人和做事层面的——对于个人的，也依据企业实际情况落实到不同的层级（高层、中层、基层）：各层级应该秉持的价值观以及岗位的核心价值；而对于容易引发误解和争议的地方，也做了详细的解释。

然后，他们通过丰富多彩的形式，在全集团广而告之，开启了集团品质文化变革之旅。

2.2 客户价值引领：华为为什么使用了极端的语言

坊间曾经流传着这样的故事："华尔街大鳄"摩根士丹利首席经济学家斯蒂芬·罗奇曾率领机构投资团队访问华为总部，任正非只派了当时负责研发的常务副总裁费敏接待。

事后，罗奇失望地说："他拒绝的可是一个3万亿美元的团队。"对此，任正非回应称"他（罗奇）又不是客户，我为什么要见他？如果是客户的话，最小的我都会见。我是卖设备的，就要找到买设备的人……"

之前人们听后会一笑了之，或认为任正非固执，而经过了风风雨雨之后，人们开始真心地佩服任正非的智慧了。用任正非自己的话来讲，"全

第 2 章　价值引领：达成共识，形成内驱

世界只有客户对我们最好，他们给我们钱，我们为什么不对给我们钱的人好一点呢？为客户服务是华为存在的唯一理由，也是生存下去的唯一基础。"其实，没人会对"以客户为中心""客户第一"甚至"客户是衣食父母"这样的说法存有异议，但是，对于华为的这种做法还是有很多不解。当然，对于华为另外的说法也就同样不解了。比如，"客户永远是华为之魂""要以宗教般的虔诚对待客户""客户满意是衡量一切工作的准绳"。

1. 华为的答案

在华为人看来，做业务，首先就要清楚为谁在做，而管理业务，也要首先搞明白为谁管理；如此，才能明确业务管理的目的和方向；而要回答业务管理为谁的问题，实际上就涉及企业是为什么而存在这一根本问题。

对此问题，我们在前面已经详细阐述过，而且特别指出了"美式管理"的弊端。事实上，华为对此也是早有准备的。他们认为，西方的微观经济学和企业管理学存在着两种相互对立的观点：一种是企业存在的目的就是要为股东创造最大的价值，另一种是要为利益相关者创造更大的价值，这两种观点都不适合华为。华为有自己的答案，那就是"为客户服务是华为存在的唯一理由"。其中的道理和逻辑并不复杂，因为客户满意是一个企业生存的基础，企业不是因为有了满意的股东才得以长期存在，而是因为客户对企业提供的产品和服务感到满意而付钱，这才使企业得以继续生存。

因此，任正非强调说："充分理解、认真接受'为客户服务是公司存在的唯一理由，要以此来确定各级机构和各流程的责任，从内到外，从头到尾，从上到下，都要依据这一标准来进行组织结构的整顿与建设。这是我们一切工作的出发点与归宿，这是华为的魂。客户是永远存在的，华为的魂就永远同在。我们只要能真正认识到这个真理，华为就可以长久生存

下去。

"从企业活下去的根本来看，企业要有利润，但利润只能从客户那里来。华为的生存本身是靠满足客户需求，提供客户所需的产品和服务并获得合理的回报来支撑；员工是要给工资的，股东是要给回报的，天底下唯一能给华为钱的，只有客户。我们不为客户服务，还能为谁服务？客户是我们生存的唯一理由。"

华为是清醒的。它深知客户价值的引领，还可以让华为的员工们警惕强大后的自信心膨胀，"以自我为中心"，甚至"以老板为中心"，就会让企业偏离客户导向，甚至，走向衰败而浑然不知。所以，任正非要求大家"脸对着客户，屁股对着领导"。他曾经在公司管理会上说："员工以后最重要的不是要看我的脸色，不要看我喜欢谁或者骂谁，你们的眼睛要盯着客户，取得客户的认同。你要是每天只看着我不看着客户，哪怕你捧得我很舒服，我还是要把你踢出去，因为你是从公司汲取利益，而不是奉献。"

1) 如何才能毁掉华为

这其实是我与许多高层管理者所沟通的一个话题。对于华为人来说，他们的答案非常清楚。但是大部分中国的企业，包括那些优秀的企业，事实上，他们可并没有表现出像华为公司那样的冷静和清醒。

你可以把"华为"换成任何一家公司，所以，问题就变成了：如何才能有效地毁掉你的公司？我参照杰格·谢斯教授的"优秀公司自我毁灭的习惯"的说法，列出了六条方法：

①让它养成自以为是、自欺欺人的习惯；
②让它傲慢而无理；
③让它自满而官僚（趾高气扬）；
④让它沉迷于数量而非质量；

⑤让它成为领主/主公（守护地盘）；

⑥让它戴上创新的近视镜（行业竞争近视症）。

我们知道，这些年来不少在国际上赫赫有名的大牌企业陆续退出了中国市场，或在中国市场日渐枯萎，面临重大抉择。这也让众多的国内外学者患上了臆想症或抑郁症。文章不少，废话颇多。但有一点是可以肯定的，这绝非一句"水土不服"可以概括的。我们曾经同某跨国公司长期合作，这是一家拥有一百多年历史的优秀公司。我们知道跨国公司经常因为重组和兼并而变得面目全非。作为全球农机设备的领导者，他们始终保持着质朴的"农夫信条"（Farmer's Creed），客户价值始终是他们所信奉的理念。据说，在公司总部，很多的高管家里都是有农场的，在周末或闲暇的时间，他们就会去自己农场劳作，不仅仅是体验自己的产品，而同时也是在进行问题收集与反馈。这样一家公司，进入中国之后其产品销售非常火爆，客户要持币排队提货。但最近这些年来，他们日益表现出孤独与焦虑感——远离了客户且遭遇了本土企业的集体围攻。

中国市场以多变出名，客户如走马灯，需求更是像万花筒。再加之本土农机企业小、快、灵，善于追赶潮流，善模仿。因此，在跨国公司看来，他们是一支正规军，遇到了飘忽不定的游击队。当然，双方的实力根本不在一个水平上。不过近年来，他们明显发现，游击队的根据地越来越大，而正规军的地盘日渐缩小。原因何在？我们可以用一件小事来做一个说明。有一位客户想在驾驶舱里装一个放水杯的托座。需求明确并有普遍性，不仅对客户有益，对产品改善与营销也有益，对企业来说也不是个难事。于是，市场服务人员就把需求按流程上报到中国的工厂，然后由工厂上报到中国区，由中国区上报到亚太区总部，再由亚太区总部上报至全球总部，然后再转到全球研发中心，再由全球研发中心转到相应的车型研发中心；最后，再由处在某国家的该研发中心与亚太区总部及中国区总部进行反馈，再由中国区总部会同下属的工厂进行对接。

在中国区总裁的干预与督导之下，才终于在一年以后做完这个小小的"托座"。听起来确实有点儿像个笑话。对比一下中国本土企业的做法，就会让你知道什么是真正的竞争优势——同样一件事，他们只需三天就可以完成。

通过这件事，我们会更加理解任正非到底在惧怕什么了。就像人的位置变了想法也会随之改变，公司的市场地位高了，客户的价值也就会自然地让位给那些莫名其妙的规则、制度、流程、技术或公司的政治了。

2）航空公司的警示

我曾经与国泰航空的运营管理者们进行过沟通。他们抱怨说，现在的部门墙太厚，协作效率越来越低，每一个人似乎都是按照流程、循规则做事，只要不犯错误，其他的都不管不问，至于说什么是客户的价值，对他们来说，也只是说说而已。我相信国泰航空的决策者们并非不能觉察到这些危机的信号，只是暂时没有人下决心进行变革。

前几年，"美联航事件"闹得沸沸扬扬，事件的原委是这样的，美联航的四名员工要坐飞机到目的地上班，由于飞机满员，机组人员便强行安排飞机上的四名乘客改签，而导致这四名乘客无法登机。事件被曝后，引起了一片哗然。但美联航推诿塞责。愤怒的人们又在网上把他们以往的糗事也都一一地曝光。比如，有一位加拿大的歌手，他的价值3500美元的吉他被强行要求托运，但吉他并未随他同时到达目的地，而是从纽约到了芝加哥，又从芝加哥到了新德里。在漫长的托运旅途中吉他被严重损坏了。他因此要求赔偿，但美联航踢了一年的皮球，依然没有结果，原本答应给他的1200美元的优惠券也被取消了。于是他写了一首歌，叫作《美联航摔坏了吉他》，在YouTube上播放，引发美联航的股价下跌6%，市值蒸发了13亿美元。

许多人感到不解。美联航不是张口闭口说"顾客是上帝"吗？没错，不过他们真正的上帝是股东而非顾客。美联航在1994年员工持股就超过了

55%,而且工会的力量非常巨大,这促使管理层一直在努力地平衡顾客和员工之间的利益。当然,"老大"的地位也使他们把为股东创造价值和利润当作中心,这就是他们的错误,把员工等同于股东,并与顾客对立起来了。在此事件之后,美联航终于道了歉,并开始把绩效与客户满意度挂钩了。

2. "客户价值学"

我曾经在研究客户价值时头脑中冒出了一个念头:是否有人写出了"客户价值学(Customer Value Ology)"这样的书?遗憾的是,搜寻中外文献未见此书。倒是找来了三本相关的书来阅读:一本是菲利普·格雷夫斯的《顾客心理战》(*Consumer.ology*),一本是三位专家合著的《价值学》(*Valueology*),另一本则是乔治·戴伊和克里斯汀·穆尔曼先生合著的《由外而内的战略》(*Strategy from the Outside In*)。

这些作者中有专注于学术研究的教授、有善于用理论指导实践的企业高管、有精于解决问题的管理咨询专家,他们基于所获得的成果开发了各自的新方法,如果能够把他们的基本理念与前提假设加以统御,基于"客户价值引领的"品质战略或价值模式在实践中融会贯通地去使用,就可以发现与洞察人们的所思、所想、所行以及背后的动机与驱动因素,以便提出与客户产生共鸣的价值主张,并将客户价值理念贯穿于从市场和销售到研发、制造、交付与服务的全过程。

1)两种品质价值模式

当年IBM公司在与克劳士比学院进行战略合作的时候,也主张这种"客户价值引领"的品质战略或价值模式。克劳士比先生让IBM的高管们清楚地认识到,原来他们的种种做法都是源于传统的"公司价值导向"的品质战略或价值模式,明白了"90/10规则"(人的行动源于90%的信念和10%的知识),开始推进品质文化的变革。

那么，"客户价值引领"的和"公司价值导向"的品质战略及其价值模式到底有什么区别呢？"公司价值导向"的公司通常习惯于通过问"市场能为我们做些什么"而不是（"客户价值引领"的公司）"我们能为市场做些什么"来进行战略思考；在对待客户解决方案上，前者的观点是"解决方案是为了帮助我们销售更多的产品和服务"，而后者的观点是"解决方案的目的是帮助我们的客户找到价值并赚钱——为了我们的共同利益。"

亚马逊的创始人兼 CEO 杰夫·贝索斯（Jeff Bezos）被认为是"客户价值引领"战略的高手。据说，他每次召开高管会议，总是在身旁放着**一把空椅子**。他说："那是留给客户的，我们每个人，要把它想象成客户，发言的时候，应该想一想他的感受，他会怎么想。"

与任正非先生一样，贝索斯在创立亚马逊之初就确定一个目标，即成为地球上以客户为中心的最佳公司。为此，他从 1997 年开始就在一年一度的"致股东的信"中阐述"以客户中心""客户就是一切"等观念，而且与此相对应，一开始就提出来第一日（Day One）理念且持续至今。他曾在 2016 年的信中说道："Day Two（第二日）是停滞期。接下来的是远离顾客，然后是一蹶不振，业绩下跌，然后是死亡。这就是为什么我们总是处于 Day One 的原因了。"以客户为中心，就是目前保持 Day One 活力的最佳做法。

索贝斯清楚地知道，公司越大，就会越复杂，形式主义、官僚主义就会随之而来，而这一切都和 Day Two 的特征极为相似。因此，他多次提醒公司上上下下：一定要"保持处于 Day One 的心态，需要你耐心地尝试，接受失败，播下种子，保护树苗，这样，你就既能看到客户的喜悦，同时又能获得双倍回报。客户至上的文化最有可能为这一情况创造可能的条件"。

2)比恩的"黄金法则"

比恩公司（L. L. Bean）更是客户价值的膜拜者。作为一家优质耐用的服装和户外运动品专营公司，1912 年由户外运动爱好者里昂·比恩（Leon Leonwood Bean）创立于缅因州自由港。在创立之初即确定公司的经营哲学，即"以合理的利润出售优质商品，视你的客户为与你一样的人，他们就会更经常地购买"。它被称作公司的**黄金法则**（Golden Rule），100 多年来促成 L. L. Bean 成为世界著名品牌。作为一家全球性的企业，如今产品目录送达全美及 170 多个国家，网站服务了超过 200 个国家和地区。1999 年，里昂·比恩先生同亨利·福特、山姆·沃尔顿以及比尔·盖茨一起被《华尔街日报》评为"十大影响世界的企业家"。

比恩公司承诺，所出售的每一件商品都可以无条件退货，客户购买了任何不满意的商品，都可以退回。他们四处张贴和邮寄的海报内容，曾经被商学院作为经典案例。

什么是客户？客户是我们工作、生活和交往中最重要的人。客户并不依赖我们，但我们却依赖客户而生存。客户不是我们工作的障碍，而是我们工作的目标，我们并不因为服务他而对他有恩，相反，他却因为给予我们为其服务的机会，而有恩于我们。客户不是我们要与之争辩和斗争的人，不会有人在与客户的争辩中获胜。客户是给我们带来需求的人，很好地满足他们的需求，同时也要给我们自己带来利润，这就是我们的工作。

我多次在普度鸡（Perdue Chicken）的案例里面讲解"客户价值学"是如何带给他们品质价值和品牌形象的，在下一章中还将阐述普度在创造客户价值方面的做法。但作为一个相互连接、相互作用的系统，他们对于客户的"负反馈"及时进行干预和处理，同样也起到了积极的作用。

有一位客户，曾经买过普度农场的一只鸡，拿回家以后发现这只鸡又干瘪又难看。于是，他把鸡拿回了普度农场，售货员很快给他退了全款。

但他还是决定写封信给 CEO 弗兰克，因为他在电视上看过弗兰克，也听过有关他的报道。他很快就收到了弗兰克的来信。

在回信中，弗兰克不仅表示道歉，还另外赠送他一只优质的鸡。而且，为了确保以后不再出现类似的情况，弗兰克还问了他一系列的问题，包括在哪儿买的，什么时候买的，具体是什么地方不好。而他退货的时候售货员说了什么，有没有难为他。两天之后，普度农场也给他打了电话，询问他有没有收到 CEO 的信，还问他是否对一切都很满意。另外，还问了其他一些更为具体的问题。

于是，这位客户决定，以后只买普度农场的鸡。

3. 简单的事情并不简单

曾经有学生对我说过，"客户价值学"听起来挺玄妙，但其实看起来也挺平淡无奇的。我笑一笑说，"那么以客户为中心，客户至上，难道很深奥吗？不也非常简单。但真正落实起来，似乎就没那么简单了。"

汤姆·傅雷是一位大型工程设备供应商的 CEO，几年前，为了使自己的公司变成行业中的"最佳服务企业"，他召集了 40 多位部门经理群策群力，希望找出一套有效的方法。经理们告诉他：提供更多的品牌产品，把分支机构装修得漂亮点，雇佣明星销售人员，更有效地接听客户的电话以及用更低的价格提供产品和服务。汤姆照单全收，但两年后，公司的经营状况却陷入了最低谷，几乎要破产了。

这时，他突然想起一个主意——现在看来是显而易见的一件事情，那就是：拜访客户，询问他们有什么需要，碰到了什么麻烦。接下来他便花了整整一年的时间，全力以赴去仔细查访每个部门的"好"客户与"坏"客户。结果表明：他的部门经理们与客户之间严重缺乏沟通和联系，公司的问题也不在于价格和接听电话方面，问题就出在客户把自己的精力都浪费在等待他们公司的或竞争对手的订单上了。

第 2 章　价值引领：达成共识，形成内驱

于是，他决定：实行一小时供货服务制（当地行业标准的时间可是一天半）；在实行75%"完成系数"标准（即订单上的75%的零件都要提前准备好，可以随用随取）的地方，改为90%的标准，而且余下的10%也必须在一天之内到货——这比其他竞争对手的平均水平高出许多。这一条非常关键，因为哪怕是缺少一个小小的75度弯管接头，管道工也要等上好几天的时间，而且全部订单都可能因此而耽搁下来。同时，还要求：一旦公司的管道工到达客户的作业现场，必须在15分钟之内完成组装任务，如果超过了15分钟，客户可以不付组装费用。

结果呢？在过去的两年中，他的公司收入增加了50%，在一个几乎成长停滞的市场中却实现了业务和利润的增长，在一个利润很低的行业创造了很大的盈利空间。汤姆自豪地对媒体说，其实做"最好的服务"真不是一句空话，你只有从客户的角度为他们提供他们认可的价值，他们才会说你的服务最好。我不明白，为什么自己这么迟才发现了这个简单的道理。

罗杰·米利肯（Roger Milliken）是一家创建于1865年的美国著名的米利肯公司的董事长兼总裁，克劳士比先生的老朋友，一位"痴迷的"零缺陷文化推动者，曾经荣获ASC（美国竞争力协会）颁发的"克劳士比大奖"。他深知客户价值对创新与驱动业务增长的意义，便在公司"品质学院"下专设"客户倾听学院"，还将"无偏见地倾听客户的心声"作为公司最重要的战略举措之一。该计划首先是要求公司的一线员工与客户工厂的一线员工保持紧密的联系；其次，为所有的销售人员提供生产实习活动，开展"站在客户的立场上"的培训项目，以及制订服务人员将客户带到身边的计划——通过播放客户使用公司产品的录像等方式，服务人员将会回答一些现场的问题。用他们的话说，叫作"将业务，即客户和供应商都带到身边来"。

接着，进一步为所有的高级管理人员提供销售培训，而且培训时间不

短于标准的销售培训时间；向所有员工展示公司的品质文化，让公司的所有的员工都知道客户工厂是怎样使用自己公司的产品的；同时，邀请客户到公司来参观，并向他们展示公司美好的前景和企业的文化。

再次，组建包括客户工厂的人员在内的问题解决小组，让客户参观一些他们将使用的产品的特殊生产车间——让这些客户从车间里走过，以便让这些员工亲眼看见他们的客户；播放展示公司历史的电影给客户观看，向他们表明没有公司解决不了的问题。最后，公司还针对特殊客户开展了一些更为详细的和具体的调研工作，并对客户所关心的特殊情况给予了及时的答复，以便让客户感受到自己是很受重视的。

米利肯先生本人在客户问题上花了80%的时间，他在用行动显示客户的问题才是公司的关键问题。一位重要的客户，曾经有一次在公司总部米利肯客户中心演讲时，显然对此半信半疑，他有好几次向米利肯先生询问："当您和汤姆（公司的另一位总裁汤姆·马龙）都在关注这个问题的时候谁来管公司的事呢？"对此提问，米利肯先生并没有直接回答，只是简单地说，"可是，又有什么能比与客户接触更重要的事情呢？"

2.3　员工价值激发：为什么有人竟敢主张"员工第一"

1. 主人翁，还是打工仔

历史是一面镜子。不妨回顾一下中外对于员工称谓的变化。工业革命时期，西方人眼中只有雇主和雇工之分。随着20世纪美国商学院培养了越来越多的"职业经理人"，这只被钱德勒先生誉为"看得见的手"——管理之手，逐渐在美国接管了那只亚当·斯密的自由放任的"无形的手"——市场之手，开始有了现代工商业中的经理阶层与员工（职员和工人）的区别。而我们则把员工叫作职工，对于经理阶层的人，美国人叫经理和管理者，我们叫干部。称谓不同，语境有异。

第 2 章 价值引领：达成共识，形成内驱

随着改革开放的进一步发展，源于香港影视作品中的"打工仔"的叫法开始风靡内地，人们用它来自嘲、自黑以表达自己的失落之情，却在无意间强烈地冲击与瓦解着工商业组织中深蒂固的"主人翁"观念。

也许，青岛啤酒公司的故事可以很好地诠释这件事。青岛啤酒公司曾经在改革开放初期，认真地讨论过"员工到底是主人翁，还是打工仔"的问题。那时的职工乃至普通工人都具有非常强的主人翁意识，以至于当时的所谓企业的"改革先锋"以及媒体都把这种意识当作了一种改革的阻碍因素。所以，青岛啤酒公司最后的结论也就毫无悬念了：员工就是打工仔，叫你怎么做你就怎么做。后来，职工开始被下岗分流了。再后来，日本的麒麟啤酒差一点收购了青岛啤酒公司，青岛啤酒公司上上下下的管理者和员工联名写了集体辞职信。这件事惊动了当地政府。在当地政府的努力下，一场危机被化解了。但这件事却留给大家一道思考题：员工是打工仔，还是主人翁？可喜的是，最后的结论又回到了原点：员工是主人翁。

1）隐藏着更大的问题

然而不幸的是，随着经济的发展，人们的工作和生活节奏加快，许多员工都是忙忙碌碌地工作了一天，也经常在加班，但并没有产生更多的价值和生产力。通过企业居高不下的员工流失率和离职率，不难发现企业不健康的状态——用我的话说，就是"头热、脚凉、肚子大"。完全背离了几千年来中医"头冷、脚热、肚子平"的健康标准。正如我反复强调的，面对压力，不少企业的头头脑脑们着急上火自不必言；数量庞大的中层，又使压力无法有效地传导下去；而基层本来就"脚凉"，缺乏激情，缺乏斗志，是需要用"热水"来泡的，但现实中管理者们却持续地用"凉水"（各种负激励）泡脚，自然是寒则凝，凝则不通，不通则痛。

当然，冰冻三尺非一日之寒。究其实质，"主人翁还是打工仔"的背后还隐藏着一个更大的问题，即：作为老板，谁赋予你管治的权利？又是谁赋予了管理者职责和权利？它是一种怎样的责权？

2)"失去灵魂的卓越"

再说回到技研新阳。当我跟其他专业人士沟通的时候，有过几次小小的争论。他们中的一些人明确地指出，企业就是企业，有其自己的商业逻辑和盈利目的，怎么会是"家"呢。企业的目的是赤裸裸的，根本不是讲感情的地方。把企业当作家庭，难免沦为哗众取宠的伪善之举。从这种观点中你自然会感到经济学泰斗科斯（Ronald H. Coase）那篇写于1937年的论文《企业的性质》的长久影响力——用他在诺贝尔经济学获奖致辞中的话来说，其重要意义在于"明确地将交易成本引入了经济分析中"，从而使得未来的社会学家们为之不懈地"研究具有正的交易成本的世界"。换言之，在科斯看来，企业所以存在，"主要源于市场运营成本的存在"，建立企业的目的就是"通过价格机制"组织生产活动，以降低交易成本并实现"有利可图"。

于是，这不得不逼着我们再次回顾前面反复思考的那个企业为什么存在的问题。

不幸之万幸，在经历了风风雨雨之后，如今人们对这个问题有了越来越清晰的思考。那就是企业及企业的领导者，为了自身能取得更好、更大的发展，除了时时心系客户，还要须臾不忘员工的福祉，更要为了整个行业生态圈的构建，与利益相关方携手共进，共荣共生。这不仅是企业自身需要对外明示和实证的，也是人们对其抱持的一种"楷模式"的期许以及默认的对于"卓越"的评价依据。

无独有偶，十几年前在美国的教育界曾经引发了几乎相同的争论。在哈佛大学工作了近30年、时任哈佛商学院院长的哈瑞·刘易斯在2006年出版了一本注定引发美国教育界乃至整个知识界广泛关注与争议的著作《失去灵魂的卓越》（*Excellence Without Soul*），其副标题更是一针见血：哈佛是如何忘记教育宗旨的？

这也正是刘易斯在他的书中要求大学的教育者们扪心自问的核心问题。

他的答案非常简单，那就是"大学不能忘了自己的使命，要培养学生，使他们成为富有学识智慧，能为自己的生活和社会承担责任的成年人。"

3）明暗两条线

这与我们在这里谈论的有关企业存在的价值的问题有什么关联呢？其实，只要走进技研新阳就会发现两条清晰的平行线：一条是显而易见的，即从25年前的桥头镇一个简陋的工厂，发展壮大成今日近万人、过百亿市值的声名鹊起的企业集团；另一条线是隐而不宣的，即当年从全国各地甚至从穷乡僻壤、遥远的山区走入了技研新阳的青涩的年轻人，伴随着企业的发展也在一步一步地成长，如今许多人成为领导着百人、千人甚至万人的战功赫赫的领导者。

正因为是一条暗线，所以不易被关注到，还时常被刻意忽视。

但是，我坚定地认为，如果说社会是一所大学校的话，那么企业就是一所培养工商业精英的学校。正如前华中科技大学校长杨叔子院士所说的，大学是让我们去"育人"，而非"制器"，是以文"化"人，而非以"识"造物。因此，作为大学的延伸或者由知识武装起来的人们的活动场所，企业更应该在制器的同时还要育人。这绝非什么外在的"社会责任"论，而是企业自身发展与成长壮大的内在需求，同时也是对过去大学教育失误的有效校准与矫正。

2．"人类运动"

哈默先生领导的"人类运动"，就是要继续高举近一个世纪以来的"人际关系学派"运动的大旗，反对组织的官僚化，构建适合人类自由发展的面向未来的组织。他曾经在第十届"全球德鲁克论坛"上做过专题演讲。他认为，"也许最崇高的目标就是确保每个人都有机会充分开发、应用和利用自己独特的天赋。这是人类的宏伟工程。"但是，我们在创造让人类能够自由发挥的工作环境方面面临着巨大的挑战，正因为如此，这项任务却让那些管理领域里那些最伟大的头脑光芒四射——玛丽·帕克·福利特、埃尔顿·梅奥、库尔特·勒温、道格拉斯·麦格雷戈、埃里克·特里斯特、爱德华兹·戴明、菲利普·克劳士比、克里斯·阿吉里斯以及沃伦·本尼斯，这些先驱者都是管理领域最具影响力的"运动"——人际关系运动的一部分。

但如今，官僚主义依然是一个庞大的角色扮演游戏。管理者们身在其中，个个都像一个高级玩家，知道如何摆脱指责，捍卫地盘，实施管控，囤积资源，交换好处以及避免审查。试想，对那些擅长游戏的人来说，"员工"又算什么？

是"一堆资源"

哈默先生没有忘记在大会上声援方兴未艾的"为人力资源管理解毒"运动，他认为，专业人力资源机构就是支撑旧模式的一根坚实的信念结构支柱。"人力资源管理"这个词，除了"资源"和"管理"这两个词之外，说法并没有什么不对。有毒之处在于，员工们只是"一堆资源"，而不是多面的人，并且认为如果没有上级的"管理"，员工们就无法进行正确的思考。

他建议大家想象一下：如果我们鼓励一个组织中的每个人都思考如何用更人性化的工作方式取代官僚主义，如果我们"把员工当人"，以超扁平、无等级的方式向他们询问如何设定目标、制定战略、分配资源和发放奖励的新想法，或者干脆让他们自己决定该怎么做，那又将会怎么样？

真正是英雄所见略同。汤姆·彼得斯先生似乎为了支持哈默的运动，几十年前就在他的《追求卓越的激情》一书中给出了许多生动的故事和答案。这让我们对照眼前的现实，产生了一种"魔幻感"，从而加深了对此问题的认知。

恍如隔世的故事

赫曼·米勒公司（Herman Miller）的马克斯·德普雷（Max Deprey）

总是自豪地说:"我给公司制定的目标就是,当公司内外的人在审视我们时,他们会这样说,'这些人真是了不起的爱公司的人'。"为此,他所做的最重要的一件事,就是制定了《员工权利基本法案》,包括:被需要的权利、理解权、参与权、(与公司之间)保持合乎礼仪的关系的权利、尊重权、负责人权利以及申诉和呼吁权。用马克斯的话来说,"通常的观点是,美国的管理者不得不学会激励自己的员工,而在我看来,这纯属无稽之谈。因为员工只能自我激励。也就是说,人们想从工作中获取的是一种解放,一种参与,一种责任以及发挥自己潜力的机会。"

吉米·特里比格(Jimmy Tribig)离开了惠普公司后便创办了自己的电脑公司。该公司从创办伊始,就保持着优异的质量以及卓越的服务水平,从而使得他们居然可以虎口拔牙,与IBM争夺市场。特里比格管理哲学的核心思想也是非常清晰的,即:

- 所有的员工都是优秀的;
- 员工、工人以及管理者都是平等的;
- 公司中每个人都应该了解公司的业务;
- 所有员工都应该从公司的成功中获益;
- 必须创造一种让所有的好事情都能够发生的环境。

比姆·布莱克(Bem Black)用他的管理哲学同样振兴了一家生产高级精密阀门、控制系统以及涂层的工程设备公司。他将过去保守古板的公司变成了一家充满活力、实行人性化管理的公司。其核心思想,同样简明扼要:

- 员工是人,不是人员;
- 员工不是不喜欢工作,要帮助他们理解多方面的目标,这会使他们自我激励以取得卓越成绩;
- 员工培训的最佳方法,就是在工作中为他们充当一个有经验的导师；
- 员工有自我实现和发展的需要，因此只有在看到自己的这些需要能够得到满足的时候，他们才会积极投身于工作之中；
- 任何人都不可能真正激励员工的工作积极性，因为解铃还需系铃人，能够激励员工的只有员工自己；
- 员工应该在一个充满挑战、激情和趣味的环境中工作。

……

不能再看下去了。也许你会说，这些都是美国人瞎吹嘘的玩意，姑且一听罢了。但我却坚持认为，是时候承认我们早就知道的事实了：我们现有的组织与我们秉持的价值观早已经背离了，除非我们愿意同样诚实而直率地面对挑战，否则我们只会成为问题的一部分，而不是解决方案。

于是，哈默的大问题，在我们这里就变得更加简明而"务实"了，即如何最大限度地激活人的价值创造能力，让每一个员工成为价值创造者，是每个组织必须回答的问题。

3. 如何激活员工的潜能

任正非先生非常了解"吾土吾民"，对人性更是有着深刻的认识，因此，他一方面倡导"以奋斗者为本""不让雷锋吃亏"，而另一方面，就是花费重金网罗人才，进而激发和体现员工的价值。用他的话来说，我们通过保持增长速度，给员工提供了发展的机会。公司利润的增长给员工带来了合理的报酬，这就吸引了众多的优秀人才加盟到我们公司来，然后才能实现资源的最佳配置……公司给员工的报酬是以他的贡献大小和实现持续贡献的任职能力为依据，公司不会为员工的学历、工龄和职称以及内部"公关"做得好而支付任何报酬。必须看奋斗精神，看贡献，看潜力。

事实上，在激发员工价值创造力方面中国企业也都在做着各种有效的尝试，比如，我们前面谈到的方太公司，茅忠群除了用"仁爱"之心感召员工以外，还用配发"身股"的现实方式去激励那些创造更大价值的人。而海尔集团，更是通过建立自营体、小微生态的方式，以期"让每一个人都成为 CEO"来解放生产力。广东视源公司则是采用**"真善美"**的感化和员工"自助游"式的管理方式，以达成员工的自主自立，自发自动，共创共赢。李书福的风格总是朴实的，他在吉利公司推行**"元动力工程"**，其核心思想就是：领导为员工服务，部门为一线服务；员工考核领导，一线考核部门。旨在颠覆传统的管理方式，以推动管理者聚焦一线，关注一线员工。他们还把"ECR 法"（麻烦消除法）变成了他们自己的"员工问题票"法——强调一切从生产现场做起，以培养员工发现问题，解决问题的能力。

欧美的公司虽然面临不同的经济与政治环境，做法上也许更加"极端"一些，但并没有本质的不同。比如，下面谈到的戈尔公司、思科公司，以及我们还会在后面的章节里详加阐述的谷歌公司、晨星公司、巴塔哥尼亚公司等。

"个人第一，公司第三"

在戈尔公司下属的一家工厂，有一位名叫莎拉·克里夫顿（Sarah Clifton）的秘书簿记员，有一次莎拉想和许多人一起参加公司在凤凰城举办的大会。就在会议开始的两周前，莎拉找到了公司总裁比尔·戈尔，对他说："比尔，我要去参加这次会议，而且我想让大家知道我是谁，那我该怎么做呢？"

戈尔回答说："这得由你自己来决定了，莎拉。你想怎么做？"她说："我不知道。"

戈尔问她："那么，你觉得'最高主管'这个称谓怎么样？"她欣然同意，并在自己的名片上印上了'最高主管'的称谓。

这种激励员工作为公司的"主人"的管理方式，不仅体现在一般的意义上，还体现在员工持有公司的股权上。思科不仅有着世界上独一无二的全员持股方案：四成的股票都由普通员工持有，而非高层管理者，而且员工的人性化管理也是被广为称颂的。员工可以灵活地选择工作的地点和时间，员工的办公室都在采光良好的位置；而所有的管理者无论职位高低办公室的面积都是一样的。这种特别强调"平等"的做法，就是为了使员工有"主人翁"的感觉，同时，公司还通过定期安排经理层与普通员工坐下来面对面沟通，以建立起相互信任的关系。

思科公司的董事长兼 CEO 钱伯斯曾经说过，"我们是一个大家庭，做生意时要照顾好家庭，所以个人生活的平衡是很重要的。我们常常鼓励员工要注重家庭。个人第一，家庭第二，公司才是第三。因为员工是思科的第一生产力，他们为思科创造了无限的动力。"

思科倡导"每个人都是潜在的经理"，而要有效地促进员工价值的开发，必须满足五个方面的条件：

- 员工必须要了解他们需要改变哪些行为及其改变的原因；
- 他们需要改变的动力；
- 他们需要培养某些技能（学习具体的行为方式）；
- 他们要有合适的机会和环境来练习新技能；
- 他们要承担起改变无益行为和习惯的责任。

这就使得"培训取决于我个人"（Training is up to me）的观念在思科深入人心，其意图就在于促使成员工学会培训自己，明白让自己得到训练和发展是员工个人的事情。结果是每名员工平均每年都要参加 6 个培训班。

事实上，公司认为，高薪和晋级并不是终极目标，员工最终去留的根本原因是认同感和归属感，以及在工作中体验到的充分的满足感，而这些都是依靠完成任务的物质奖励所不能实现的。

第 2 章 价值引领：达成共识，形成内驱

思科的每位员工都有三张胸卡：一张是安保卡，用它来进入办公室；一张是使命卡，上面印着思科的价值观、公司原则以及思科的核心文化理念；一张是目标卡，上面印着思科财年的目标和未来 3~5 年的目标。思科通过这种方式，以求把公司愿景和文化深入每个员工的心里，并在战略目标和愿景认同之后，将公司的愿景与员工个人的价值联系起来，以寻求组织和个人之间的共同价值。

2.4 品质价值彰显：质量人的价值何在

我们一再强调，品质既然等于价值，品质部门自然应该成为客户与企业价值的整合者。十几年前，我曾经在飞机上读到一篇"平衡计分卡"（The Balanced Score Card，BSC）为什么在中国实施失败的调查报告。当时可是 BSC 在中国如日中天的时候。该报告调研分析了 160 余家已经实施过 BSC 的企业。我特别注意到，各个企业基本上都是财务部门和人力资源部门在主导项目，而那些宣称实施"成功的"企业，也只是把它变成了一个大财务项目或者帮其实施管理会计的项目而已。

其实道理并不复杂。财务人员也好，人力资源人员也罢，都是不太懂业务的职能部门，因此，难以平衡企业的整体利益。而让我不理解的是，为什么大家不用另外一支队伍，这支队伍既懂业务，又懂客户，又懂供应商——他们就是品质团队。如果由他们来推进 BSC，必然既"平衡"而又有效。因为从理论上来讲，当年罗伯特·卡普兰教授（Robert D. Kaplan）就是从管理会计的角度入手，要求财务部门不仅要满足财务数据的准确性和一致性，报表的可靠性，而且要一步一步地上升，要为整个财务管理的系统负责，当然，最终是要让财务人员明白，所做的一切工作就是为管理决策使用的。因此，要站在这样的高度去鸟瞰整个组织，去构建基于财务的战略管理系统图。

1. 如何彰显品质的价值

无独有偶,克劳士比先生当年也是如此,不仅一步步推动质量人员把注意力从仅仅锁定在产品的一致性和可靠性上,升级转移到整个公司的运营系统上,而且还要一步一步上升,从战略的高度和整个组织"两个端到端"管理的广度尤其是业务流程及其要求的深度,去帮助管理层思考与决策。这才真正是一个大的系统和一个大的平衡。所以,平衡计分卡更应该是一个大家经常挂在口头上的"大质量计分卡",必然包含客户的、供应商的、员工自身的品质以及整个组织的经营管理品质。

克劳士比先生的魅力就在于他能够知行合一。我在《质量无神》一书中曾经说过,当他从马丁公司来到了ITT公司纽约总部之后,发现自己原来被放在一个火山口上炙烤。因为创始人哈罗德·吉宁(Harold Geneen)先生是一位注册会计师,他的管理风格非常简单,那就是任何一个人都可以自由发挥,唱歌、跳舞、喊口号,都可以,但是一到月底,他就要让你"告诉我你的绩效",他只看报表。换句话讲,他要求所有的管理成效都必须体现在财务报表之中。那个时候还没有笔记本电脑和智能手机,他每到任何一个地方开会,都提着几大箱的财务报表。尤其是在听取汇报时,他就会用鹰一样的眼睛盯着汇报者,询问一些关键的问题。往往被询问者,总是心慌意乱,手心出汗。

于是,摆在克劳士比先生面前最大的问题,就是如何能够用财务报表把质量管起来。他便使用"四项基本原则"之中PONC的概念,以及源于老友费根堡姆先生的"质量成本"的系统架构,在ITT建立起质量价值的衡量系统,并有效地管理起整个集团的质量。有关具体做法我会在后面的章节里结合案例加以阐述。

正是得益于克劳士比先生的这种概念及其实践,克劳士比学院的系统架构和方法论与传统的质量管理大相径庭。众所周知,无论是QCC(品管圈)、SPC(统计过程控制)、TQC(全面质量控制或全面质量管理),还是TQM(全面质量管理),基本上都是围绕着质量的非价值的和非财务的方面做了大量的活动,大家情绪饱满,热情高涨。只是最后钱花了很多,并没有解决真正的问题,没有产生实际的、可持续的效果。这就让很多的组织对于质量管理也就变得兴趣缺乏,甚至有一种挫败感。而克劳士比的方法论就让他们看到了一种持续的可能性,尤其让质量组织倍受鼓舞的是,他们看到了彰显自身价值和大显身手的机会。

不过,还应该指出质量界出现的另一种倾向。

2. 韦尔奇的"造神计划"

2000 年之后为了"重振"质量的雄风——实际上也是为了讨好 CEO 们,有一种技术手法——六西格玛,被成功"包装"之后日渐成为一种风靡全球的时尚,以至于到最后变成了一种财务手法。用詹姆斯·哈灵顿先生的话来说,那不是在做质量,而是在做财务,走偏了。为什么会变得这样?为什么六西格玛会剑走偏锋呢?我们知道,原本摩托罗拉干了 10 年的六西格玛,虽然因此荣获了国家质量奖,但影响力并不算大。而当通用电气的杰克·韦尔奇下令去做六西格玛之后,六西格玛风靡一时。尤其是杰克·韦尔奇对外宣称,他用六西格玛方法为公司额外创造了巨额的收益时,六西格玛也因之声名远扬。

而事实上我们应该知道,杰克·韦尔奇虽然是"股东利益最大化"的传教士,但他使用六西格玛的核心,并不只是用来赚钱的,而是用来完成"造神计划"的。道理非常简单,在美国,股价的高低是判断一个 CEO 是否成功、是否卓越的指标,而通用电气自从韦尔奇接手之后,股价已日渐达到历史的顶峰,此时,韦尔奇已经是美国工商界的巨星了,但他想被华尔街"封神",成为载入史册的人物,于是选择了六西格玛。

当然,之后情形都是我们大家有目共睹的。最后,一个神产生了,但很快也就走了下坡路，失去了应有的光芒。而伊梅尔特接手通用电气之后，也就重新换了一种管理章法。六西格玛也就日渐式微了。当然这都是后话。

至于说有一些非常较真儿的专家，经过验证与计算说通用电气根本没有达到六西格玛，只是五点几个西格玛的水平。但其实，这已经不重要了。

3. 质量人的"三问、三必、五变"

曾经有一段时间我集中去了一些公司做会谈、高层研讨与质量培训，其中包括航天科技、中国电科这样的央企，以及华为、蒙牛、广电运通等业界领头羊企业。虽然表面上这些企业的问题千差万别、指向不一，但究其实质，基本上是大同小异的，并可归为三类：

- 如何解决质量问题让客户满意？
- 质量工作如何才能寻求突破？
- 质量人的价值体现在哪里？

这些正是企业质量困境的真实写照，似乎都属于"较高级的"问题了，但在我们看来，正如前面章节所言，依然未脱窠臼。

问题一：反映出企业加大了管理的力度与控制的强度，但客户的抱怨不断、各种问题依然层出不穷，尤其是"常见病、多发病"让人郁闷、烦心，仿佛玩起"按下葫芦起来瓢"的游戏，是典型的"救火式"管理方式。其中的奥妙就在于，把客户抱怨的所有问题都归结为所谓的"质量问题"。于是，焦点就变成了为了让客户满意必须解决"质量问题"。

抛开是否有"质量问题"不论，该问题的关键恰恰在于谁应该去解决问题：是问题的制造者还是问题的参与者，抑或问题的发现者和报告者？由于抽象的"人人为质量负责"的倡导，掉进了围着产品转的"以物为本"的质量控制与惩罚的泥潭以及以 GDP 和分红为导向的 KPI 考核牵引的沼泽地,客观上造成了质量的主体责任长期缺位的现状。所以,那些一腔热血担大义的质量人就义不容辞地冲了上去。看上去很美,但在不知不觉中埋下了"祸根"。因此便引发了下一个问题。

问题二:质量人学习并掌握了大量的工具与方法,并围绕着产品制造过程在一线加大检验与审核力度,增派人手,培训赋能,涌现出一批六西格玛绿带、黑带,也完成了许多"项目",节省了许多钱,同时,公司也提升了质量部门的地位,选拔或外聘了优秀的质量经理或总监,并收获了许多荣誉,比如各级质量奖。但问题依然是问题,形式变了,真相未变。所以,大家希望寻求一条质量突破之路。

问题三:质量人的核心价值何在?未来在哪里?如果依然是控制者、审核者、问题的解决者以及救火者肯定价值不大,即使努力成为培训者和教练,也是不会有未来的。

为什么客户抱怨的问题即质量问题?因为客户的眼里只有质量,或他们只在乎质量。反过来,要让客户满意只有抓质量。换言之,客户能听懂的只是质量的语言,而非销售的语言、研发的语言、采购的语言、制造的语言、物流的语言,抑或人力资源的语言、财务的语言和行政的语言。这是显而易见的。

所以,这就意味着管理层的"三个必须"——必须要把所有的语言统一到质量上面,必须用质量文化改造各种职能文化,必须用质量战略统御以客户为中心的业务运营管理工作。这才是历史赋予质量人的机遇。但要抓住这个机会,必须先改变自我,然后再推进质量组织的变革。

换言之,需要完成下面"五个转变":

① 转变理念:从以物为本转向以人为本;
② 转变焦点:从产品质量转向关注工作品质和企业经营管理质量;

③转变方式：由点到面到网，由制造到业务运营管理的质量链，再从供应链到企业生态；

④转变角色：从业务的监督者、审核者与问题的解决者，转向业务的伙伴与专业教练，转向全业务链条的客户价值整合者；

⑤转变重心：把工作的重心从组织推动群众解决问题、参与质量活动或运动，转向领导、组织并推动整个公司质量文化的变革管理。

这才是质量人的核心价值的体现，也是质量人的未来所在。我们将在第6章里做进一步的阐述。

质与量的未来

第 3 章

随需应变：
创新需求，转型升级

客户镜头 —需求全景地图→ 客户痛点 —客户价值曲线→ 品质战略 —品质绩效表盘→ 竞争优势

本章导读

虽然需求是多变的，要求是动态的，但满足要求这一点却是永远不变的。因此，抓品质即抓需求。如何换上"客户镜头"去精准识别与绘制"需求全景图"，发现新的市场与服务机会，形成基于"客户价值图"的品质战略规划，并构建基于品质诊疗系统的"CQO驾驶舱"（CQO，首席质量官），便是企业解决方案转型升级的重要举措。

核心话题

什么是需求？什么是要求？如何通过"需求创新"打开需求的"黑盒子"？如何学会用一种全新的需求思考模式去重新定义客户、突破增长瓶颈？如何通过绘制"客户价值图"开发品质竞争战略？企业由量向质的转型升级，其路径何在？如何构建基于品质诊疗系统的"CQO驾驶舱"？

第 3 章　随需应变：创新需求，转型升级

伴随着 2020 年的第一缕阳光，特斯拉 Model 3 在位于上海的工厂下线，这让本已是风雨飘摇的中国汽车业不寒而栗。马斯克居然也打高性价比牌，他以"价格杀手"的形象闪亮登场，就此揭开了全球新能源汽车在中国市场大决战的序幕。局中人焦虑：出路在哪里？

2019 年 12 月，在武汉 T 集团空调事业部的供应商年会上，儒雅的总经理抛出一个令业内人士胆战心惊的问题："存量经济"条件下家电企业何去何从？结论是什么？质量提升，抓质量而非数量。

让我们把时间的指针再调回到 20 年前，俄亥俄州一家以医药品分销为主业的 CAH 公司，面临着互联网企业的冲击，压力很大。怎么办？这家公司通过重新定义客户而绝地重生，10 年后居然在美国"财富 500 强"排名第 23 位。

过时的工业时代的管理模式，自然就变成了"四无"之现实，即无力、无序、无聊和无（前）途。

因为需求就在那里，而不管你看得见或看不见，另外，需求永远在变动，但满足需求永远是不变的。我把它叫作"随需应变"（其中颇有向达尔文致敬之意）。

为此，我提出了一个**新的品质观**：

围着客户转，需求是关键；
创新为满足，成效随需变；
品牌现忠诚，品质乃信赖。

3.1 换上"客户镜头":围着客户转,需求是关键

特丽·亚诺维奇(Teri Yanovitch)曾经是美国克劳士比学院的金牌老师,这位长着一头金发的高个子女老师,擅长服务质量和客户忠诚度的培训与咨询。她曾在《释放卓越的激情》一书中使用了"客户镜头"(The Lens of the Customer)的概念。她认为,所谓换上"客户镜头",实质上就是要进入客户的情感世界,进而理解客户的需求,而非泛泛地谈什么以客户为中心。如果用斯莱沃斯基先生的话说,就是要看清那些"潜藏在人性因素与其他一系列因素的相互关联之中"的千奇百怪、不断变化的因素,包括金钱和感情,社会规范,基础设施,产品设计,沟通方式等。通过这个"镜头"看到的,是所有这些因素"通过一种复杂而无法预测的、违背直觉的方式相互作用"——只有理解这一切,才有可能创造出真正的需求。

20世纪80年代末,一位瘦瘦高高的美国小伙从西雅图来意大利米兰出差,当他随意走进街边一个咖啡馆时,一下子从内心感到一种震动。外面是明媚的阳光,里面洋溢着一种温馨和浪漫的氛围。他坐在那里,闻着香醇的咖啡,看着人们低声交谈,而柜台后面的咖啡大师忙碌着,用低沉而有磁性的声音同每一位客人像老朋友那样谈天说地,其乐融融;他有些恍惚,仿佛看到了咖啡的灵魂在屋里面飘荡着,在围着他打转。突然,他明白了:原来美国人喝的咖啡简直像垃圾。因为他是卖咖啡的,于是当他回到西雅图之后,便决定把咖啡的灵魂带回美国。于是,我们走遍世界各地都能看到的星巴克诞生了。

这位年轻人就是星巴克的创始人霍华德·舒尔兹。他后来是这样描绘自己当时心情的,"就在那一天,我发现了意大利咖啡馆的仪式感和浪漫风情"。每一家都有自己的特色,但又有共通之处:顾客之间的熟识和相

知，他们彼此之间非常了解。我看见了那些咖啡馆，给大家提供的是一个舒适的、社区式的、从家庭扩展出去的空间，就像是家庭前厅的一个延续。"意大利人懂得人际关系可以用咖啡来连接，这是社会生活的一个方面。我现在几乎不能相信，星巴克是在做咖啡生意了，它忽略了咖啡事业的中心意义。就像一道闪电直穿心灵，我全身都震颤了。"

1．"凡物自言"：理念自得

其实不仅是咖啡，任何事情都要做到"围着客户转"，同时还必须要明白另外一个克劳士比学院的服务信条，那就是 Everything Speaks，我把它翻译成"凡物自言"。

梅奥诊所（Mayo Clinic）是我一直想去却又找不到合适的机会去走走看看的一个地方，许多学医的朋友提到它就眼睛发亮，一脸羡慕的样子。我也读了不少有关它的书籍和资料，心中早已将其视为专业服务机构的样板——自然，克劳士比中国学院的发展过程中也不难看出向它学习的影子。它虽然地处美国中西部的偏僻之地，却拥有"世界上最好的医院"之美誉。并非只是因为它以不断创新的医学教育和世界领先的医学研究为基础建立起了全美规模最大、设备最先进的综合性医疗体系，便成为世界各地医生心中向往的"圣地"，而更重要的是，它以传递关怀、尊重以及温暖的体验赢得了所有患者与家属的心。去过的人们都会由衷地称赞，它哪里像医院，完全是一个度假村嘛！我从有关梅奥诊所的照片上也会得出这样的结论。尤其是与国内最好的医院相比较，也会让你有一种完全不一样的感觉——因为在我们的认知中，医院就应该摩肩擦踵，熙熙攘攘。

仅以其建筑为例，你会发现：他们在努力传达一个基本的理念，即通过下列方式，帮助建筑的使用者减轻心理压力：

- 提供一个庇护所；
- 建立与大自然的联系；

- 强调自然光源；
- 减少喧闹；
- 创造积极的娱乐活动；
- 传递关爱和尊重；
- 将拥挤的感觉最小化；
- 便利的道路指引；
- 容留患者家属；
- 使所有的员工开心；
- 加强业务之间的合作。

为此，他们使用"凡物自言检查表"逐一加以落实，如下表所示。

"凡物自言"检查表

区域：医院入口

停车场/入口外

科目	满意	不满意	行动
标牌			
停车场条件			
景观条件			
整体清洁度			
照明灯具			

附加评论：

大堂/等候区

科目	满意	不满意	行动
清洁度			
灯光			
家具条件			
标牌			
窗户清洁度			
展示，宣传册 库存，清洁			
整体状况			

附加评论：

结果是，任何一个到过梅奥诊所的人都会发出由衷的感叹，它真的像一家五星级酒店、度假村。当你走入洒满阳光的大堂，耳边听到的是曼妙的钢琴曲，而非嘈杂的人声，闻到的不是消毒水的味道而是咖啡的味道；在每一个分流区或转换区，都能够看到曾经的患者赠送的昂贵的艺术品；在候诊区，更像维多利亚时期华丽而奢侈的宫廷……此情此景，彻底颠覆了我们对医院的认知。

所以用客户的"镜头"发现并营造出的世界，必然是一个心安理得、能够触摸到品质灵魂的天地。

2. "需求景观图"：全新的需求思考模式

我曾经在《零缺陷智慧》一书中讲过一个著名的"狗粮的故事"。有一家狗粮公司面临经济下滑的情况，但是新上任的 CEO 依然没有忘记聚焦客户的需求，也把我们所提到的所有方法都用上了，然后集中精力想要研发出一种"爆款"狗粮。然而，最后的结局却让人哭笑不得：这款狗粮确实在短时间内销量飙升，但却因狗不爱吃而导致他们全盘皆输，CEO 也卷铺盖走人了。

我相信许多读者都特别想知道这家公司后来的情形。新的 CEO 上任之后，聘请了剑桥集团作为他们的咨询顾问。剑桥集团发现了狗粮公司之前的一个需求盲区，即仅围绕着狗的主人及其购买能力，而忽视了狗本身。于是，剑桥集团便采取了一种全新的方式，帮助狗粮公司打了一个漂亮的翻身仗。

1) 狗粮公司的"翻身仗"

作为直接的规划者与推动者，剑桥集团的创始人和 CEO 里克·卡什（Rick Kash）解释说，所谓"需求利润池"（Demand Profit Pools，DPP），是对传统的"市场细分"方法的创新，它是依据需求来对客户进行分类的，而非在市场中由商家根据客户的行为以及人口统计来对客户进行区分

——这样，只能告诉我们谁在买、买了什么东西；而 DPP 指的是具有同一种需求，会做出相似的购买决策的客户群体，因此，把重点放在客户为什么会做出这样或那样的购买决策上。

如果把某一行业或市场中的所有的 DPP 汇总起来，就能看到市场中消费者需求的全貌，因此也可称之为"需求景观图"（Demand Landscape，DL）。就好比在一幅风景画中，一眼就可以看到所有的山川、河流、城市、森林等景观；而需求景观图也是如此，它要把当前的需求、潜在的需求、新的需求、竞争对手、品牌、销售渠道、媒体接触、价格、利润等一些重要的衡量标准都标在这幅图上，使所有的需求尽收眼底。

这是一种非常有益的方法。它抛开了传统的狗粮划分标准，而是把狗和狗的主人的关系作为关键的思考点。由此，便可用于较精确地识别与挖掘出 DPP 池子。就狗粮公司需求景观图而言，其横轴，为狗与人的关系：从把狗当作"爱的对象"（Love Object），一直到把狗当作"功能性的"（Functional）看家护院的工具；纵轴则细化为：价格的敏感度，损益的高低，地理人口的倾向，狗的类型的倾向，所追求的利益以及信息的来源。

通过纵横交织的几个维度，便可以拼出一张需求景观图（读者诸君不妨动手尝试一下），从而清晰地发现了五个 DPP 池子：

①**溺爱型的"父母"**（Pampering Parents）：狗就是孩子，价格敏感度低，损益高，空巢老人，小型的纯种狗，买狗最喜欢的且带有人类食物特点的食物。

②**细心照料的看护者**（Concerned Caregivers）：狗是家庭成员，价格敏感度一般，损益一般，高消费的家庭，可爱的杂种狗、有些是纯种狗，购买有趣、多样且质量和营养平衡的食物。

③**表演加油者**（Performance Fuelers）：狗是积极的合作伙伴，价格敏感度低，损益程度高，多为单身的、年轻的家庭，更大型的纯种狗，追求营养和性能。

④ **精打细算的家庭**（Budget-Conscious Families）：狗只是宠物，价格敏感度一般，损益级别低，处于中端市场的家庭，受重视的杂种狗，关注基本的营养和便利性。

⑤ **最低要求者**（Minimalists）：狗就是看家护院的工具，价格敏感度高，损益程度最低，大型的农村家庭，实用性的猎犬，主要买最便宜的牌子、大号的包装的食物。

上面这五个 DPP 池子，实际上已经准确地回答了我们常常需要苦思冥想的问题，那就是：

- 他们是谁（与狗的关系）？
- 他们需要什么（当前的需要，潜在的需要，新的需要）？
- 他们都在哪里购物（购物渠道）？
- 他们的经济条件如何（损益的高低）？
- 他们都买了什么（从我们公司买的，可从竞争对手那里买的）？
- 怎样才能增加我们自己的市场份额（针对哪种购买决策：是标准和需求驱动，还是价格和促销敏感度拉动）？
- 怎样和他们进行交流与沟通（针对不同的信息来源）？
- 应该从哪些方面进行投资（公司资源的配置与未来的投资领域）？

因此，有了上面的 DPP 池子，便可以将公司当前的产品进行匹配与组合，甚至重新塑造每一个子品牌：依据常规的"高端做加法、低端做减法"的决策原则，为每一个子品牌确定营销重点与策略。同时，也可以依据不同 DPP 池子中的需求，推动每个事业部或产品线去改进自己的产品质量与服务。DPP 池子和需求景观图，为我们提供了一个最基本的架构，它可以告诉我们，今天和明天都应该做些什么，以便进行有效的资源配置。当然，需求景观图里面所包含的数据，应该每个季度都要更新一次，如此才有可能精确地了解每个池子的状况。

最令人兴奋的是，之前有一个 DPP 池子是狗粮公司从来不曾意识到，甚至从不认为实际存在的这样一个群体，那就是"表演加油者"或称作注重生活品质者——这些人都有着积极而健康的生活方式，他们是跑步者、自行车骑手和背包客，他们的狗自然也参加这些活动。他们和那些把狗当作孩子的人一样，都很愿意花高价给自己的狗买最好的食物。不过，他们眼中的最好，一定是那种平衡考虑健康营养与狗所喜欢的味道的食物。他们会仔细观察自己买的狗粮，研究成分表和营养表，研究狗的饮食习惯，以确保食物的味道能够符合狗的口味。

基于此，狗粮公司便开发出了一种既有营养又美味的"爆品"狗粮。

狗粮公司的故事，在下半场的结局自然是皆大欢喜的。公司不仅对客户有了整体的理解，并在此基础之上进行了品牌的整合与产品的优化，而且还建立了几个全新的子品牌。产品线也非常丰富，既推出了营养美味均衡的产品，又推出了一些减肥的食品、防辐射的狗粮，甚至还有健康的零食。最终，使得狗粮公司在市场上不断盈利，而且建立起了一种最具创新力的领导品牌形象。

2)"爆品"如何产生

BPF（Ball Park Franks，弗兰克棒球公园）成立于 1957 年，一直在美国的热狗行业位居第二名，虽然被莎莉集团收购，但依然增长乏力，无法超越第一品牌。为了取得突破，他们甚至一度把经营的重点放在香肠市场上，并实施了一个成年男子夏季烧烤的市场战略，展开了大规模的市场营销。但最后的结果，依然不理想。

于是，卡什先生的团队就开始帮他们绘制需求景观图。他们依据细分需求识别出来六个具有不同消费"动机"的 DPP 池子：分别从 A 类—B 类—C 类—D 类—E 类—F 类（夏天烧烤者）；再依据"人生阶段"又划分为三个不同的维度：A 阶段，成了家，没孩子，占所有客户群体的 57%；B 阶段，成家了，孩子的年纪小于 12 岁，占 28%；C 阶段，成家了，孩子年龄在 12~17 岁之间，占 15%。

这时我们就会看到一张组合的需求景观图。分析表明：

- A 阶段—F 类，虽然这部分是之前的品牌目标，客户群体的占比大，但所带来的利润低于 10%，而且呈现出一种季节性的波动；
- C 阶段—A 类，虽然人数占比不大，但 26% 的家庭却驱动着 51% 的热狗利润，呈现出购买数量与营利性"双高"。

由此，就发现了 BPF 公司长期以来的市场短板——姑且称为成年男子烧烤者，原来只是一个不算大的细分市场。而这时，一个尚未开发的巨大的市场出现在眼前，那就是青少年和他们的妈妈们。

因为十几岁的孩子尤其是喜欢运动的男孩子都会吃大量的食物，由于父母都忙于工作不在家，为了补充快速消耗的体力，他们会吃任何的食物，甚至是垃圾食品，而孩子们的妈妈会去寻找既健康又受孩子喜欢的零食，但这其中并不包括热狗。因为长期以来她们有个误解，认为热狗是不健康的食物。

对此，BPF 又开始对消费者进行热狗的"理想口味"分析，然后绘制出一副"口味地图"（Palate Map）——它同样使用了一个方格，分别根据消费者对理想口味热狗的需求定义——分为"价格驱动"和"质量/味道驱动"两个部分，以及消费者喜欢和不喜欢的产品特性——所占家庭的比例、味道/质感、成分/健康、其他特性，共确定了 6 种不同的热狗口味——从低成本的家庭版到优质的"美食家级"版牛肉热狗：

- 口味 A—家禽类：家庭占比 A%，口感坚实，色泽较深，脂肪含量较低，由家禽肉制作而成，性价比较高；
- 口味 B—肉类：家庭占比 B%，无须额外的调料，清淡的肉味，较软的口感，由多种肉类制成，需要更多的配料，最适合在吃烧烤时食用；

- 口味 C 和 D：（省略）；
- 口味 E——牛肉：家庭占比 E%，强烈的牛肉味道，无须额外的调料，口感坚实，由高品质的牛肉制成，无须犹太洁净食品认证，更少的配料、更少的面包，最适合烹煮；
- 口味 F：（省略）。

通过上述"口味地图"他们发现了一个尚未开发的市场，那就是在市场的最高端出现了一个"超级高档牛肉"（Super Premium Beef）的利润池。换句话说，热狗消费者中有22%的人，将会吃到一种售价昂贵而味道最好的热狗。更重要的是，这种超级高端牛肉现在所占的市场份额仅仅是6%，而且竞争对手屈指可数。

但是，什么才是真正的"超级高档"产品呢？只是需要有优质的肉类或者好的口感，或者说有其他什么因素就可以了吗？为了解答这个问题，他们继续进行了"客户需求分析"（Customer Demand Analysis，CDA）。

通过牛肉的质量和成分的 CDA 分析，他们发现，对于"超级高档"的热狗来说，使用优质牛肉是关键；而人们一般都会认为通过犹太洁净食品认证的产品是优质的标志。但是，由于该认证需要大量的资金投入，对于 BPF 暂时不合适。于是，面对最主要的潜在的新需求，他们选择了既具有最吸引人的特质而又无须认证的安格斯牛肉（Angus Beef）。

这时候，他们便回过头来进行消除对热狗误解的营销活动，提出了"100%牛肉做"的理念，直观地表达了牛肉热狗的品质。同时又向妈妈们传达了清晰的信息：该热狗不仅具有足够的热量，而且非常方便、安全——在微波炉里只需加热30秒就可食用，也不烫手，而其他的食物一般都需要加热两分钟，等到冷却之后才能吃。

为了将信息有效地传达给男孩们，他们通过网络和手机尤其是在男孩们喜欢的一些在线游戏网站上大做文章，进行"最佳热狗"的有奖评比活动，同时还在男孩们喜欢的滑板比赛、骑自行车越野赛中进行赞助和促销，从而使得男孩们购买该热狗的数量大大增加，家庭渗透率更是出现明显的增长。

就这样，仅仅用了三年，BPF 的销售额就增长了近 40%，而其中很大部分来自安格斯牛肉热狗；同时，他们在零售市场中所占的份额也从 18% 上升到了 21%。最重要的是，他们最主要的竞争对手要放弃热狗的业务。当然，他们自然毫无争议地成为行业的龙头。

3）五步绘制"DL 全景图"

我之所以详细地介绍这种通过绘制需求景观图以发现 DPP 池子的方法，主要的目的就在于帮助大家通过基于需求的业务架构的拆分与组合，以帮助我们培养一种需求的全新思考方式，去发现那些未曾开发的市场和服务的机会，去构建一种"客户价值引领的"或需求驱动的而非公司供应推动的业务模式。

这种思考方式，逻辑清晰，步骤简练，共包含 A~E 的五个步骤。如下图所示。为了更清晰地了解这些步骤，建议大家把前面两个案例代入进来演绎一番，一定大有裨益。

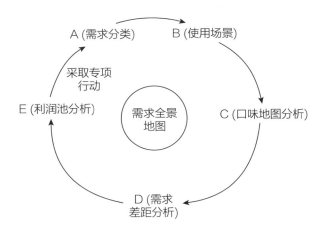

第一，需要进行"需求分类"或者"需求细分"——分为两个维度：横轴，是"关键的需求"，把消费者划分为若干类；纵轴，是每一类在总

人口中所占的比例。这时，便可以找出被你忽视或过度关注的两类人，比如注重生活品质者，成年男子烧烤者。对于你应该关注的两类目标人群，溺爱型的"父母"与注重生活品质者，如果再近距离观察，也可以发现他们的关键性区别。

第二，再把这几类人代入产品与人的关系或人生所处阶段组合成的"使用场景"中去进行比较，就会发现一两个丰厚的 DPP 池子。为了吸引这几类人，必须提供一种全新的消费体验，同时必须将丰富的生活体验分解成一系列对预期产品/服务的不同的使用情况和需求状态。

第三，进行需求状态（Need State）或口味地图分析。这样，就会发现两三类最大的使用场景或需求的状态，比如，青少年和他们的妈妈们，"超级高档牛肉"。

第四，还需要进行需求差距（Demand Gaps）分析，进一步分析业内不佳表现者之间的差距，也就是分析顾客的需求与你或你的竞争对手所提供的需求之间的差距。常规的差距分析，往往是顾客满意度或者与其相关的评估。相比之下，需求差距分析则提供了精确且有价值的新观点：通过 DPP 的视角会让企业对差距有更深的理解，对 DPP 池子里的客户群体认为最重要的以及最不重要的收益特征进行优先项的排序，以采取行动，缩小差距。

第五，进行利润池分析或机会总结，通过分析数据的"派生的重要性"（The Derived Importance）——一种将某个已知的行为与导致它的因素相联系的统计方法，以确定解决需求差距的金钱价值。这就意味着，公司能否赢得更多的消费者，就在于能否缩小这种差距并能够让消费者意识到这点。

第六，依据这些差距和机会，就可以像狗粮公司和 BPF 公司那样绘制出一张全景的需求景观图，并锁定 DPP 需求利润池，采取缩小差距的专项行动，形成完整的闭环。

3.2 重新定义客户：创新为满足，成效随需变

1."需求创新"

很多人喜欢谈需求管理，而我更热衷于谈论斯莱沃斯基先生的"需求创新"（Demand Innovation，DI）概念。他认为，DI 与需求管理不同，而是与"价值转移"（Value Migration）相表里的，即：当公司的经营策略与消费者需求偏好的结构之间的适应机制被打破时，价值便将开始发生转移——从陈旧的经营战略转向新的模式，以便更好地满足消费者最大的需求。而往往这时，一般的公司更关注的是改进产品本身，以便提供更好的产品/服务。

但事实上，需要做的则是 DI，或通过**重新定义客户**，并致力于为客户解决尽可能多的问题，以扩大市场的边界来创造新的业务增长。我们从下面的实例中可以得到有益的启发。

1）*CLK 如何华丽转身*

曾经是美国第三大金融支票提供商的 CLK，随着网上银行的出现以及电话支付、借记卡等的普及，支票数额停止了增长，甚至下降；与此同时，新的竞争者也出现了，他们通过邮件广告和报纸广告以及后来出现在互联网上的广告，直接向客户销售更便宜的支票。在这种情况之下，他们面临着战略的转型：是转向其他相关的印刷业务领域呢——毕竟在短版印刷方面他们拥有独特的专业技术与核心能力，比如，承接邮票标签、商业表格和专用信纸的生产，还是把金融机构作为合作伙伴，帮他们解决问题，从而实现双赢呢？他们选择了后者。

由于与客户之间已经形成的长期战略关系，他们发现，客户们正面临着一个大麻烦，那就是在银行兼并过程中业务与客户关系的平稳转换问

题，包括整合账户的数据库、合并支票订购程序、解答客户的咨询，并将新印刷的支票送到客户手中等的工作。于是，CLK 便华丽转身，从简单的支票印刷服务和采购部门为中心的业务模式，转向了提高合并效率并与银行高级管理层进行合作的全面的项目管理模式。

更近一步，随着电话银行和网络银行的出现，他们发现银行的客户越来越喜欢通过电话的方式直接订购支票了。但并不是所有的金融机构都愿意或有能力成立电话呼叫中心。于是，他们主动提出帮助合作伙伴接听客户所有有关支票订购要求的电话，提供 24 小时的全天候客户服务业务，专门为客户处理支票订单、信件以及网络渠道的维护，同时还在合适的时候进行附属产品的交叉销售，比如皮质的支票簿等，并和银行共享利润。

他们又发现，大部分银行都是地区性的，如果客户搬家也相应地会切换成另外一家银行，因此会产生客户的流失。CLK 公司就向合作伙伴提供客户地址变更记录的服务——一旦从客户那里接收到支票地址变更的要求，就代表银行做出回应，并送出一套免费的地址标签和其他附属物，一张银行服务的折扣优惠券和一条欢迎来到他们的新家的消息。同时，他们还帮助合作伙伴处理有关客户核算账户的所有查询的要求。换句话说，公司要管理金融机构和其客户之间最重要和最核心的关系——核算账户，也就意味着，他们要共享敏感的账户信息。这也就标志着，他们已经从支票服务商、印刷商变成了客户解决方案的提供商。

自然，需求创新使 CLK 公司每年的业务增长超过 8 倍。最终，还获得了美国国家质量奖，也被它最大的合作伙伴之一评为五大国家级优质供应商。

2）变中求胜

BW 公司的创始人是一位思维活跃、善于捕捉商机的 70 后，我们姑且叫他 Z 君。有一年春节刚过，我应邀来到他的公司，他就带着司机亲自来接我。一路上他都在给我介绍自己的商海打拼经历和创业的历史。后来经

第 3 章　随需应变：创新需求，转型升级

过两天的参观、座谈和与公司管理者们研讨，让我对他的公司——推而广之，对于一大批活跃在深圳和东莞的、具有创业企业家精神的中小企业有了更加深刻的理解。

变则通达

Z 君原本做的是笔记本电脑二次电池的业务，全球市场规模 10 亿元，大多由我国台湾地区的企业垄断。尽管他的公司业务量占到了我国国内市场 70% 的份额，但也仅仅才 3 亿元人民币。看到了市场的天花板之后他决定进入助力自行车市场。由于该市场主要在欧洲，并因此他收购了一家德国专业公司。

20 年后，中国电动车市场井喷，快速增长至 7 亿元规模，他们趁势而为，为小牛、雅迪、SOCO 等提供配套产品；到了 2017 年又上演一次"蛇吞兔子"式的大戏——全资收购一家电芯公司，生产 18650 型和 21700 型电芯以及电池包，形成了上下游协同的格局。

原点思维

Z 君的创新思维在于，他居然把电池拆分成"电"和"池"，好比把水池拆分成水和池。这样就发现了一个秘密：消费者要的并不是"池"，而是"电"，是动力。但是，传统的公司却是在卖"池"：从电池厂到代理商，再到店面，最后到消费者，层层加码——拿货时压价，销售时降价（这样最容易，而加价是最难的）。这样，便反过来倒逼厂家牺牲品质、降低成本。而且在其中的每一个环节上，都充满竞争者，竞争日趋白热化。

问题在于：链条过长，消费者的痛点、难点问题却无法反馈到厂家。

随需应变

Z 君在参加长江商学院的智能制造研讨时，深受曾鸣的"智能商业"的影响，开创了传统制造业 + 互联网创业的新业务模式：创"骑士换电"企业，直接贴近消费者的使用场景与需求（安全、长效、品质），改买电

池为换电池——租用高品质动力,企业便由卖电池(有一定的性价比,但常常是"带伤交付",是"潜伏的炸弹")变成了卖高品质动力(高性价比、高可靠性且长寿命的"动力套餐")。

于是,颠覆性的改变出现了:市场、研发直接贴近消费者,识别出不同应用场景的消费体验需求,基于消费者的在线行为数据进行针对性改进,从而提升消费者的忠诚度。

2. 打开需求的"黑盒子"

斯莱沃斯基先生在其令人着迷的《需求》一书中,开宗明义地提出了一个如何破解"需求之谜"(the Mystery of Demand)的命题。值得注意的是,他使用的是 Demand,而不是 Requirements,虽然都可译成"需求",但不同之处在于,前者有人们对特定物品或服务的需要和渴望之意,偏重于人们内心的渴求,而后者则多为某人需要或提出要求的东西,更偏重于明确的要求。

由此,我们便将斯莱沃斯基先生和克劳士比先生的理念连接在一起了,斯莱沃斯基是通过需求创新为客户创造价值的,克劳士比则认为品质即满足需求,就是创造客户价值。虽然他们一个偏重于模糊的需要,另一个偏重于明确的要求,但是,他们的核心都是聚焦在人的身上,聚焦在对人的需求与欲望的理解上。而且,他们都在寻求一个需要的解决之道,以期从客户的眼睛和情感角度去观看世界。

斯莱沃斯基把从客户需求到价值创造、再到价值转移的链条连接成为一个整体,并据此提出了打开需求"黑盒子"的**六个关键点**:消除麻烦,情感共鸣,引爆潜力,背景关联,快速迭代,去平均化。克劳士比则从需求到满足需求、再到创造价值,构建了一个整体,亦即所谓的 21 世纪"完整性品质"。据此,也可以理解我为什么提出了一个"新的品质观"。

问题是,如何打开神秘的"黑盒子"呢?

方法有：颠倒价值链，服务"产品化"以及下游服务模式。

1）颠倒价值链

我在《质与量的战争》中提出一个命题，那就是这个世界被颠倒了。当然，颠倒有术，如果把企业"端到端"的品质–价值链颠倒过来，就会使我们脑洞大开。所谓颠倒，意味着不是从企业自身的资产与核心能力出发，去满足客户，而是从"客户的偏好"（Customer Priorities）开始，倒推所需要的资产与核心能力。所谓"客户的偏好"则是指客户认为重要并愿意为之支付溢价的物品。一旦不能得到它，客户就将转向别的供方；决定客户偏好的要素包含：购买准则，客户情绪，客户喜好，客户权利，决策程序，购买时机，购买行为，功能性需求等。

如何把握这些"偏好"？斯莱沃斯基建议，需要抛开一切传统预设的偏见和假设，要像孩子那样充满好奇，不知疲倦地去追问那些貌似天真的问题：需求究竟是如何产生的？客户内心真正渴求的是什么？他们要什么？讨厌什么？什么东西才能引发他们情感的波动？什么东西又能够激发出他们内心深处的好感？

克莱顿·克里斯坦森（Clayton M. Christensen），这位以提出"颠覆性创新"理论而风靡全球的教授则认为，从客户**"待办任务"**（Jobs to be done）入手更佳。因为如今的企业越来越多地"以客户为中心"，致力于了解越来越多的客户信息，很容易把自己带入误区。而真正能够洞悉客户的有效方法，则是要从客户生活中识别出表现不佳的"任务"或"待办任务"——某人真正想在特定情景下完成的事情。"任务从来都不是功能这么简单，它涉及深刻的社会和情感领域"，然后围绕这些工作，设计产品、客户体验和业务流程。他甚至认为，只要你能够找出顾客急于完成的"待办任务"，就可以避免掉进创新的盲区。而"有了待办任务思维，你就可以超越那些碰运气创新的对手"。

2）服务"产品化"

服务产品化就是要通过后端服务的"产品化",来发现新的需求。也就是在售后环节,在为产品提供安装、维修、培训和外包等服务的过程中,在与客户密切接触的过程中,去发现机会。

法国液化空气公司成立于1902年,主要向钢铁、汽车以及其他工业品的生产商销售气体,占有全球19%的份额。工业气体行业进入壁垒很高,竞争者少,因此,各企业竞争激烈,抓产量的意识强烈。随着钢铁厂、重化工等行业的衰落,整个气体行业开始陷入了价格战。

为提高竞争力,公司加大了研发的投入,开发了许多新品,却遭遇打击:绝大部分客户反馈说,这些新品对我们而言可有可无。公司顿时陷入恐慌。这时,在客户工厂现场的售后团队却了解到,客户急迫的需求或痛点其实很简单,那就是需要使自己的工厂安全、高效地运转,并有效地管理好有害气体。而这恰恰是法国液化空气公司的核心能力。因为近百年来,他们为了把气体通过管道安全有效地配送到客户那里并管理好这些有害物质以适应政府管理部门日益严格的监控,早已开发了一套精确的测量测试系统、质量控制技术、过程自控技术、污染物处理方法以及生产计划流程。于是,他们找到了一个"出售服务的机会"。

他们与巴斯夫公司合作,先是管理所有的气体生产和处理活动;再进一步,管理客户所有的化工产品。在与德克萨斯仪器公司合作时,又为客户提供了全部的"气体和化工品管理解决方案"。接着,又进一步把他们的专业知识拓展到相关的供应商那里,提供了一整套优化客户供应链的服务和信息系统。而在同欧洲最大的钢铁生产商进行合作的过程中,还进一步利用钢铁生产的副产品——气体进行发电。结果,他们不仅用自己所发的电降低了运营成本,而且还把它出售给了其他的客户和电力公司。

至此,液化空气公司从卖气到管气再到管化学产品,最后到卖解决方案、甚至卖电,持续地随需应变,转型升级,而他们的服务收入——即使在市场正在周期性地下滑的环境下，五年内，平均每年营业收入增长14%，市值增长9%。

3）下游服务模式

通过重新定义客户，为客户排忧解难，帮助客户改善其成本结构，减少浪费，提高效率，获得商机。

CAH公司的日常业务，就是把药厂的药拿过来，加价后配送到医院的药房和零售药店。不难想象，与互联网经济相伴而生的电商及物流公司群体的崛起，对CAH这类公司是一种致命打击。所谓的转型升级，对他们已经是充满悲情的生死选择了。但结局出乎所有人的意料，竟然出现了皆大欢喜的局面：10年间全部业务的年收入平均增长率为40%，运营利润增长率达到了42%，市场价值的增长率高达49%，是最大的竞争对手的2～3倍。

他们是怎么做到的呢？

从送药到管理药房

一开始，他们是把工厂的药直接送到医院的药房。后来发现，药品送到药房后，第二次再送药到药房时，上次送来的那批药还放在老地方，居然没有上架。他们不再漠视，而是开始感到好奇，研究药品为什么没有上架。原来，背后的原因有二：一是美国的医院尤其公立医院的IT系统是比较落后的；其二，由于美国的药剂师平均空位率一直在21%左右，导致药房始终人手不够。于是，他们就发现了机会，主动提出能否以后直接帮药房把药品分类上架。药房的人非常愿意，只是担心这样一来会帮倒忙。他们当然知道其中的原因，便告诉药房的人：我们公司的信息系统非常好用，可以帮助你们进行有效的分类与管理。

接下来发生的事就有些神奇了。第一家药房开始试用后，效果超出预期。然后，经过口口相传，使得更多的医院开始向CAH公司采购药房管理系统。于是，CAH 公司便从药房的配送商变成了"药房管理系统解决方案"的提供者。

后来，他们又进一步发现，医生开的药方与诊断书非常繁杂而混乱，不仅造成与药房之间的关系紧张，而且容易出现事故——美国有一个统计，每年因为药方出问题死亡的人数高达 1.5 万，比交通事故导致的死亡的人要多许多。所以，他们通过药房又挖掘出一个更大的需求点：病房。

从药房到病房

一旦把"病房"当作客户，自然就会发现它的三个痛点或需求：一是护士严重短缺；二是由于没有信息系统的支撑，医生手写药方，很容易出错；三是病人看病、结账和取药，往往楼上楼下地跑，非常麻烦。

CAH 公司又帮助医院把药房的管理系统延伸至门诊和病房。同时，收购了一家生产自动取药机产品的公司，把它们放到病房，病人只要把药方扫描一下，就可以在系统中向药房下单，并直接进行结账，有些还可以直接取药；该系统还自动将药品的管理记录转化成病人的记录，同时直接与 CAH 公司的分销系统连接在一起，使订单存货管理过程部分实现自动化。这让病人和医院都感到喜出望外。就这样，CAH 公司又打开一个缺口，找到了另一个大的业务增长点，他们如今已经管理超过 400 个医院的药房。

不久，他们又惊奇地发现，还有一个更大的市场等待开发——医疗手术用品市场。

从病房到手术室

医疗手术是美国医院的主要收入来源。CAH 公司突然发现，自己只是卖一些简单的一次性手术消费品，而医生在做一般的手术时需要约 200 个医用工具，由于不同的医生有着不同的偏好与习惯，就使得可供选择的医疗手术用品居然超过 2200 种。这完全是一个巨大的市场。

于是,他们就开始建立网上手术商城,把能够找到的所有手术用品都放上去,可供外科医生提前模拟手术的过程,并挑选他们所需要的设备和物品。他们向医生承诺:只要你按照个人的偏好选择成套用品,我们保证在你做手术前,把你所选的用品放在你的手术台前。医生们一开始不太相信,后来有一名医生大胆尝试了一下。结果,当他一到手术室就尖叫了起来。打开无菌包装箱,里面全是他在做手术时偏好的用品!这件事让所有的医生都感到震撼。他们自然就会在参加各种学术交流会议时向同行推荐CAH公司。就这样,CAH公司的销售额突飞猛进,一路飙升。

零售药店的痛点

当他们把目光聚焦到连锁药店的时候,得益于自己良好的信息管理系统,他们惊奇地发现,药店平均为每张处方多付了0.59美元。因为美国的连锁药店主要依靠保险机构付款,顾客支付给药店一部分费用后,其余的部分由药店向保险机构发出汇款通知。而保险公司每个月都要调整一次现金偿还率,但药店的系统却难以察觉。于是,他们便与多家连锁药店合作,开发了一套系统,可以自动核对药品的现金支付数额,并每天更新现金偿还率。同时,他们还同沃尔玛、CVS、艾博森公司以及其他零售商共同组建了一个联营公司,专门收集药品的销售信息。如今每年有高达10亿张药方的数据。

这是一个双赢的计划。药店避免了损失,而他们得到了需要的信息。

为药厂排忧解难

拥有了宝贵的药品销售数据,CAH公司就开始用它同药厂合作,指导他们多生产哪些药品,少生产哪些药品,淘汰哪些药品。这无疑是给药厂安装了一双"市场之眼"。另外,CAH公司在行业内积累了资金、丰富的专家资源和行业主导的制药企业的高管人脉,于是,他们便动员工厂专心研发新药,出"爆品",而放弃保健品和仿制药——由于新药的"成活率"

太低，药厂为了生存，往往大量生产这类产品。

虽然这是一个双赢的计划，但是工厂方面觉得风险太大，CAH公司也没有成功的案例，因此，为了保险起见，他们先收购了一家小型药厂进行"试水"。收购后重新定位，他们直接把保健品停掉，把仿制药品剥离出去，提供相应的资源，专心研发。一年之内居然成功地推出了两款"爆品"，还有大量的畅销药。这就进一步验证了CAH公司的思路是对的。接着，CAH公司便投资建设了一个巨大的生产中心，专门为药厂的药品提供配方、检测、生产、包装与物流业务。然后，CAH公司反过来再去跟工厂去谈合作，希望他们专心研发，而把其他各类低价值的业务外包给他们。当然，最后的结果自然是各取所需，皆大欢喜。

如今，CAH公司已经成长为美国具有领导地位的医药健康公司。

3.3 "客户价值图"：品牌现忠诚，品质乃信赖

我曾经说过两句话，即：抓品质即抓需求，抓需求，从客户价值开始；抓预防即抓系统，抓系统，从输入要求开始。

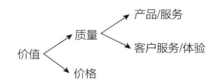

其中的核心，即客户价值与输入要求。

如果我们换个角度，以客户的身份出现，我们到底买的是什么？买的是价值，而价值等于质量和价格的关系，质量又包含所有非价格的因素——产品和客户服务、体验。所以，质量、价格和价值都是紧密相连的。

1. 客户"价值体验设计模型"

我们知道，品质即满足需求，而价值就是被需求；因此，管理品质即管理需求，创造价值。

对于需求，我们常常习惯于"问题导向"——从客户的痛点、难点和盲点入手，但其中的风险也是显而易见的；因此，业内专家们建议我们从"客户偏好"以及客户的"待办任务"入手。而贝恩公司的合伙人埃里克·阿姆奎斯特（Eric Almquist）等人建议：用"价值要素"（the Elements of Value）发现客户的真正需求。他们提出了组成产品和服务价值的30个基本的"价值要素"，其分析的方法，虽然引用了马斯洛的"需求层次理论"，但聚焦的是消费者而非研究人类。他们把30个要素又分为四类：

- **职能类**：省时、省力、简单化、赚钱、整合、联系、多样化、降低成本、避免麻烦、感官吸引力等；
- **情感类**：减轻焦虑、给我奖赏、怀旧、设计/审美、健康、乐趣/消遣、标志价值、吸引力等；
- **改变生活类**：自我实现、动力、财富传承、附属、改变生活带来希望；
- **社会影响类**：自我超越。

并据此构建了一个"价值要素金字塔"模型——将正确的要素进行组合，能够提高客户的忠诚度，强化消费者尝试某种特定品牌的意义，并维持公司收入的增长。

作者基于该模型在许多行业进行了测试，结果显示：不同的行业，顾客对产品价值要素的排序是不同的。例如，"食品百货"的排序为：质量、多样性、感官吸引力、降低成本、给我奖赏；"智能手机"的排序为：质量、省力、多样化、组织、联系；"电视服务提供商"的排序为：质量、多样化、降低成本、设计/审美、乐趣/消遣。他们的结论是：其他要素的成绩都没法弥补质量的严重不足，质量是对顾客利益代言产生影响最大的要素。

有趣的是，美国体验工程咨询公司创始人兼总裁刘易斯·卡波恩（Lewis P. Carbone）和 IBM 高级业务研究所战略研究总监斯蒂芬·海克尔（Stephen H. Haeckel）共同提出了一个"M-P-H 模型"——由"客户体验"与"客户态度"两个维度共同组成一个矩阵，其中"客户体验"的线索，恰恰与"凡物自言"相对应，是指客户在交往过程中会有意无意地过滤嵌入他们经历中的感受，并形成一系列的印象，或指对事情的一种体验线索，虽有理性的感知成分，但更多的是感性的感知。因此，体验线索又分为：

- **机械性的线索**（Mechanical Clues，MC）——展示能力，体现信心：主要指产品/服务的技术层面的可靠性与功能性的表现，其主要的角色就是要强化客户和潜在客户对产品/服务行为可信赖度的信心；
- **性能性的线索**（Performance Clues，PC）——对第一印象、期望和价值的影响：线索来自于无生命的物体，包括视力、味道、声音、口味和外表，而设施、设备、家具、陈列品、照明及其他可感知的线索，也提供了一种不需要语言就可以提供服务的视觉展示；
- **人性的线索**（Humanic Clues，HC）——超出客户的期望：其线索存在于提供者的行为和外在表现；服务活动中的人际互动，能创造出向客户表达尊重与敬意的机会，在此过程中，增强他们的信任并提高他们的忠诚度。

如果说 MC 主要关注产品/服务**是什么**，那么 PC 和 HC 主要关注的是**怎么样**。当然，它们三者在形成服务体验中扮演着特定的角色。因此，良好的**"线索管理"**，必须要致力于优化全部的三种线索的细节，因为他们之间是相互促进的，而并非各自作用的简单叠加；它们在一起共同出现的总和要大于各个部分独立作用的总和。

如果我们再把"三个层面"的模型，与"M-N-D模型"和"M-P-H模型"进行比较对应，就会发现它们之间是如此的"默契"，完全可以形成一种"体用关系"，构建一个**客户"价值体验设计模型"**。如下图所示。

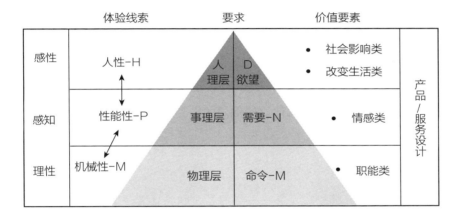

换句话说，呈现在眼前的是一个完整的画面：围绕着要求的"M-N-D模型"，可以逐一分层地进行产品/服务"价值要素"的分解与组合；还可以围绕着客户感知及其体验线索的"M-P-H模型"，进行平行展开与上下互动。这对于产品/服务的设计，尤其是客户价值体验的设计，将是一个非常有用的工具。

正如我们在前面讲过的梅奥诊所的故事，他们把大量的时间和精力都投入线索管理中，也就是致力于如何有效地传递服务，而不仅仅是服务本身；他们恰当地抓住了强大的人性线索的本质，向所服务的对象传达了尊重与敬意，能够给客户带来惊喜——而让客户惊喜的最佳时机，就是当客户与产品/服务提供者进行人际互动的时候。

2. 绘制"客户价值图"

我曾经在《质与量的战争》中使用"普度鸡"的案例来阐释品质战略规划中的"品质价值曲线"或"客户价值图"（Customer Value Map）的绘制，引发了许多学生和读者的极大兴趣，他们急于想了解这种绘制的方法及其所使用的工具。无独有偶，美国学者布拉德利·盖尔（Bradley T. Gale）携手罗伯特·伍德（Robert Wood）先生在其所撰写的《管理客户价值》一书中，也以"普度鸡"为例，详细叙述了如何把"让客户满意"口号变得科学——使用"四步法"绘制"客户价值图"。

第一步：询问东南部蛋禽协会（Southeast Egg & Poultry Association，SEPA）的会员：消费者是如何比较你们的产品与普度的产品之间的品质差异的？

具体做法是：

- 请询问你所服务的人群——你的客户和你的竞争对手的客户，罗列出影响他们的购买决策的关键特性。
- 确定那些不同的品质特性在消费者决策中所占的权重。一种非常简单又省钱的分析方式，就是请客户把决策因素按权重分配到在上一轮研究中所列出的所有的高级别的因素中去。
- 请求客户在 1~10 分的范围内，为每一项业务的每一个竞争因素的绩效表现打分，然后乘以每一项业务的每一个因素的权重，最后把结果相加，便获得了总体的客户满意度得分。

如此，就可以得到一张"品质竞争态势图"。如果把每一个竞争因素连起来成为一条线，就构成了现实的"品质价值曲线"图。我曾经在《质与量的战争》中画了一张图（如下图所示），进行了弗兰克老爸时期与弗兰克时期的对比。

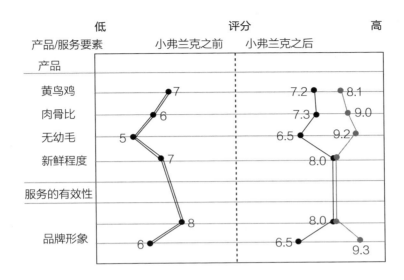

图中的左面所示,是弗兰克的父亲亚瑟·普度时期的竞争态势。显然,完全是一种同质化竞争,没有差异化,打的就是价格战,消费者也不认什么品牌,鸡肉就是商品。那个时期,"有货卖"就是一种势不可挡的非价格竞争因素,人们经常是在货架上购买商品;商家也最看重价格——品质对价格的权重为:10%为品质;90%是价格。

质量绩效计分卡

质量特性 1	权重 2	普度鸡 3	其他公司平均 4	比率 5=3/4	权重乘以比率 6=2×5
黄鸟鸡	10	8.1	7.2	1.13	11.3
肉骨比	20	9.0	7.3	1.23	24.6
无幼毛	20	9.2	6.5	1.42	28.4
新鲜程度	15	8.0	8.0	1.00	15.0
服务的有效性	10	8.0	8.0	1.00	10.0
品牌形象	25	9.4	6.4	1.47	36.8
	100				126.1
客户满意		8.8	7.1		
	市场感知品质比率				

第二步：用相同的品质特性分析弗兰克时期的市场。

首先，请 SEPA 的专门小组预估影响今日客户购买决策的非价格因素的权重，然后填写在上图中左侧图的第二列；普度最好的鸡肉，已经戏剧性地改变了客户购买的决策，而更高的权重给予了普度鸡领先的品质特性，比如，"肉骨比""无幼毛"和品牌形象。

其次，再请专门小组在 1～10 分的范围内预估：客户对普度鸡这些新的品质特性的评分以及客户对其他会员所售卖的鸡肉的平均得分。

再次，依据上述的信息计算普度鸡以及业内其他竞争者的客户满意度得分——由每一种评估的相应购买标准权重的表现率加总而成。质量绩效计分卡中"客户满意"一行，分别为普度鸡的得分与业内竞争者的平均得分。表面来看得到 8.8 分让人非常兴奋，殊不知这个分数有一种误导性——因为其意义仅仅是用来与其他竞争者的得分作比较的，并不说明自身的好坏。所以，真正的意义在于客户给不同竞争者打分的比率之差。

最后，我们就能够计算出全部的市场感知品质得分，得到"权重乘以比率"一列及 126.1 的得分；再除上 100，得到 1.26 分。换句话讲，市场感知的品质率，普度鸡为 1.26 分，比其他的竞争者高出 26%。

第三步：绘制"客户价值图"。依据零售商广告里公示的每磅的价格列表，客户便可简单决定如何购买，我们也可以由此绘制出客户价值图。

第四步：完成"客户价值竞争态势图"。此图也可用于对客户价值之"市场感知品质状况"的分析、理解与把握——你可让公司中的不同职位的人填写完成，然后对比每个人是如何理解客户的购买决策的。

弗兰克·普度先生在整个行业大打"价格战"的态势下接手家族业务，从抓需求、抓品质开始，聚焦客户想要的东西，勾画出一条"品质价值曲线"和"客户价值图"，然后围绕着它们进行战略规划与资源配置，最终通过"品质战"或"价值战"成功地给整个行业带来了一场革命性的变革，而成为人们学习的标杆。

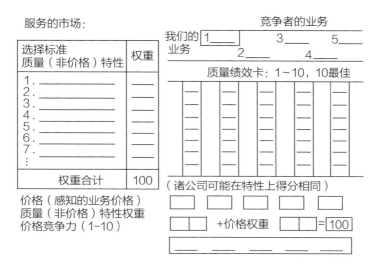

3. 品质战略："品质战"如何打

为什么要执行品质战略呢？这是人们普遍关心的问题。前提是，我们公司已经有了市场的战略、公司的竞争战略，甚至年度战略等，还需要品质战略吗？那岂不成了品质部门的战略了吗？这其实是一个非常好的问题。我们还是有必要回顾一下历史事件。

我们知道，20世纪80年代美国企业睁开眼睛，仿佛突然间一直引以为傲的钢铁工业、汽车工业、电子行业、家电行业等市场份额被日本企业抢占了。于是乎，美国人发出惊呼：到底出了什么事情？而在此时PIMS（竞争战略对利润的影响）项目影响日隆，得出了令人震惊的结论：品质作为客户感知的价值，不仅能促进ROS/销售回报率的提升，也能促成市场份额的增加尤其是ROI/投资回报率的增长与因品质溢价而导致盈利水平的提升。逐渐地，他们开始认识到，他们原来的竞争战略是有缺陷的，那就是，长期以来强调的是股东利益优先，关着门做"一致性的质量"；而日本则强调的是客户价值与相关方利益，在努力地做"客户感知的质量"，强调的是品质竞争优势。如下图所示。

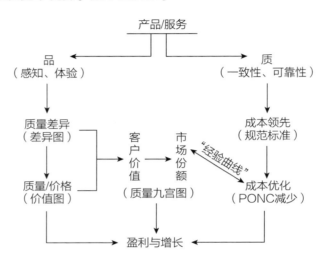

此时，克劳士比先生的《质量免费》广为流传，这本书不仅让美国人找到了日本企业成功的密码，而且更加让美国人相信人人都能拥有这种力量——只要你真心愿意去做。与此同时，美国人更加清醒地认识到：日本能够有竞争优势的背后是美国的品质专家在推动。为应对日本的TQC在美国企业大行其道，美国国防部集聚名家学者们在一起商量，推出了一个名为TQM的解决方案，并掀起了一场轰轰烈烈的全面质量管理运动。与此同时，里根政府又适时地推出了国家质量奖，以期用一种崭新的"卓越绩效模式"去引导企业建立客户价值、股东利益及财务绩效的平衡式的竞争优势。

没过多久，随着质量改进运动的失败案例越来越多，加上日本企业进入"失落的二十年"，而美国企业则开始恢复原本的状态，踏上原有的习以为常的路径，对品质渐失兴趣。关于这些，我们从戴明先生早期的对美国企业管理层的批评里，从克劳士比先生的忧虑中，还有彼得斯先生的怒吼里，都能够得到切实的验证。

人们开始反省。品质，不应该只是停留在工厂一线，围着产品打转，而应该从战略的高度、"品质链·网"的广度与文化的深度去落实，或者说，需要可以承接并优化公司的竞争战略，进而聚焦客户价值与战略目标，并把客户的要求根植到关键过程和流程之中，让人们在日常业务和工作中去实践，同时用文化去固化所有的成果。于是，品质战略应运而生。

1）核心是什么

核心就是对公司目标的重新定义，对品质的重新定义以及对品质人的重新定位。所以，其逻辑必然是：新定义—新定位—新战略—新组织—新任务—新系统—新评估。其中：

- 对品质的**新定义**，即客户价值；
- 对品质人的**新定位**，即客户价值的整合者、文化变革的引领者、管理系统的构建者以及业务风险的控制者；
- **新战略**，即基于品质竞争优势的客户价值创新战略；
- **新组织**，即在公司层面构建"品质竞争力中心"或"品质文化变革中心"，以有组织地推动整个企业为客户创造价值，同时向创造价值者进行政策倾斜；
- **新任务**，也就是围绕着品质人的"四个新定位"，聚焦"两个E2E"，确定自己的管理任务；
- **新系统**，即构建或优化公司的品质战略与系统运营方略，不仅将品质要求根植于业务过程与执行流程之中，而且用数据驱动业务团队自主管理；
- **新评估**，即构建品质竞争力中控室——围绕"品质竞争力表盘"

（Q-dashboard），引领、激励与调控整个组织朝着既定的目标，不断地迭代升级。

2）困惑有哪些

通过多次在研讨会上的认真观察，笔者发现很多企业管理者们尤其是品质高管们，对于品质战略的困惑集中于三点：

- 在分解战略目标时，品质人员总是非常容易直接跳到自己习惯的质量目标和质量特性指标上，心中依然关注"一致性质量"，而缺乏"认知质量"和"体验质量"的概念；
- 在识别与确定关键流程时，也缺乏相关的流程知识与技能，所以特别难于分解"指标树"中的结果指标，而结果指标，恰恰是各个业务部门的主要领导者所关心的指标；
- 在理解品质的新角色时，如果不能分解结果的指标，把它们落实到流程中，并找到相关的责任人，也就不可能成为BP/业务的伙伴，依然会因循管控与监督的老路。

所以，他们的最大困惑就在于品质和战略方面。

因为就**品质**而言，如果品质仅仅是控制—检查—审核—解决问题—持续改进的话，其实，是无所谓品质战略的，充其量是部门的规划，或者年度的总体规划。你会发现跟公司的其他部门的做法没什么实质差别。所以，克劳士比先生和我重新定义了品质及品质人的"四个角色"，从而把品质提升到了战略层面，并强调了顶层的设计，而非常规的中基层的设计与管控。

而就**战略**而论，如果战略仅仅是一个宏伟目标（市场及财务的目标）的形成与空洞的话语及概念的展示（使命、愿景和价值观的陈述），则人们只会把精力放在"游戏参与"上面——兴致勃勃地玩着战略的诸多模板，比如，大家都在使用的波特五力分析模型，SWOT分析模型，BCG的产品分析模型与经验曲线，使命愿景与价值观模板，以及麦肯锡的战略制定模型等，而忘其关键。那么这些简易的工具，确实会产生迷惑性，因为容易上手，我们往往不自觉地会把人们混乱的心智用一种包装高档的"机智"而将其带向了误区，稍不留神，就掉入马利克先生所谓的"战略思维陷阱"。

3)"四句真言"

为了帮助中国企业的管理者们开启战略智慧，构想战略意图，从而制定切实有效的品质战略，我总结了四句话：

战略，先要"站起来"：站位要高，志向要远，从经营决策的角度看问题，方可打破"屁股决定论"，摆脱日常管理中的只管自己那一亩三分地的生产小队长心态。

"走出去"：要感知外部环境的变化，不能圈在大楼里，朝九晚五，按部就班；唯有走出去，到客户那里去，方可打破温水煮青蛙的现象。

"寻逻辑"：遵循 What-how-by-who（"谁去做、怎么做、做什么"）的战略逻辑，全程跑一遍，方可制订出预期的策略和行动计划。

"要结果"：无论过程多么繁杂与艰难，一定要聚焦在所预期的结果上，而非仅仅完成什么"任务"，或产生一份漂亮的报告。

4）帕卡如何在"品质战"中取胜

美国的重型卡车行业是一个非常成熟的行业，增长率低，竞争激烈，市场份额基本上被戴姆勒、沃尔沃、纳维司达和帕卡（Paccar）分食。然而，在过去的 20 年，帕卡的净资产收益率平均水平是 16%，远高于同行业的 12%，重要的是，从 1939 年以来，从来没有亏损过，即使期间经历了几次金融危机和经济衰退，依然保持着盈利。帕卡的价格普遍高于竞争对手，但依然能够保持稳定的市场地位，而且它旗下的肯沃斯（Kenworth）和彼得比尔特（Peterbilt），被公认为北美地区两个最佳的汽车品牌。

原因何在？用他们自己的话来说，得益于他们把"以质取胜"作为一个最重要的战略驱动因素。而用我们的话来说，就是在竞争中"抓需求，抓品质"，通过绘制"品质价值曲线"或"客户价值图"而与竞争对手产生差异化与区隔，以便在细分市场上赢得了"补缺"地位，并获得市场认知质量的领先地位，成为市场领导者或"强力"的品牌。

PIMS研究团队曾经就重型卡车客户的购买决策进行过专题研究。他们认为，如果仅仅就卡车公司而言，为了高价销售汽车，就要提高卡车的性能，延长卡车的使用寿命，降低车主的使用成本；而就客户购买卡车所关注的几大要素来说，比如耐用性、节能性、富有活力和乘坐舒适性，虽然消费者对各个属性的评分有所不同，但对各个竞争者的评分却是没有区别的，它们代表了一个在非价格属性上没有差异化的市场。

帕卡没有满足于"市场细分"和空泛的客户概念，而是进行了"客户细分"，也就是区分了"客户"和"用户"。就卡车而言，也就是细分为购买者和使用者，车队和司机。因此，他们调整了一个关键的战略要素——对卡车品质评价的标准，也就是要从卡车司机偏好的角度来进行评定，而不再纯粹从车队运营成本的角度来考虑了。

因为对车队的经营者而言，他们在购车时，关心的是营业额及车队司机的空闲时间，更看重的是卡车行驶时需要付出的成本。但是，卡车司机的需求却与之大相径庭。他们为了获得更多的报酬，往往会一天驾驶16个小时甚至更长的时间。旅途中的卡车，就是他们的休息室和娱乐的地方。因此，帕卡就努力把卡车外形设计成哈雷-戴维森那样酷的风格，把内部设计成雷克萨斯式的风格。另外，为了便于司机低价而便利地更换零部件，他们在设计时尽量使用普通的通用件。

帕卡相信，虽然车主的地位至高无上，但是，如果司机更喜欢帕卡卡车，当他们相遇时，口碑相传会在很大程度上影响车主的决策。

帕卡的定位为"高品质卡车"，帕卡的战略非常明晰，那就是不生产小型卡车，只生产重型卡车，而且在重型卡车的范围内，也不生产经济型卡车，不搞多元化，从而使得它的经销商、设计师与工程师共同形成了一个专业化的相互协调的整体，以时刻围绕着卡车司机和重型卡车展开一系列连贯性的举措。

最终，帕卡紧紧地抓住了用户的需求，赢得了司机的青睐。同时，在北美的重型卡车市场上，形成了一个差异化的格局。品质战略的核心就在于发现"客户镜头"里的"不对称性"竞争态势，因为优势的根源就在于差异化。

4．"谁去做、怎么做、做什么"

享有"战略中的战略家"美誉的理查德·鲁梅尔特（Richard Rumelt）先生更加注重区分"好的战略与坏的战略"，并重新定义了战略。鲁梅尔特先生跟马利克先生一样，也是开宗明义地讲，战略不是空话，不能回避其真正的挑战，不能错把目标当作战略，不能制定回避关键问题且相互冲突的战略目标等，并明确地提出了战略的"核心三要素"，即调查分析、指导方针和连续性行动。这就像医生看病，挑战就是诊断患者的一系列症状和体征，需要进行**调查分析**并弄明白患者的病史，然后做出临床的诊断；而治疗的手段就是**指导方针**，而开出具体的处方包括指导患者饮食、治疗及服药，则是**连续性行动**。

与此相对应，他给定的战略逻辑十分清晰，即分析竞争态势（调查分析）——{直面真正的挑战——做出方向选择——解决关键问题}（指导方针）——{确定战略目标——制订行动计划}（连续性行动）。

这时，我们再依据品质战略的规划以及鲁梅尔特先生的战略逻辑展开，也就形成"谁去做、怎么做、做什么"的品质战略规划与系统运营的逻辑展开图。如下图所示。

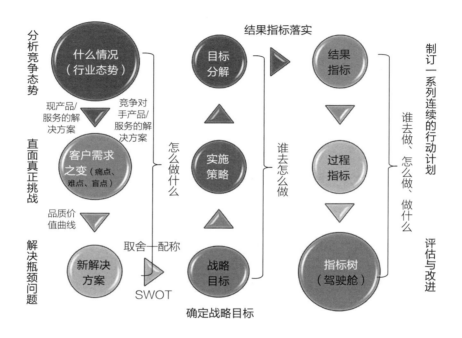

1) 战略的整合效力

这种好战略总是包含三个方面的整合效力：

直面真正的挑战：如果不能确定并分析障碍，充其量只能得到一份挑战目标+预算表+意愿清单而已。比如，国际收割机公司（IHC）曾经是美国知名的大企业。为扭亏为盈、重塑辉煌，公司聘请原施乐公司的总经理成为 IHC 的 CEO，他带来了一支财务、战略和咨询顾问的精英团队。但其完美的战略规划最大的败笔在于没有意识到真正的问题所在，即该公司的工作效率极为低下，而且劳资关系在美国也是出名的糟糕。

变革开始的前一两年，公司削减了行政管理费用，结果导致公司的员工进行了长达6个月的罢工。而罢工结束后，公司迅速走向崩溃。4年间，共损失了30多亿美元，42家工厂关闭了35家，10万名员工只剩下了1.5万名。

做出方向的选择：扬长避短，通过转换视角来创造新的优势。

解决关键的问题：坏的战略往往逃避令人头疼的细节和焦点问题，没有认真分析当前形势引发的真正问题，忽视了抉择和集中性的力量，领导者可能错误地将战略工作等同于设定目标，试图同时照顾到多种冲突的诉求和利益，而不是去努力解决问题。换句话说，他们只是提出了宏大的目标和志向，但没有战略，更没有制定出具体的解决问题的行动方案。

2）解困的逻辑：质量–销售–成本

怎样真正地解决关键问题呢？鲁梅尔特先生又给我们讲了蒂内利的故事。蒂内利是位于米兰郊区的一家机械公司的总经理，他在叔叔去世之后接手了这家公司。当时公司的经营形势不太好，产品的质量也不如从前。尤其是和他们最大的竞争对手比起来，不仅成本高，而且销售人员对技术也不精通。如果再不改革，就会慢慢地破产出局。

问题是，从哪开始改革呢？蒂内利先生首先从确定瓶颈问题入手。他找到了三个方面的瓶颈，即产品质量、销售技术能力以及成本。蒂内利的做法是，自己对最终结果全权负责，管理团队成员应集中精力指导下属逐一解决问题。

他先后采取了三项措施：第一，用一年的时间集中精力提高产品的质量。他想让员工们知道，所有的工作都是为了让我们的产品质量最好、最可靠并且生产速度是最快的。第二，一旦有了高质量的机器之后，便全力以赴地提高销售队伍的素质。由于在提高产品质量的阶段，销售人员已经参与了进去，因此，销售人员能够与设计工程师和制造人员一起参与技术环节、销售环节以及客户沟通环节的全过程。

重要的是，虽然这些措施在短期内带来的收益可能很小或者根本没有，但蒂内利改变了常规的评测与奖励系统，没有把短期效益作为目标，而是把变革作为目标，以保证人们能够将精力集中在变革本身上。

接下来的第三项措施，就是花费 9 个月的时间来解决成本的问题。用蒂内利的话说，之所以最后能解决成本问题，是因为他想根据所制造的机器的类型来削减成本，而不是让削减成本决定所制造的机器的类型。为此，他们检查了每一个零部件以及生产过程中的每一个环节。然后，他决定把一些零部件的生产外包出去，而把另外一些外购的工具和铸模进行内部生产。如此一来，不仅大幅度削减了成本，而且通过自己生产铸模还大大提高了机器的运转速度，也提高了产品给客户带来的价值。

要把这一信息传达给客户，就需要由销售人员和技术人员共同组成团队去做工作。这就是他们首先要解决产品质量问题，然后培养销售队伍，最后再削减成本的原因了。这种具有内在一致性的战略举措，如同链条一般环环相扣，而且人人担责。

蒂内利的故事听起来似乎简单易学。然而，并非所有的公司都能够做到这些。原因就在于成功会导致慵懒和浮夸，进而使企业走向衰落。很少有企业能够躲过这个怪圈。这也是人性之使然。

3.4 品质竞争优势：构建"品质驾驶舱"

1. 品质诊疗系统构想

一个组织的经营结果或业绩（Performance，P_3）及其现状的好与坏，多体现在三个方面，即：

①政策与机制（Policy，P_0）是否适合、及时与到位？

②人及其行为的影响力（People，P_1）是否能够激发、牵引与张扬？其中，既体现出组织的使命、价值驱动因素，又彰显出得与失、奖与罚、个人与团队、成就与获得之牵引因素，更能体现出自我成就

感与价值创造之自动自发的内驱力量。

③流程与体系（Process，P_2）是为了创新还是因循守旧，是为了内部效率还是为了客户价值？是管控惩罚中基层人员，还是鼓励他们满足客户以成就自己？是把其当作独立自主的成年人，还是偷懒耍滑作恶的叛逆少年？

此即为克劳士比方法（Crosby Way）之"Crosby-4p"，如下图所示。

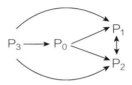

它是通过 P_3 反推 P_0-P_1-P_2 之差距问题表象区间，并寻求其根因的，其逻辑是清晰的，只是即使 P_0、P_1、P_2 之问题改善了，并不必然导致 P_3 变得卓越，也只是改善而已，故是必要但不充分之条件。如下图所示。

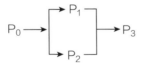

换言之，P_3 之好坏（果）可在 P_0、P_1、P_2 中找寻原因，但解决了 P_0、P_1、P_2 中的部分问题，并不必然改变 P_3 之果。如果代入马利克综合管理系统（Malik IMS）并进行比较，它则是复杂的多因素相互作用的结果，如下图所示。

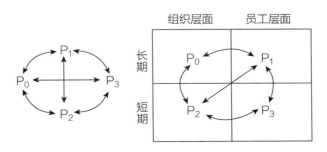

因此，需要用生命系统之完整性，去对组织现有的机械系统之局部性进行修复调理，品质文化变革本意即如此也。

为此，需要做三件事：

①推动机械系统的科层组织向生命系统之细胞组织演化：方式与路径是什么样的？行业与文化特征能否体现？是否有中外成功的案例？

②怎样设计品质文化变革的路径？

③修订与丰富原 P-S-C-C 诊疗图及其指标体系；必要时，可同 4P 模式合并一起使用，比如，$P_0 = P$，$P_1 = C\&C$，$P_2 = S\&C$，$P_3 = P\&C$（政策与文化的结果）。如能将其各项指标汇集成指标族，形成"品质竞争力表盘"或"品质驾驶舱"（Q-dashboard）：

- 便于采集数据、植入算法，以用人工智能处理，可做"企业生命体态分析"，并做出年度分析报告；
- 便于用 Q-dashboard 及其指标树，反推其关键流程及责任人，以促品质变革，也可做"品质诊疗系统"产品套件。

用品质指标打造"快乐品质"

1989 年，银行界资深人士保罗·卡恩担任 AT&T 的全资公司—卡通公司总裁，以推动该公司进军信用卡业，旨在通过银行卡与电话卡的捆绑服务促进长途话费收入的增长。

如果用 Crosby-4P 模型逐一分析，其做法便清晰可见。

首先，是 P_0/政策

一卡通一开始就把质量作为立业之本，明确提出"顾客是我们整个世界的中心"，特别强调与顾客接触的每一个"关键时刻"；从建立的第一年开始，每年都以国家质量奖作为标准进行自评自查；员工和管理者的日常工作质量考核与薪酬制度挂钩，每日召开质量例会，以对照指标找差距。

同时开展"客户满意度因素调查"项目（委托独立的第三方去做，每月与400名竞争对手的顾客和200名一卡通顾客进行交流）以及"联系人调查"项目（公司内部有一支团队，每月从与公司联系过的顾客中随机选取3000人，在其联系过公司后的两三天内向其电话问询调查），以调查总体的客户满意度及某类服务的质量。

为强调快乐质量，突出公司"奖励、庆祝与成功"的文化特色，设立了丰富多样的奖励与表彰机制，包括6项公司级大奖、3项公司级表彰以及30多项部门级的奖励。公司也非常鼓励大家举办各种名目的庆祝活动，以至于公司的餐厅每天都有团队在聚会，热闹异常。另外，公司还提供额外的福利，包括员工及其配偶使用的免费的健身房，出资供员工进修本科及研究生课程。

其次，是 P_1/人的影响力

公司电话客服人员是最前沿的代表，很大程度上决定了顾客对一卡通公司的印象，故此，他们对员工的招聘、筛选极为严格，对于被录取的客服人员，要进行为期六周的岗前培训、为期两周的在岗培训。

同时，公司制定了清晰的"电话客服人员考评制度"，包括，考评的指标、描述、抽样和打分标准以及绩效标准。

- 平均接听速度：客服人员从接听到说结束语的通话平均时间，自动电话管理系统（CMS）100%抽样，绩效标准20秒。
- 放弃率：顾客打了电话但在客服人员接听之前放弃的比率，CMS100%抽样，打入电话的3%。
- 准确率：客服人员为顾客提供信息的准确水平的定性考评标准，每天质量监督员在100个电话中随机抽样进行评价（打分体系包括之前确定和评价顾客负面影响错误、企业负面影响错误以及非负面影响错误的标准），96%。

- 专业程度：客服人员表现出来的专业程度（礼节、反应），每天质量监督员在 100 个电话中随机抽样进行评价（同前），100%。

同时，公司还开展"员工满意状况调查"，每两年进行一次，以进行员工对公司年度表现状况对比，以及年度绩优典范状况的对比（使用同一调查，测定绩优组织的平均反应）。调查表明：员工在 1992 年比上一年感觉良好的前五个方面为（均高于 80%）：公司的形象、公司变革、竞争地位/关注客户、利益、工作满意。

为了强化"快乐质量"的文化，公司不仅用质量指标的考核与奖励和表彰挂钩，而且广泛开展"我的建议，我的公司"的活动，鼓励每一个人献计献策，提升工作品质。管理层也鼓励员工在每个月度的经营分析会上提出自己的问题，并在每个季度的会议之后，与主管客服中心的执行副总裁一同参加在湖边餐厅举行的"湖边恳谈会"。

再次，是 P_2/流程整合

公司建立了一套质量指标评价体系，用来评价影响顾客满意度的关键流程——他们称之为"内部过程测评与顾客满意因素的关联逻辑图"，包含三个级别的满意因素：初级满意因素——顾客服务；二级满意因素——专业程度、畅通状况、有效处理问题、工作态度；三级满意因素——每周 7 天、每天 24 小时服务，有没有忙音，能否快速接听电话，有没有在线等待的情形；而"内部测量的样本"，则包含系统有效性、平均接听速度、放弃率、准确率等"电话客服人员考评制度"指标。

每项指标都设有相应的达成标准，同公司的薪酬制度直接挂钩。如每天全公司 95% 的指标都能达成，则所有人都会得到当日的"质量合格奖"，并以现金的形式按季度发放。公司里的各块显示屏上都展示着前一天的质量结果，每个部门的经理都会在当日召开质量例会，对照检查各自所负责的指标，并应用质量改进工具找出根因。

最后，是 P_3/质量绩效

公司成立不到两年，收入就升到了全行业的第三名，总销售规模达到了 172 亿美元，拥有了 760 万个账户；第三年即登上行业榜首的宝座，开户量高达 1200 万个，员工的数量也由初始的 180 人达到了 2700 人。更值得骄傲的是，他们荣获了全美国家质量奖，成为业界追捧的楷模和美国企业的明星。

2. 构建"品质驾驶舱"

无论我们谈价值、客户、责任、流程，还是品质"20 字诀""八字方针"，"开车理论"都在其中起着关键的作用。而开车，不仅需要战略意图、方向和目标，也需要路径、工具与数据，尤其是驾驶舱中的关键数据"仪表盘"。

奥斯本和盖伯勒的洞见是令人印象深刻的：

- 不衡量结果，你就不能分辨成与败；
- 如果看不见成功，你就不可能奖励成功——如果你不能奖励成功，或许你就是在鼓励失败；
- 如果你不能辨别失败，你就不能加以改正。

这就需要我们将"战略目标"分解，并将其落实到"结果指标""过程指标"以及"改进指标"上，以便构建一个逻辑严谨、层次清晰的"指标树"，从而牵引与评估一系列连贯的行动计划的落实。具体讲，它包含了五大步骤：

1. 依据"品质竞争力基准确定表"为战略目标制定实施策略；
2. 通过"系统管理图"为战略实施策略确定关键的过程；
3. 通过"指标与过程对应画布"确定三类细分的目标及 KPI（关键过

程指标);

4. 制定数据管理计划,完成"量化指标总表"并指派责任人;

5. 通过"战略指标树逻辑图"构建"品质驾驶舱"雏形。

"品质驾驶舱",也可形象地叫作"品质作战室"(War Room for Quality),或像马利克先生那样叫作"实时作战指挥室"(Real-time Operation Room)。显然,强调的是集团作战能力,而非孤胆英雄式的奇迹。需要品质战略导航系统图及开车指标仪表盘系统,以便指导人们动员组织整体的力量,沿着"品质文化成熟度"的山坡,成功跨越四座大山/"鸿沟"达成预期的组织目标。如图所示。

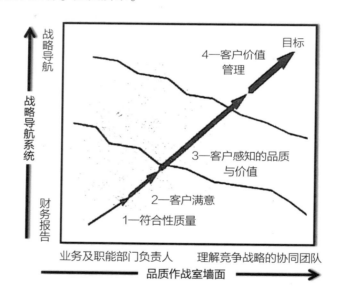

1) 缺乏数据之痛

众所周知,在智能化时代,缺乏数据将会是一件令人寸步难行的事情。现实的状况也确实如此。一方面,企业的许多数据尤其是关键过程的数据还处于手工获取的离线状态,要么获取不到,要么想要的得不到,要么得到的是被人为处理过的甚至虚假的东西;另一方面,数据多反映的是过去的结果。

在我服务过的许多大型企业集团里,质量管理部一般都会要求下属单位按期上报质量问题或事故报告。由于把质量问题或事故分为轻微、重要和重大三个等级,而企业往往更加关注后面两个等级的问题或事故,反而偏偏收集不上来,报告上反映的基本上都是那些轻微的问题或事故。原因也不难理解,对于那些重要和重大的问题或事故,要组织人力、物力去挖掘根源,解决问题。不少企业实行"双归零"(技术归零和管理归零)制度,不仅要解决技术问题,而且要落实管理责任。这就使得人们倾向于趋利避害,避重就轻。

艾德是一家全球性服务公司的区域副总裁,他决心让他所管辖的区域的设备在该公司客户满意度中保持最高。如果他发现一种设备在一个月内的满意度大幅度下滑,或者连续三个月低于平均水平,就会把经理们叫来问询,以弄清缘由,确保下个月有所改进。

当平均满意度从65%下滑到60%时,艾德给经理们发了一份备忘录:"坏消息!我们下跌了5个百分点。我们应该马上努力提高成绩。我意识到我们的费用增长比预期的更快。因此,你们确实应该立即为我们的顾客提供更多的服务。我知道你们能做到的。"

这件事的结果如何,暂且不说。不过该公司的质量管理顾问布莱恩·乔纳对此却颇多微词:我不理解为什么只查看了两个数据就想得出结论,后来我逐渐明白了,用任意两个数据都容易估计出一个趋势:这个月比上个月的降低了2个百分点,这个月比去年同期提高了30个百分点,等等。遗憾的是,靠比较来自没有变异的过程中的两个数据,我们学不到任何重要的东西。不幸的是,对于大多数管理部门来说,重要的数据大都来自于那些没有变异的过程。

2)系统太多更头疼

物极必反。人们一旦经历过缺乏数据之痛,便开始纷纷构建起各种数据的收集与测试系统。随着互联网的普及，尤其是"工业4.0计划"的推广，优秀企业在信息化与智能化建设方面的投入呈指数级增长。最早是办公自动化（OA）系统，接着是客户关系管理（CRM）系统，然后是企业资源规划（ERP）系统、制造执行系统（MES）、整合产品研发（IPD）系统、供应链管理（SCM）系统，再就是人力资源管理系统（HMS）、知识管理系统（KMS）以及质量管理系统（QMS）等。各个系统依次搭建，独立运行，相互之间的信息不能交换，逐渐就变成了信息孤岛，这使得人们在信息的海洋中，奋力遨游，筋疲力尽。

如今又出现了集成或整合的趋势，这也就是克劳士比未来实验室（iZd Lab）立项构建"CQO驾驶舱"的原因。

如今就市面上各种流行的组织管理绩效的测评系统而言，除了非常成熟的基于财务核算的企业经营绩效评测系统之外，还有以下几类：

组织管理成熟度测评系统：把组织当作一个生命体，一段出生、成长、老化与死亡的生命历程；在每一个阶段，都有其自身的行为模式和需要克服的困难。典型代表为菲利普·克劳士比的"质量管理/品质文化成熟度测评与诊疗系统"，以及美国知名专家伊查克·麦迪思博士（Ichak Adizes）的"企业生命周期测评与诊疗系统"。

组织卓越绩效管理测评系统：1987年美国设立了马尔康姆·波多里奇国家质量奖，制定了一套"卓越绩效评定标准"，试图以"绩效"替代环境变化中的"质量"一词，是有意地使质量原理"跳出"质量体系而成为全面管理系统的基石的积极尝试。

组织绩效管理系统：从组织的战略目标出发，由利润驱动自上而下进行分解与"延伸"，形成绩效指标体系，使组织的目标具体化、指标化并落实到实处。其核心就是建立KPI的方法。虽然目前对KPI的诟病有很多，甚至用谷歌的OKR取而代之的呼声也不小，但它依然被广泛使用。

ISO 9000测评与分析系统：ISO 9000: 2000为数据和信息系统提供了

一个基本的架构,要求公司采用一个过程以确保组织需要的所有重要信息都是精确的、最新的和有效的。它要求管理层的决策要依据产品和过程绩效指标的分析和趋势、内部审核以及顾客反馈来制定。

平衡计分卡管理系统:哈佛商学院的罗伯特·卡普兰教授和诺顿公司的创始人大卫·诺顿在《哈佛商业评论》撰文提出平衡计分卡并随后出版专著《平衡计分卡:化战略为行动》传播此概念。平衡计分卡意图在信息时代的竞争中将战略转化成沟通组织愿景的指标,以便衡量与管理企业战略。故此包含了四个层面的驱动因素:财务层面,客户层面,内部业务流程层面,学习与成长层面。

3)打造"仪表盘"

卡普兰教授和诺顿先生曾经在《平衡计分卡:化战略为行动》一书中开篇即要求我们假设这样一个场景:当你进入一架新式喷气飞机的驾驶舱,在那里只看到一个用来调节速度的仪表盘,你不由得要问飞行员:"我很吃惊你只用一个仪表来操作飞机。它是调节什么的?"飞行员回答道:"空速,我非常重视空速。"你又问:"空速是很重要,但高度呢?"他回答:"最近几个航班我都注意了高度,并且做得很好。现在我必须专注于正确的空速。"你又问:"我注意到这里甚至连一个油量表都没有,它没用吗?"他回答:"当然有用。但我不能同时操心太多的事情,所以在这次航班上我只关心空速,等解决了空速和高度后,在以后的航班上我会关注油量的。"

你这时一定对乘坐这一航班感到不安吧?企业中类似的情形并不少见。看看你周围的那些公司,有几家不是仍然只盯着财务指标来管理他们的公司呢?

因此,欲建立"品质驾驶舱",首先就需要设立一些必要的"仪表盘"(Dashboards)。斯蒂芬·菲尤(Stephen Few)先生曾经给"仪表盘"下过定义：仪表盘是实现一个或多个目标所需的最重要信息的可视化显示，它们被整合在一块单一的屏幕里，以便使人们在一瞥之中就可以得到想要的信息。因此，仪表盘的价值就在于帮助你使用与当下相关的信息，以了解自己是如何执行组织的总体目标的。

马克·布朗（Mark G. Brown）先生也曾经针对设计绩效测量系统"仪表盘"提出了一些实用性的建议：

- 指标越少越好。集中于测量关键的少数变量，而非无关紧要的多数变量；
- 测量指标应当与关键成功要素联系起来；
- 测量指标应当包含过去、现在、未来的组合以确保组织考虑到所有方面；
- 测量指标应当以顾客、股东和其他重要利益相关者的需要为根据；
- 测量应当自上而下展开；
- 多重指标可以整合成单一指标以更好地全面评价绩效；
- 指标应随着环境和战略的变化而改变或修正；
- 指标应当根据研究而非主观臆断来确定目标。

美国质量奖"卓越绩效评估准则"归纳了六个绩效的指标，本身就是一个测评绩效的"指标树"。事实上，它就是在试图为一个企业构建一个完整的、具有品质竞争优势的驾驶舱。如图所示。

无独有偶，美国政府问责办公室（GAO）曾经进行了一项质量管理实践调研，他们通过对国家质量奖入围者的研究，试图发现那些美国的优秀公司是如何通过改进质量来改进他们的经营绩效的。为此，他们通过显著提高的指标确定了四类有质量影响力的重要区域，构建了一个品质经营驾驶舱：

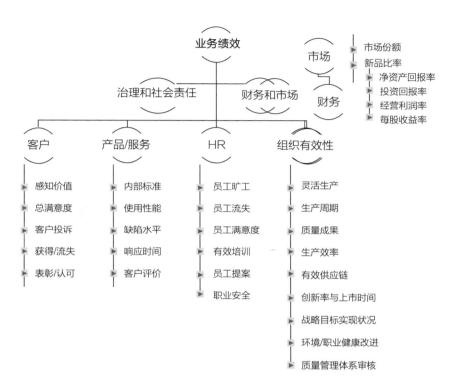

- 员工关系方面：员工满意度、员工出勤率、人员流动率、员工保险和健康、员工建议率；
- 业务流程方面：可靠性、交付时间、订货周期、错误或缺陷、生产时间、库存周转率、质量成本和总成本的节约；
- 客户满意度方面：顾客投诉减少，顾客数量持续增长；
- 财务业绩方面：市场份额、员工人均销售额、资产回报率，销售收入增长。

4）建立未来的"CQO 驾驶舱"

如何通过"品质"打破现有的"企业十字架"——"端到端"的业务数据孤岛以及高层到员工的"数据鸿沟"，以构建基于数据与知识流驱动的自主管理与创新的经营管理模式，这就需要我们构建大数据、云计算、人工智能背景下的驾驶舱系统。实践证明，缺乏品质的业务活动，看似有规则、呈模块化，实质则是分散的、内耗的数据孤岛以及一系列相互冲突与隔阂的业务碎片。因此，为了展现品质人的新价值，以推动组织实现"智能化企业"，不仅需要通过管理数据的质量以有效地管理业务的质量，而且需要推动整个组织在线化、智能化、自主化和价值最大化。

"CQO 驾驶舱" 系统设计理念，应该包含三个方面：

a）突出产品/服务价值的识别与传递；

b）系统的预防与自预警；

c）业务风险的控制与 PONC。

换言之，贯彻的是品质优先、以人为本、"服务司机"的理念。上述三者的关系是：源头是价值输入（a）——业务过程（b）——结果（c）高价值或负价值。其应用模型，可基于 ISO 体系与卓越绩效模式的集成系统，并以我们的 4P 解决方案实施模型来构建。如图所示。

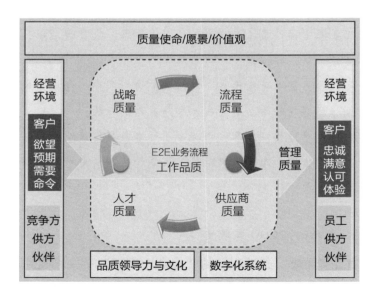

然后，依据结果倒推法，用"品质战略地图"导出"品质驾驶舱"，以支撑"司机归位"、数据和知识流驱动的自主管理模式。

所以，此系统的核心不是信息的集成，也不是传统质量部门主导的质量信息系统，而是基于价值创造的新的品质定义与品质角色。在数字革命的时代，在智能制造的条件下，探讨创造未来的品质管理，以提升企业的品质竞争力。

其所构建的"驾驶舱"必须支撑零缺陷理念的落实，包括价值引领、人人担责与环环相扣，从而达到通过数据驱动每个人、每个团队，进而使整个组织持续产生行动，以主动变化，促进增长。

为此，可借助于"工作品质"与"品质价值"等概念以及"品质链·网"与U-Mi（"你—我管理创新单元"）等方略，一以贯之地去穿墙破洞，挖掘与集成包括CRM、PDM（产品数据管理）、LPM（精益生产管理）、ERP、MES、SCM、QMS等系统的"关键品质成功因素"或"关键品质驱动因素"的数据和信息——基于底层系统化的数据池，通过抽取、清洗、加载、转换与规则化，以构建统一的"品质数据语言"。同时，在集成迈克·波特智能化系统架构图的基础上，又细分为五个层面——人机交互层，应用管控层，平台协同层，数据仓储层以及基础设施基础层，制定有效的"数据运行安全体系"与"数据规则标准体系"，从而不仅使现有的业务数据化、在线化、智能化，而且更重要的是，要使数据业务化、价值化，为高管的智能化战略决策服务，为中基层人员的日常工作服务，为专业数据分析人员的研究与分析服务。

问题是，解决了数据来源的问题，并不能自动解决数据资源管理的核心诉求——"数据质量"问题。这是我们必须始终予以关注的事情。

美国专家托马斯·雷德曼先生（Thomas C. Readman）将目前的数据与信息状况总结为：数据无处不在，但不少数据都是质量不佳的，置之不理会使问题变得更为严重，查错和纠错成效不佳。

为了解决这个问题，雷德曼先生依据石川馨（Ishikawa）的提法（他把着眼于查错与纠错的技术称为"第一代技术"，把注重消除根本原因的技术称为"第二代技术"），提出了一个"**第二代数据质量体系**"，即"企业用于管理、控制和改进数据质量的所有努力的总和"。他认为，"高质量的数据是能够符合其在操作、决策、计划和战略中的预期作用的那些数据。"为此，他基于"数据生命周期模型"中的特征活动（定义数据模型，获取数据值，存储和处理数据，向使用者展示其所需内容），确定了"数据质量的要素"，包含数据模型的质量要素，数据值的质量要素，数据记录和展示方式的质量要素以及其他经常与数据相关的要素。同时，还为实施"数据质量体系"确定了管理的基础。

质与量的未来

第 4 章

人人担责：
责任回归，激发潜能

司机归位 →政策机制→ 尊重无价 →能力循环→ 价值魔盘 →释放潜能→ 自主经营

本章导读

任何方法、策略与规划，如果缺少了承担责任的主体，都将会难以付诸实践。因此，必须制定相应的政策和机制，遵循"员工满意度"的逻辑，激发人之内驱，培养其能力，并透过构建自主经营的工作方式，以释放压制之潜能，提升工作品质。

核心话题

为什么只有先让"司机归位"才有可能提升品质？为什么品质首先是"个人的事情"？员工到底需要什么？为什么"激励"总是失灵？人们为什么总是误解"人性化管理"？如何理解与应用"员工价值等式"？什么是"更适合工作的场所"？如何管理知识精英？如何激发草根的力量？如何转动"价值魔盘"？"自治型"组织如何实现？

我们在前面的章节详解了本书之"20 字诀"的逻辑关系：就欲成"百年老店"而言，如果说"价值引领"告知的是"为什么"，"随需应变"说的是"是什么"，那么，本章和下一章讲的则是"怎么做"；而其中，首先要解决的一个核心问题，就是"谁来做"。这不正是我们在前面详述的 What-how-by-who 之品质战略的逻辑与思维吗？

读者诸君，你是否还记得我多次提及的组织背负的那个"大十字架"吗？其解决方案正是我叫作"八字方针"的系统预防方略，即"人人担责（不留死角），环环相扣（不掉链子）"，简单有效。你可以在任何成功的事情上面都能看到其身影。

4.1 "司机归位"：提升个人工作品质

"开车理论"展开后，便可得"三论"，即司机论、副驾论和表盘论。

所谓**"司机论"**，就是要为每部车找一个所有者，明确责任主体，即使是一个暂时的使用者，也要在特定的时间内约定清楚责权利。进一步引申，就是为每一项工作和项目确定一个为其结果负责的责任人。

所谓**"副驾论"**，就是对赞助者的责任约定，强调的是领导者尤其是"一把手"的质量主责，而反对曾经流行的"代理人"理论，错误的授权方式，领导"缺位""越位"的状况以及不负责任的指手画脚、瞎指挥的做法。所以我常常对一些领导开玩笑说，如果你想挨骂，就坐在副驾上吧。

所谓"表盘论"，表面上说的是仪表盘上的数据，交通规则，司机开车的程序和要求，推演出来的则是质量工作的三类事宜——QC、QA、QM（质量管理）；而在组织管理方面的含义却是：目标与任务的确定，角色的划分以及资源的配置。具体讲，它实际上已经把从事质量工作的人员及其价值都重新做了规划。比如，QM 就是一个 O-A-E "三合一"的互动的整体：O 即 Owner，业务主体/第一责任人；A 即 QA，业务伙伴，负责业务流程的规划与执行管理、解决方案的集成、实践案例的总结；E 即 QE/QC，业务领域的技术专家，负责制定和维护质量工程的方法与管理机制，应用领域知识和国内外的先进案例开发业务流程质量管理的方法和工具，同时为 QA 提供能力支撑，为 Owner 提供质量工程能力和规范。

那么，如何应用"开车理论"提升工作品质呢？

1. 华为如何让"司机归位"

几年前笔者在马来西亚的首府，曾经与华为片联和质量部的领导一起对大马地区的高管进行培训、研讨和分享。这个地区覆盖面广，业务量大，条件好，且与深圳总部往来便利，没有时差，因此被选为试点。试点的主题非常明确，那就是"品质优先，先让司机归位"。

原本考虑到华为的低调，有些事情不愿声张，但抓品质本应是一件大书特书之事，故此，本书中所有写华为的章节，我都是以一位实践者的切身感受以及一位管理专家的理智观察的双重角度出发的。

大家虽然对华为耳熟能详，但还是需要简单介绍一下华为质量变革所确定的目标、方针和战略。

质量目标："让华为成为 ICT 行业高品质的代名词"。

质量方针："以质取胜"，包含五个要点：

第4章　人人担责：责任回归，激发潜能

- 时刻铭记质量是华为生存的基石，是客户选择华为的理由；
- 我们要把客户要求与期望准确传递到华为的整个价值链，共同构建质量；
- 我们尊重规则流程，一次把事情做对，我们发挥全球员工的潜能，持续改进；
- 我们与客户一起平衡机会与风险，快速响应客户需求，实现可持续发展；
- 华为承诺向客户提供高品质的产品、服务和解决方案，持续不断地让客户体验到我们致力于为每个客户创造的价值。

质量战略："质量优先"。包含七个方面的工作：

- 华为视质量为企业的生命。质量是我们的价值主张和品牌形象的基石，也是我们建立长期与重要客户关系和客户黏性的基石；
- 打造精品，反对低质低价。以最终用户的体验为中心，从系统、产品、部件、过程四个维度构建结果质量、过程质量和商业环境、口碑质量；
- 借鉴德国、日本质量经验，结合华为实际，建设尊重规则流程、持续改进的质量文化；
- 把客户要求与期望准确传递给全球合作伙伴并有效管理，与价值链共建高质量和可持续发展；
- 尊重专业，倡导工匠精神，打造各领域世界级的专家队伍；
- 人人追求工作质量，不制造、不流出、不接受不符合要求的工作输出；不捂盖子、不推诿、不弄虚作假，基于事实决策和解决问题；
- 落实管理者质量第一的责任，基于流程构建质量保证体系，建设能适应未来发展的大质量管理体系。

因此，试点单位要做的就是要把公司的目标、方针和战略进行层层分

解，以落实到日常的工作中去；同时，建立机制，融入流程，固化成效，以期通过每个人工作品质的提升，来印证和保证组织品质的提升，尤其是客户价值的提升。

为此，大马地区的质量变革试点就确定了"QMS 4＋2"策略，以支撑各代表处战略的达成，即四个业务领域的质量提升和两个支撑保证的能力建设。

第一，将质量作为核心竞争力纳入战略规划中去。只有将公司的质量方针和质量战略的要求纳入各业务领域的整体战略思考，在战略中制定本业务领域的质量工作目标和重点工作，才能基于运营机制加以有效地管理。

具体讲，围绕着对商业环境、客户声音以及公司战略等输入条件，在战略规划中制定组织的质量战略；接着，基于客户真正的声音，识别和设置组织各业务领域的质量目标，进行年度伙伴解码；然后，再基于代表处的运营机制，管理质量目标和重点工作，形成管理的闭环，以最终实现客户满意和财务健康两大核心目标。

第二，质量变革领导小组勾画出来大质量管理体系"QMS 4＋2"策略整体视图。包含最上层的"战略——在助力客户成功的基础之上，实现公司收入、利润和现金流的有效增长"，以及居于中央位置、与此上下互动且需要落实到位的四大主体业务支柱：

- 客户关系质量：组织客户关系建设，关键客户关系建设，普通客户关系建设，客户声音管理；
- 解决方案质量：技术解决方案，交付解决方案，融资解决方案，商业解决方案；
- 合同交易质量：合同生成，合同履约，风险管理；
- 交付与服务质量：供应管理，分包方管理，服务作业，项目管理。

处于底层且与上层互动的两种体系保障能力，即质量文化领导力（价值观）以及组织能力（思维模式）。

第三，明确了方向。客户满意度是质量从战略到执行的起点。客户满意度管理的目标，就是要使一线的组织建立起"以客户为中心"的核心价值观，通过规范的流程运作，使公司拉开与战略竞争对手的差距，提升竞争优势；在帮助客户实现商业成功的同时，赢得竞争，实现可持续的有效增长。为此，需要做好三个方面的工作：

- **管理客户期望**：对能够达成的客户需求，要建立良好的沟通，提升客户感知，不私自承诺；对于难以达成的客户需求，要通过积极恳谈等引导方式，共同制订双方能够接受的解决方案。
- **管理客户声音**：多角度、多渠道收集客户声音，坚持从客户的视角发现问题与解决问题；准确识别客户痛点，洞察客户真实需求，一致化建设双方的沟通机制，形成闭环管理。
- **管理自我改进**：强化应用 MCR（Manage Client Relationship，管理客户关系）、ITR（Issue To Resolution，问题到解决）流程，提升业务效率，降低运营风险，实现以客户为中心与自身效率、风险管理的平衡；改变目前"重售前、轻售后（交付、维护）"的状况，主动提升为客户服务的质量和水平，主动帮助客户发现问题、解决问题；合理安排资源，使公司战略与客户需求相匹配，实现客户满意与华为商业成功的均衡发展。

第四，确定了焦点或抓手。以"司机归位"确定业务所有者（Owner）的责任。华为在国家部和代表处层面要管理三个方面的人员，其一是业务主管；其二是业务伙伴，包括质量运营部、QA、QC；其三是公司机关及相关专家资源。

基于"开车理论"。他们将此三者做了清晰的责任划分，以便打通大动脉、激活微循环，所谓各就各位，各司其职。业务主管：是流程的主人,以及质量落地和业务优化的责任主体。业务伙伴/质量运营部(含QA、QC):是国家部 CEO 的质量运营业务伙伴,负责组织各代表处的质量变革的推行以及持续的运营。公司机关及相关专家资源:作为质量变革推行项目组及质量管理行业专家,是变革能力的专家资源,为区域质量变革的推行工作提供赋能和专业的指导。

第五,开展"质量无国界"的质量文化建设。聚焦司机归位/业务主管担责的主题,覆盖所有的中方员工和本地员工,落实流程责任制,以期实现四个转变:

- **理念的改变**:由习惯于事后修补、默认工作中存在的小问题,转变为第一次就把正确的事情做正确;
- **认知的改变**:由通过控制和保障手段提升产品的质量,转变为通过改变人的观念与意识来提升工作的品质;
- **角色的改变**:由从自身的角度孤立地思考工作本身,转变为基于工作的"质量链·网"来考虑自己的角色及其相互之间的关系;
- **行为的改变**:由基于"可接受的标准"制定做人做事的原则,转变为基于零缺陷工作哲学制定做人做事的原则,亦即客户化思维、系统预防、零缺陷的工作态度以及品质的价值衡量。

变革领导小组又基于大马地区国家部及代表处存在的实际问题,确定了两个需要改变的目标,即:由过去基于主观经验的判断,转为基于大数据的分析判断,以分析和解决问题;由过去基于关注点的改善,转为基于流程质量方法,以构建系统性解决问题的组织能力。

同时,还针对解决方案状况,提出了专项质量提升计划。目前的解决方案存在着三种亟待解决的问题,即:从跟随者到领导者,从倾听到提出解决方案,转型能力不足,组织的优势未能体现出来;不能及时和正确地理解客户真实的需求,资源消耗太多,产品上市周期(Time To Marketing,

TTM）较长；内部分工越来越细，配合灵活度降低，相互掣肘现象严重，参与的深度和广度日渐下降。

因此，提出了具体的提升举措——强调公司业务云以及市场到线索（Market To Lead，MTL）的应用、推演和预测，同时化整为零，聚焦双方营利性的改进，以及"一国一策"的落实，即：

- **给客户更多**：提供给客户更高的价值或更好的体验，实现客户的增长，增强市场竞争力和盈利能力；
- **给更多客户**：通过"三划"的有效匹配，帮助实现"敏捷运营"取得突围；
- **给更好的客户**：专题分析价值客户的情况，围绕共同的DNA提供增值的服务和产品，实现双赢。

为此，他们一手抓机制建设，比如质量回溯、激励和处罚等，一手抓活动的展开，比如全员质量大会、质量文化宣传、质量论坛、质量知识竞赛、质量影片等。

2. "品质是个人的事"

之前，我们曾聚焦于一个品质的成败因素：品质与我有什么关系？换言之，成者，皆与个人利益相关，败者，皆与之无涉。故此，在组织中便特别强调政策与机制的作用——"人的影响力""品质的责任主体"，一直都是克劳士比和零缺陷故事中的主角。

如今，新生代职场之大变局——无论其走向、流动趋势，抑或工作诉求与价值预期，都已使得民营企业（国企乃至事业单位亦出现同样的问题）陷入招人难和留人难的窘境。

芝加哥大学统计与质量管理学教授哈里·罗伯茨（Harry Roberts）和AT&T中央区副总裁伯尼·塞格斯凯特（Bernie Sergesketter）早在1993年

就在《品质是个人的事》(Quality is Personal)中指出,品质是个人的事,它基于人们的行动;如果没有组织中所有人"在个人层次上"对品质原则的理解和实践,TQM 就不可能存在。所以,个人的工作与生活的品质才是 TQM 的基础。

大名鼎鼎的前摩托罗拉董事长兼 CEO 鲍勃·高尔文(Bob Galvin)说:"我们以前都认为质量控制是管理公司的基础,因此质量是公司的事,是部门的事,是组织的事。但是,现在**新的真理**(New Truths),确实显著不同——**质量是极为个人的义务**(Quality is a Very Personal Obligation)。如果你不能以**第一人称**去谈质量,你就不可能提高质量的参与水平,这绝对是基本的东西,因此,它是非常有用的事。你必须要相信一个真理:质量是极为个人的责任。"

因此,罗伯茨和伯尼的意图就是要阐述高尔文的"新的真理"并提供一个有用的工具"Personal Quality Checklist"(**个人品质检查表**,PQC)。在他们看来,任何组织中成功实施品质计划的一个关键点,就是个人品质。因为个人不可能代表品质的概念,而领导力的一个最基本的信条,就是你不可能要求任何人去做他们自己不愿意去做的事情。你会发现,通过一种引领和展示的方式,比通过绘制地图并告诉人们要去的地方会更快地取得进展。所以,组织在实施 TQM 时,不仅要通过"个人品质检查表"把 TQM 的概念、原则和工具应用到自己的工作和生活中,以提升自己的"有品质的行为"(品行),而且通过将个人品质与组织的 TQM 的连接,帮助组织获得预期的成果。

曾经获得"克劳士比奖章"的詹姆斯·埃文斯(James R. Evans)和威廉·林赛(William M. Lindsay)两位教授,长期担任美国国家质量奖的评委,他们在其合著的《质量管理与质量控制》一书中,专门在"质量与个人价值观"这一章介绍罗伯茨和伯尼首创的"个人品质"概念。他们同样认为:质量如果不能内化到个人层次上,就不可能根植于组织的文化中。因此，质量必须开始于个人层次——从我做起！

这也正是我多次提到"眼睛向内，自我提升"的原因。因为"我"作为一个组织实施质量管理的基础，其言行便可清晰地反映出**个人的价值观和态度**。将品质作为个人价值观的员工，为了实现一个难度更大的目标或为顾客提供更出色的服务，往往会超越对自己的要求和期望。

为此，罗伯茨和伯尼推荐使用"个人品质检查表"（PQC）——应对工作和日常生活长期困扰的一种简单而有效的方法，以系统地检查、记录、评估与改进个人的工作品质。

罗伯茨和伯尼创建了 PQC 的方法来跟踪个人工作过程中的不足或"缺陷"，他们认为："缺陷"这个词对于某些人而言有些负面的含义，他们更愿意追踪我们正确做事的时间，而不是追踪我们做错事的时间。幸运的是，我们大部分人做对的时间远远多于做错的时间，因而在实践中计算缺陷数就更容易。再者，我们可以因避免缺陷而获得满意——见证事故预防计划就是计算无事故的天数。如果不计算缺陷，就无法减少流程中的缺陷数量；如果不测算周期时间，就无法减少周期时间。

伯尼开发了一份初始检查表，作为提高个人素质的简单方法，其清单中列出了工作和个人缺陷的种类，包括：准时开会，在两次或更少的铃声内应答电话，当天或次日回电话，在五个工作日内回复信件，清洁办公桌，鞋子总是闪亮的，衣服总是被熨烫过的，体重保持在 190 磅以下，每周至少锻炼三次等。然后以此为起点，为表中的每一个条目设定一个期望的结果、一套测量各种缺陷的方法以及一套时间进度表。接着，便开始按时测量，收集数据，统计"缺陷"数量。

伯尼把头 18 个月中运用 PQC 观测到的缺陷描绘在了一张趋势图上，许多结果令他吃惊。随后，他将这份清单分享给了 AT&T 的同事，并请他们帮助他避免缺陷。他还鼓励同事们就自己所做的工作和对自己最重要的事情也列出自己的清单。他说："我鼓励大家去数缺陷。如果不这么做，就不可能减少缺陷；我不去数缺陷，也就不能要求我的同事去数缺陷。我非常确信，如果中央区域的几千人都开始数缺陷，我们就能减少缺陷，这样我们将与竞争对手截然不同。"

只有当减少缺陷导致工作绩效的提高时，减少缺陷才有价值。伯尼在同大家的谈话中，提出了具有挑战性的目标："我希望你至少列出5个对你来说很重要的领域——5件有助于你满足个人和业务需求的事情，并统计其'缺陷'。你的目标是每年改进68%。怎么样？"

18个月之后，AT&T的中央区域发生了几件有趣的事情：

- 许多员工现在都有自己定制的PQC。例如，黛安·申克的缺陷列表：准时开会，24小时内回复所有来电和电传，在24小时内完成装篮，24小时内提供及时反馈，在5个工作日内回答所有问题，坐火车上班，不开车，每天听音乐15分钟，不吃巧克力，在两次铃声内接听电话；
- 员工喜欢谈论他们的PQC，并相互帮助，避免缺陷；
- 会议准时举行，准时结束，而且更有条理；
- 越来越多的人发现，个人工作品质犹如一把钥匙，有助于开启对于质量概念的更广泛的理解之门；
- 伯尼估计这个简单的方法每天可以为他"多赚"一个小时。这对于那些认为全面质量管理是一件好事，但却挤不出时间去领导质量活动的高级管理人员来说，应该是一个好建议。

不过，更加有益的事是，伯尼的努力居然让我们看到AT&T"快乐品质"案例的一些有趣的"幕后"工作。同时，也让我们对两位作者流露出的"不满"感同身受：个人工作品质是提升工作场所质量的基本要素，然而很久以来，大多数的公司都忽略了这一点；或许管理层认为推动质量活动只是公司与员工之间的事情，而不是他们与员工之间的事情。

3. 提升工作品质的关键

说到海底捞，人们往往会想到其"个性化服务"。看过《海底捞，你学不会》这本书的人，又会想到海底捞是如何关心员工的生活，包括请阿姨为他们打扫宿舍、洗衣做饭等，从而比较有效地解决了餐饮业存在的痛点——员工流失率大、服务跟不上等，激发了员工的积极性，形成了自己的特色。

每次去海底捞就餐的时候，无论是北京、西安、深圳还是广州，你都会发现人们在排长队，而且似乎还很享受这个排队等待的过程。作为专业的管理人士，我一直想探究其背后的原因，不放过任何同员工"闲聊"的机会，询问他们真实的想法，同时也注意观察他们的表情，看看他们是发自内心的还是按规定去做的。而结果，我似乎从伴着音乐跳拉面舞的小伙子们身上找到了答案：他们大部分都在开心地跳，虽然有的人有些腼腆，但基本上很"享受"自己的工作。

海底捞的创始人张勇认为海底捞的管理核心就是八个字："**连住利益，锁住管理**"。"连住利益"是指高度统一员工与公司的利益，使员工具有主人翁意识；"锁住管理"则是控制系统性风险，为海底捞长远发展保驾护航。

利益机制连住了负责任的员工。海底捞为员工设置了公平、清晰的晋升通道，并且实行计件工资制度，让员工的个人薪酬与劳动数量、质量直接挂钩，调动其积极性；而"师徒制"更是海底捞"裂变式"发展的利器。店长可以培养徒弟，在徒弟通过考核具备店长资格后，这名店长除了在其管理的门店享有业绩提成外，还可以享有其徒弟、徒孙管理的门店的业绩提成。在这个体系下，店长的个人收入就与他的徒弟、徒孙的表现进行挂钩，师傅与徒弟、徒孙的利益高度统一。

海底捞还推行了"抱团组织"的机制，要求地域相近的若干门店形成一个"抱团组织"（又称家族）。这些抱团组织通常由 5~18 家门店组成（以具有师徒关系的门店为主），并由有能力的店长（通常是组织内其他门店的师傅）担任"组长"。抱团组织内的门店分布于同一地区，可共享信息、资源，具有共同解决当地问题的能力，有效实现一定程度的自我管理，提高当地管理的透明度和效率。

风险控制系统链条锁住的是客户的安心。公司总部给予了门店店长较大的自主经营权，如门店员工聘用、解约、晋升等，但由总部统一控制系统性风险，为门店提供核心资源和可选服务，实现"锁住管理"，包括：门店考核及食品安全风险管理——总部每季度对门店进行考核，仅以顾客满意度和员工努力程度作为指标，不考核门店经营或财务指标；将考核结果分为 A、B、C 三个等级，一旦被评为 C，店长下季度不允许开新店，而一旦存在食品安全事故，门店直接评为 C 级。

控制核心管理职能——总部有效控制门店管理的核心环节，包括拓展策略、食品安全、信息技术及供应链管理等，以保障标准化、规模化增长。

总部有教练团队，会根据门店的需求对其进行指导与扶持，包括拓展商业判断、菜单置顶、装修设计等各个方面，以确保门店质量的一致性。总部允许门店自主选择教练团队，而总部教练的薪酬则与整体利润的增长量挂钩，从而保证教练给予门店充分的指导与支持。

《哈佛商业评论》在"高情商组织"（The Emotional Organization）这个专题中采访了海底捞董事长张勇。在他们看来海底捞也属于该类组织。因为许多领导人只关注员工的思考和行为方式，却忽视了他们的情感。事实上每个组织都有"情感文化"，即使该文化令人压抑。但如果正面情感过于强势，也可能产生预期之外的负面效果。专家研究表明，无论好坏，情感都影响到员工的忠诚度、创造力、决策力、工作品质和继续为工作公司效力的意愿，而你可以在公司的利润上看到情感的实际影响。但张勇的回答却有所不同，他的回答也能体现出中国企业和美国企业所处的经营环境与情景的异同。

情感固然重要，但**机制才是核心**。张勇说："如果企业做不上去，不是不努力，一定是机制、流程或者考核指标出了问题。"

4.2 尊重何价：构建"员工能力环"

克劳士比先生在学院成立之初，就埋下了一颗成功的种子——"尊重"（RESPECT），也就成为学院的核心价值观之一。克劳士比先生还定义了其基本的含义，并带头按此遵守。日后又逐渐地推广到了合作的客户那里，以作为一切成功关系的基础。

"尊重"（RESPECT）：

- 切记：（Remember）每个人都有自己的内心情感，即使是处于组织底层的员工；
- 期望：（Expect）期待杰出的表现，让每个人都清楚你觉得他们都很优秀；
- 开始：（Start）以友好的问候开始每一天；
- 计划：（Plan）计划每一个过程以确保成功；
- 教育：（Education）持续地教育每一个人，包括执行官在内；
- 改正：（Correct）改正错误的问题而不是责备；
- 信任度：（Trustfullness）人们往往用信任衡量尊重的程度。

其核心，实际上就是在回答一个问题：员工到底需要什么？

1. 员工到底需要什么

与戈尔公司（W. L. Gore & Associates）一样，我们学院的同事都叫伙伴，不叫员工，不过与戈尔夫妇不同的是，克劳士比做得更加彻底，直接取消了名称中的"&/和"，而叫作：Philip Crosby Associates（克劳士比学院），这本身就体现出一种平等和尊重。后来许多的企业也都纷纷效仿。

当然，以此为基础，克劳士比先生便在学院里推行了诸多的计划，譬如，明星教师/顾问师计划、灯塔奖计划、股权激励计划、培养百万富翁计划、救助与慈善计划等。品质即满足要求，这是克劳士比先生的基本定义，因此，他当然知道如何去识别与满足客户、员工和供应商的需求。而且众所周知，他的"完整性原则"是把满足员工和供应商的需求置于客户需求之前的。按照他的逻辑，只有满意的员工和满意的供应商才有可能持续地让客户满意，而不是反过来。

曾经在比亚迪的一次高管培训上，有人就提出了"仓廪实"的观点，也有人提出马斯洛的需求层次理论，还有人提了其他的管理激励理论。大家争论得非常激烈，最后就形成了两种相互对立的观点，即员工到底是需要钱，还是需要尊重。

有一位平时以所谓"直率"和"真实"自称的人，说话声音比较大，笑着说："你只要给够了钱，什么尊重和意义，这些虚头巴脑的东西我统统不要。你让我干什么我都去干。"有人为他鼓掌，更多的是附和的笑声。我正要说话，一位女性要求发言，并特意站了出来，走到大家面前，说想分享一下自己的经历。她说，十几年前她跟各位的想法一样，从外地来深圳打工，就是为了赚钱，想要过上好的生活。她非常勤奋努力地工作。后来有了钱，买了房子、买了车，结了婚，有了孩子，也有了事业，可以说什么都不缺了。但是，她开始经常生病，尤其是心理状态不佳，非常孤独和痛苦。她为此还专门去看了心理医生。最后她明白了，那是因为她迷失了自我，找不到生活的意义，更没有找到生命的意义。从此以后，她不仅努力从工作和生活中去寻找生命的意义，还帮助她的朋友们和同事们发现人生的价值。如今，她对物质方面的需求越来越淡泊，而把更多的精力用在精神追求上，比如读书学习，帮助他人，在工作中发挥创造力，这都让她觉得生活很有意义，内心非常快乐。

在这位女士发言的过程中，大家都静静地听着，其间她说到动情处眼含泪水，下面更是一片沉寂。最后，当她结束发言的时候，大家报以热烈的掌声。虽然这次关于员工需要什么形式的讨论并未形成一致的答案，但是我相信，这位女性的现身说法，将会在每个人的心里留下深刻的印记。

无独有偶。英国的肯耐珂萨高绩效研究中心在2012年曾经就此问题进行过全球调研，即使他们戴着有色眼镜来做中国的调研，但得出的结论依然发人深省。显而易见，在他们看来员工需要的就是尊重，由此展开"需要"的各项关键因素，并进行了全球员工与中国员工的对比：

- Recognize/认可：全球20%，中国19%；
- Exciting work/令人振奋的工作：全球7%，中国6%；
- Security/安全：全球18%，中国17%；
- Pay/薪酬：全球25%，中国31%；
- Education & Career Growth/教育与职业发展：全球9%，中国9%；
- Circumstance/环境：全球11%，中国12%；
- Truth/真相：全球10%，中国7%。

是不是感到有些惊讶？许多管理者看到上述对比数据之后，往往会对"员工需要"的问题有了新的认知和思考。

1）当员工感受到尊重意味着什么

乔治敦大学的克里斯汀·波拉斯曾经对全球近2万名员工做过一个调查。当员工被问及最在乎什么时，他们最常见的答案就是：得到上级的尊重。而现实的情况却是，那些受到尊重的人——通常是担任管理或其他高级职务的人们对此并不以为然，甚至于觉得员工太"矫情"。波拉斯的结论是，那是因为领导者对工作场合的尊重理解"不够全面"，或者可能

"根本意识不到"这个问题。但这个问题,却在职场中是实实在在存在的。当员工加入一个组织,通常希望通过职业成长完善自己,逐渐在组织中获得认同,在此过程中,尊重构建了重要的反馈机制,起到了催化剂的作用。马凯特大学的助理教授克里斯蒂·罗杰斯的研究表明,在工作中感到受尊重,可以帮助员工从"这令我感到奇怪",到相信"可能这真的是我"的认知转变;认为自己受到尊重的员工对自己的工作更满意,对公司心怀感激,更忠诚,反之,遭到不敬对待的员工中,有80%的人花费大量的工作时间反复思索这种不良行为,有48%的人故意减少付出的努力。此外,不敬对待还会在同事间蔓延,甚至影响到顾客身上。

为此,罗杰斯花了15个月的时间,在一所美国州立监狱从事研究女囚的特殊工作的项目,并将研究成果发表在《哈佛商业评论》上,标题也是一目了然:"你的员工感受到尊重了吗?"罗杰斯的研究表明,对员工存在两种截然不同的尊重:**应得到的尊重和赢得的尊重**。前者是团队或组织中所有的成员都需要的无差别的共同诉求,可表现为彬彬有礼以及承认团队中所有成员的价值的良好氛围;与此相反的氛围,则意味着过分的监督与过度的管理,无理行为以及滥用权力,以及员工可以相互替换的紧张气氛。而后者,可以满足优秀员工被认可的需求,区分出表现可圈可点的员工,并肯定每个员工都有独特的长处和才干;反之,如果窃取别人的胜利成果,或者忽视员工取得的成绩等现象,就说明组织中缺乏"赢得的尊重"的氛围。

Televerde是一家以技术为中心的B2B营销公司,员工主要是女囚。她们的工作就是代表公司的客户打电话联络企业,帮助客户销售团队进行预约。这些女囚们经过数月或数年的铁窗生涯,已经被定性为危险的和邪恶的人,自我价值普遍被贬损。但从到岗的第一天,Televerde就向她们传达这样的信息:你们是值得被尊重的,你们有机会成为商业世界的成功一员。为此,公司的新人被称为Televerdian,欢迎词是:进了这扇门,你就是同事，而不是囚犯。而称呼也被改为"某某女士"。有工资报酬，也有清洁和景观美化的工作环境。公司还为她们描绘了许多职业发展的前景，有专门的培训课程，职业图书俱乐部和刑满释放前一年为期6个月的系列讲习班；还可以申请公司的高等教育奖金，对于做出好成绩的还有相关的奖励。同时告知：被释放后她们有机会回到这里上班——事实上之前有约25%的人都做到了。

工作场所中的物品也在提醒员工她们的价值，比如说，来自客户公司明星CEO感谢员工出色工作的签名海报；工作场所的设计也尽量减少人们相互之间地位的差异。某员工说，在这里你被当作成年人，你将得到应有的尊重，人们认可你是有价值的、被需要的人。

由于监狱规定所限，女囚们无法获得加薪、奖金或晋级。但公司取而代之的，是从招聘流程开始就帮助她们在培训中一次次地通过考试，而每一次小的胜利都为员工和经理提供了正式承认新员工成绩的机会。新员工还经常与企业员工或囚犯员工培训师参加一对一反馈会议。公司还在内部公开宣传员工的成绩，每当一位员工搞定一个销售机会时，就会敲钟，所有的人同时起立为她鼓掌。对于优秀的表现，经理和培训师还会颁发荣誉证书予以嘉奖。一位员工说，因为被尊重，我们有了自信，当然就会带来更多的成功。

罗杰斯说，据他观察，Televerde的员工逐渐不再把自己视为囚犯，而是职场中人。一位员工自豪地说，每天来这里工作时，就不会觉得自己在坐牢，也不会觉得自己穿着橙色囚服，我认为自己是一个受过教育、聪明的职场人，每天都以"财富500强"和"1000强"公司的副总裁、CIO与董事进行有意义的深刻对话。这就是我。

近10年来，女囚们帮助公司年复合增长率达到8.5%，在美国、英国、阿根廷和澳大利亚共设了9个呼叫中心，员工人数达到650人，其中425人是囚犯。最可观的是，囚犯员工中再返率比全国水平低80%。

2）为什么"激励"总是失灵

我发现，各类组织中的管理者常常都有一种误解，那就是在谈政策时，他脑子中想到的是激励政策，谈机制时，想到的是激励机制，甚至在谈尊重时，也会想到激励。缘由何在？也许是太缺少激励政策了。或者是现有的激励机制并不灵验，或者是在管理者心中总有那么一个假设，即认为员工天生好吃懒做，没有激励，就没有干劲，就好比汽车无油不跑，马无夜草不肥。这些听上去挺有道理的。然而管理者们却忽略了一个要点，其实他们自己更需要激励。

汤姆·彼得斯先生曾经在给美国企业开管理药方时说过，美国人有"轻视一线员工作用"的传统，基本上就是把他们当作干活的"机械工具"，是整个工厂机器运作的一个部分，因此分工越来越细。

为了不让他们变得消极，你应该用什么方法管理团队呢？丹尼尔·平克（Daniel H. Pink）这位被评为全球 50 位最具影响力的商业思想家开始了他的探究。他认为，按照美国工商界流行的传统的激励方式——"**如果一那么**"（If-then）型的奖励方式，对于"简单机械性的推算型工作"还是很有效的，但对于现代经济赖以为生的"需要创造力和概念思维能力的复杂工作"来说，就不会有什么效果了。因为"人类的天性决定了他们会寻求对自己命运的掌握权，希望自己引导自己"，需要把自己的驱动力系统升级到 21 世纪的新系统，新系统的核心不是胡萝卜加大棒，而是"驱动力 3.0"（Motivation 3.0）。驱动力有三大要素：自主、专精和目的。因此他在《驱动力》一书中，提出了"驱动力 3.0 时代"的概念。

驱动力 1.0，假设人类是生物体，挣扎求生。弗雷德里克·泰勒说："工作基本上是简单，但不怎么有趣的任务。让人们工作的唯一方法是适当激励，严格监督。"胡萝卜加大棒这种外部的激励方式，对于从事重复性机械劳动且被假设为"经济人"来说一直都是有效的。

驱动力 2.0，假设人类同样会对环境中的奖励与惩罚做出回应。但是，由于人们的工作变得越来越有趣，而驱动力2.0系统依然建立在"工作本来就没意思"以及"人们为钱而工作"的信念上；这种奖励要求人们放弃一部分自主权，扼杀了创造性，无意中变成了"奖励的惩罚"。因为如果完成任务需要的是"思维技巧"和创造力——哪怕是最基本的探索性工作，那么奖励越多成绩就会越差。

驱动力3.0，假设人类同样有第三种驱动力——去学习、去创造、去让世界更美好的动力。"我们并非天生被动顺从，我们知道人生中最富足的体验不是得到别人的认可，而是能够倾听自己的声音：做重要的事情，做好它，为了达成自己的事业而奋斗。"因此，第三种驱动力，"是我们想要主导我们的生活、提升我们的能力、让生活更有意义的深层欲望"，也是我们表现出极高的专业水平和工作品质的秘密所在。

我本人也一直主张"内在的"驱动力，用我的话说，是"在人们心里装上一个发动机"，或者是"把火车团队改造成动车团队"。而丹尼尔的"驱动力3.0"概念，则进行了生动而有深度的理论阐述。

3)"胡萝卜原则"

有趣的是，我曾经在华盛顿特区参加过一次全美培训大会，在会上见到了一位畅销书作家艾德里安·高斯蒂克（Adrian Gostick），他送我一本他的成名作，书名很有意思，去掉了大棒，直接叫作《胡萝卜原则》（*The Carrot Principle*）。

艾德里安和他的合著者切斯特引用Health Stream研究机构基于20万名员工的调查成果，用敬业度和满意度两个维度把员工分为四种类型并相应进行分析。该分析表明：超过一半的员工士气低落，对工作环境不满，或对品牌形象有明显的威胁，或对公司的未来持悲观的态度，具有高流失的风险；即使流失率较低，也常处于"混日子"与空耗组织资源的状态。

那么该如何破解？作者提出了"胡萝卜原则"——赞赏的原则。他们认为，真正有效管理的核心特征，所有优秀企业中反复展现出的要素，是管理者所具备的一种可以赞赏员工才能、有贡献的能力。研究表明，如果做到有效赞赏，管理者就能够实现更低的员工流失率，更高的经营业绩，并在领导力上表现得更加强劲。然而同样让人沮丧的是，全球范围内竟然有高达74%的领导者仍然不去赞赏员工。所以，在艰难时期创建"胡萝卜文化"，应用胡萝卜原则进行管理，是留住最佳员工，调动所有员工积极性的简单易行却又有力的方法。

有趣的是，作者似乎对于我提出的"文化土壤论"也是积极首肯的，基于播种与收获胡萝卜的过程，提出了领导力四要素，并将"赞赏"作为加速器，去强力推进组织中"胡萝卜文化"的建设。

- 播种：设定目标；
- 栽培：坦诚沟通；
- 施肥：建立信任；
- 除草：负有责任。

还是回到丹尼尔的建议吧。他认为，要着重建设一个分配公平，能激励人们自主、专精、增加人们目的感的健康环境，永远不要使用"如果—那么"型奖励，考虑使用人们预料不到的**"既然—那么"**型非条件性奖励。记住，要想让这些奖励变得有用，必须要提供奖励和反馈，而不是人们看得见摸得着的可以使用的东西；要提供有用的信息，而不是试图去控制人们。

2. 何为"人性化管理"

在本书中从头到尾都贯穿着一条清晰的红线，那就是：**品质即人**，品质的主体是人，管理的核心也在人；只有以人为目的而非手段，激发其潜能，发挥其影响力，方可创造预期的价值。为此，我们分别从政策与机制、系统与流程、能力以及文化四个的层面做了详细的阐述。你会发现，我是推崇哈默先生关于未来管理的理念与原则的，也在持续地关注他所推动的"人类运动"。遗憾的是，这些深刻而隽永的主题，往往被人们表面化地视为"人性化管理"。是的，它确实有"人性"的内涵，但并非所说得那么简单。

我对"人性化管理"有自己的思考。所谓人性化管理，**本质上就是管理人性**。通俗地说，它有两个方面的含义：

第一，即人性是**趋利避害的**。因此，必须晓之以理，动之以情，以驱动每个人都去努力创造价值，实现自我。

第二，即基于人性向**善**的力量。每个成年人，都有成就事业、达成预期的意愿。因此，需要组织及其领导者指明方向，设定目标，然后创造氛围，确定机制，让大家自主管理，自我担责，从而历练成为一位有价值的和可信赖的人。

为此，就要消除几个误解，即误认为人性化管理不能惩罚，而要更多的奖励（实乃溺爱与纵容）；误认为不要管理，而要更多的自由（实乃放任自流）；误认为不要层级，而要更多的平等（实乃自生自灭）。

张维迎教授指出，企业家要赚钱，就要对人性有非常透彻的理解。对人性的理解比搞市场调研要重要很多。举一个典型的例子，乔布斯不搞市场调研，但是他的产品一出来就有很多人买，因为他知道什么是人类最喜欢的，最能满足人类需要的。同时人性也有很多弱点，真正的企业家不应该利用人性的弱点赚钱。另外，企业家利用政府创造的特权赚钱也是不道德的，这是在掠夺别人的财富。

任正非先生曾经说过："我抓住了人性的五个欲望。"是欲望的激发和控制，构成了一部华为的发展史，构成了人类任何组织的管理史。一家企业管理的成与败、好与坏，其背后所展示的逻辑，都是人性的逻辑、欲望的逻辑。从心理学的角度分析，知识型劳动者的欲望可以被分为五个层面：物质的饥饿感、安全感、成长的愿望与野心、成就感以及使命主义。做老板的人，一定要把最基本的东西想明白。第一，财富这个东西越散越多；第二，权力、名声都是你的追随者赋予你的，假使哪一天你的追随者抛弃你，你的权力，你的成就感，你的聚光灯下的那些形象，乃至财富，都会烟消云散，甚至灰飞烟灭。

我们不妨再来看几个实例，随手翻阅几家公司的"员工手册"，看看他们对"人性化管理"是怎么想的、怎么做的。

先看从传统的制造企业演化而来的**塞姆克公司**。他们的"员工手册"体现出了一种特立独行的文化特质。比如：

- 交往：公司及员工必须努力开诚布公地公开交往，你必须完全信赖你的同事，当你心存疑虑时，就要对交往中的透明性提出要求。
- 不拘礼节：在工作日结束时举办一次生日聚会，即使没有接到邀请也可以硬闯进一些会议室里去或彼此以绰号相称，这都是我们公司文化的一部分。别那么腼腆，死守着规矩不放。
- 休假：公司不是那种相信有人不可替代的。你们都应该享受每年30天的休假时间，这对你们的健康和公司的繁荣都有好处。没有任何借口好到足以使你把假期攒到以后再休。
- 自豪感：只有当你有自豪感时，你才值得在一个地方工作下去。为此，你要保证你所有工作的品质，不要让达不到最高标准的产品出厂，不要写任何一份不诚实的信件或备忘录，不要降低你的尊严。

再看看网上火爆的**奈飞**(Netflix)公司的"员工手册"——最初是创始人写的一套PPT，然后发展成为"奈飞文化集"(Netflix Culture Deck)，也就形成了奈飞文化的准则。比如：

- 只雇用、奖励和容忍完全成熟的成年人：让员工加入到让他信任和钦佩的同事团队中；打造尽可能简洁的工作流程和强大的纪律文化，不要让规章和制度限制了高绩效者。
- 按照员工带来的价值付薪：薪酬与年度绩效评估流程无关，只与员工的绩效相关；资历相当的应聘者应该获得同样的薪酬，跟他们之前的薪酬、他们的性别都无关，建立薪酬透明制度，让大家对薪酬有更好的判断。
- 离开时好好说再见：如果员工的表现不够好，及时告诉他们要么纠正过来，要么去一家新公司。不要把与工作不再匹配的员工归结为失败者，不要给员工无法实现的承诺，这只会让他们感觉自己被背叛了；积极地帮助离职员工找到新的好机会。

最后一定要看"硅谷血统"的**特斯拉公司**的"员工手册"，名字就与众不同，叫作《不是手册的手册》（*The Anti-Handbook Handbook*），内容自然也会令人称赞。我们只需读开篇之"一斑"，把"窥全豹"的工作留给读者自己吧。

我们是特斯拉。我们正在改变世界。我们愿意重新思考一切。

我们是一家与众不同的高科技公司。我们也是一家与众不同的汽车公司。

我们是特别的，而我们喜欢这样特别的方式。与众不同让我们可以做别人没法尝试的事；做别人告诉我们"不可能的事"。

如果你在找一本传统的"员工手册"，里面都是政策和规则，那你在这里是找不到的。政策和规则会告诉你底线在哪里——它们告诉你，在你被扫地出门之前，你的行为有多糟糕。但这并不是我们的"员工手册"要做的事。

我们偏爱做的事，是设定难以置信的高标准，并雇佣那些喜欢每天都驱动自己达到最高水准的人才。我们希望周围的同仁都能做正确的事，即使无人注意，也能正直行事。

这说的是你吗？如果是，我们很高兴你与我们一起，共同完成令人赞叹的事业。如果不是，我们相信你在其他地方工作会更成功。我们并非有意苛求，但这就是事实。

读者诸君，现在你需要做的，只是对照一下自己公司的"员工手册"，好好思索一番。

3."员工满意度"的逻辑

我们在前文一再谈到员工满意度和敬业度，其重要性可想而知。但我所知道的企业里面，每年像对待客户满意度那样去提高员工满意度，并进行有效管理的企业并不多见。许多企业还仅仅把它当作一个概念。

而我则更多地告诉他们，实际上在它的背后存在着一种逻辑。哈佛商学院的三位教授詹姆斯·赫斯克特、厄尔·萨赛、伦纳德·施莱辛格共同出版了《服务利润链》一书。在他们提出的"服务利润链"（The Service Profit Chain）模型里，"员工满意度"是连接"客户满意度"的关键逻辑节点：它通过"员工保留率"和"员工生产率"直接影响所提供的"外部服务价值"的高低，进而直接影响"客户满意度"的高低，以及"客户忠诚度"的高低，并最终由"客户忠诚度"直接影响企业"收入增长"和"盈利能力"的高低。这时，我们关注的焦点就是：决定"员工满意度"高低的关键节点是什么？答案是"内部服务质量"。问题是，何为"内部服务质量"？

我们把眼光转移到IBM公司瑞雷中央研究院。作为美国国家质量奖的获奖机构，是需要把他们总结的最佳品质实践分享给全社会的，而在他们的实践分享中，其背后的逻辑架构却让人们耳目一新。如果与"服务利润链"相比较的话，IBM的逻辑链中的核心节点同样是："员工满意度"直接连接"客户满意度"，"客户满意度"直接连接"市场份额"。但什么影响了"员工满意度"呢？也就是我们上面所问的：何为"内部服务质量"？IBM的答案是：是"工作满意度""经理满意度"与"技能满意度"共同作用的结果；而且"经理满意度"与"技能满意度"共同作用于"工作满意度"——你不妨动手画一下。

4. 构建"员工能力环"

如果承前启后做一个小结的话，则是：尊重是前提，机制是保障，"员工第一"是倡导，员工满意和敬业是表现，价值创造和分享才是结果；而要做到这些，真正让"司机归位"，提升个人的工作品质，体现出尊重的价值，就必须要投资于人、赋能于人，打造员工的能力平台。

对于这一点，并非每个行业的领导者都能够认清。哈默先生曾经在《管理的未来》中指出，当年美国汽车公司在与日本汽车公司进行正面竞争的时候，他们依然靠着美式的管理方式——重视职能专家对质量和效益的改善建议，而轻视一线员工的智慧；即使后来也不断学习和引进日本公司的一些做法，比如丰田的 QCC、JIT（准时制）和提案制等，但花了近 20 年才弄懂丰田公司的精髓所在，以及这些做法的真正意图。那就是"提升员工的能力，提高领导的责任心"。与美国公司相反，丰田公司没有把一线的员工当作无足轻重之辈，而是向他们提供足够的工具和培训，让他们能有效地解决问题，把他们培养成为**创新者与变革家**。

关于能力的培养与获得，可分为两个层面，即个人的能力培养与组织的能力获得。前者指的是员工个人在组织的帮助下基于自身现有的知识结构、职业特点以及未来的发展来构建自己的"**能力环**"（Ability Cycle）；而后者，则指作为组织该如何帮助员工去打造其个人的"能力环"。这其中，又分为常规的组织基于 HR 的员工能力的培养，以及智能化组织对员工的工作赋能——比如，像谷歌那样为员工提供工作所需的一切数据、工具、网络协同和共享资源。虽然，目前大部分企业还都处在第一种情况，但是已经有越来越多的企业开始把两种情况结合在一起，共同打造员工的"能力环"。这正是我们想看到的。

提醒大家两点：一是，正如我们把企业的经营管理分为"基于量的"和"基于质的"两类，我们也可相应地把 HR 管理做同样的划分，以示区别；二是，一定不要忘掉"从量向质转型升级"的大趋势。正如丹尼尔·平克所说的：20世纪是"左脑能力"支撑的时代，21世纪最重要的是"右脑能力"，即艺术创作能力、共情能力、发明创造能力以及全局思维能力。"这个时代不是需要更好的管理，而是需要**自我管理的复兴**。"

所以，这时我们再来看詹姆斯·赫斯克特等三位教授在《服务利润链》里对于"内部服务质量"给出的解释，读者诸君也就知道我的良苦用心了。教授们的答案是：以员工为核心，打造一个"能力环"。为此需要开展一系列的工作，包括：工作场所的设计，工作决策的权限，员工的选拔和能力的开发，奖励和表彰，信息和交流，为客户提供服务的充分的"手段"。他们认为，"如果要向客户提供结果，他们知道也必须为员工创造结果，他们的管理目的包括两者。这就要求更加重视评价和奖励为顾客和员工实现的结果（产出），而不是努力（投入）。"

詹姆斯·赫斯克特等教授根据研究的成果，认为"能力"是由五个部分组成的：

- 员工为客户提供服务结果所需要的权限；
- 清楚地表明一线员工可以自主行动的范围；
- 为了完成工作所需要的出色培训；
- 精心设计的辅助系统，比如服务设施和信息系统；
- 因员工出色地完成工作而进行表扬和奖励。工作是否出色，至少要部分地根据客户满意度水平来确定。

基于此，再结合诸多企业的最佳实践，詹姆斯·赫斯克特等人把所有要素组合在一起形成了一个"能力环"，以代表他们的观点，即"为了让一线员工完成工作，应当给予他们尽可能多的权限，并且相应地用能力循环中其他的要素提供支持"。

该"能力环"是由八个相互连接、单向循环的要素组成的，分别是

第 4 章 人人担责：责任回归，激发潜能

（此处建议你不妨自己动手画一下，看看能得到什么样的启发）：

- 精心的员工选拔和顾客选择（及自我选拔）；
- 高质量的培训；
- 精心设计的支持系统（信息、设施）；
- 为了满足客户的需要，给员工更大的权限；
- 对员工权限和期望具有明确的界限；
- 适当奖励与经常表扬；
- 满意的员工；
- 员工推荐可能的工作岗位候选人。

五年后，詹姆斯·赫斯克特等人共同出版了《价值利润链》一书，提出了"对待员工像对待客户一样"以及"对待客户像对待员工一样"的命题。

以此作为武器，用来打破平庸而负面的"能力环"，从而构建基于 HR 的"员工价值循环"——此处建议你再动手绘制一个循环圈，看看又会有什么新的启发：

- 制定管理政策：增加一定限度内的自主权，经常地认可与奖励结果，以提高员工的满意度；
- 满意度的提高，将导致计划外的人员流失减少，从而提高生产力；
- 增加为客户创造价值的机会，增加人均收入，从而提高生产率；
- 生产率的提高，降低了员工的规模，相应增加了员工的报酬；
- 管理政策的再"投入"：选择能力（态度），培训知识和技能，提供高效的支持系统，提供较好的品牌特权，以吸引优秀员工；
- 与优秀员工一起工作，提高了员工的满意度。

有趣的是，詹姆斯·赫斯克特又采取了一种循环论证的方式，从员工的诉求中推导出员工认定**最佳雇主的六条标准**：

- 让可能的潜在员工更易于自己决定加入与否；
- 设定高标准和更多的期望；
- 以自己的方式鼓励管理者倾听、学习、教授及沟通；
- 很少做出承诺，但承诺过的就会全部实现；
- 将公平的补偿作为价值的一部分；
- 在管理和人员录用方面追求连续性。

4.3 "价值魔盘"：开车上路，释放潜力

我曾经在多个企业里面做过一项抽查，让他们给自己打打分，也就是把 100 分在六个关键要素或主题词上进行分配，即服从、勤奋、知识、主动性、创造力和激情。基本上，无论公司大小，无论是高新技术公司还是传统制造公司，无论是事业单位还是企业，其分值分布大致相同（如图所示），那就是：激情 35%，创造力 25%，主动性 20%，知识 15%，勤奋 5%，服从 0。

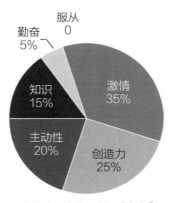

成就感 / 价值贡献 / "魔盘"

1. 转动"魔盘"，窥视"魔性"

所谓没有比较就没有伤害。当我让他们同基于美国硅谷的那些创新企

业给出的分值进行对比时，他们非常吃惊。因为差距太大了。

他们不理解，我们如此勤奋，如此努力，朝九晚五，甚至于经常加班，难道这样也没有创造多少价值吗？不过，当我们把眼光再次投射到"价值魔盘"上时，他们就明白了其核心要义，原来在于"成就感/价值贡献感"。换句话说，该魔盘的"魔性"就在于促使你去思考其背后隐藏着的假设，亦即我们到底为了什么而工作。也许是作为对前文那个问题的回应——员工到底需要什么？令许多人恐慌的是，它的背后还有一个更大的假设，那就是——人性到底是什么？

说恐慌，是因为它让我们很多人发现了自己的"盲区"，甚至是"空白区"——有些人似乎从来没有思考过这个问题。

问题来了。即使我们思考了这个问题，也弄清楚了工作的意义；如前文所述，我们也制定了相关的政策和机制，花费了许多的心力去提升员工的技能和个人的工作品质；而且我们也看到了许多优秀组织的最佳实践——他们如何通过组织文化变革以及管理创新去释放人们的潜能，如此这般，我们便可以成为时代的弄潮儿吗？

现实的结果，我们都心知肚明。我们只是还不解其缘由。到底是什么压抑了人们潜在的能量？或者说，为什么人们的潜能没有办法完全释放出来？是天时地利的条件不具备，还是没有合适的环境和氛围，或者说缺乏一个触发点或引爆点？假设如此，那个触发的开关或引爆的按钮又是什么？在哪里可以找到？

1）好药，为何无效

其实，汤姆·彼得斯先生早在几十年前就凭借他《追求卓越》赢得的巨大声望，给信心满满的美国企业开出了药方。我们不妨看一下：

- **主题**：通过授权使员工获得灵活性；
- **指导性前提**：让全体员工参与一切工作，利用自我管理的小组；

- **五根支柱**：倾听／赞扬／表彰；要舍得花时间搞好员工招聘；培训和再培训；为每个员工提供奖励性的报酬；提供持续的就业保障；
- **要根除三个障碍**：精简结构；重新认识中层经理人的作用；清除官僚主义和不尊重人的做法。

彼得斯考虑得非常周全，他紧接着就要给企业的领导开药方了——与此相紧密相连的四个方子是：

①花更多的精力用于倾听；
②尊重第一线人员；
③放权；
④痛击官僚主义，实行"横向型"管理。

这些方子看上去至今也颇具疗效。但遗憾的是，许多企业颇有些叶公好龙之举，并没有当回事。

我一直在想，医生不错，"病人"也对，药方亦佳，可为什么缺乏应有的疗效呢？是因为时间不对吗？那我们再来看看当下。加里·哈默先生正在组织并引领着面向全球的"人类运动"，其意图也是同彼得斯先生一样，那就是通过实践总结，寻找那些"正在发生的未来"（德鲁克），从而为未来的管理开出药方。实际上，我们已经多次提到过，他在其《管理的未来》中也通过自己喜爱的三个案例——谷歌、全食超市和戈尔公司，找出了未来管理模式的**关键要素**或主题词，即自由度与责任心、信任、公平、目标、共生社区；要网络不要等级，要领路人而不是老板，要承诺不要分配任务，是大公司但有个人空间，聚焦但没有核心业务；充分扁平，彻底分权，杜绝庸人，小型团队，自我管理，快速实验，差异化奖励等。

是不是很合时宜，而且颇能打动人心？事实上，我也曾在许多优秀的企业与高管们进行沟通交流。他们更愿意当作故事去听，或者希望邻家的企业先去尝试，成功了，他们再采用这种方子。

第4章　人人担责：责任回归，激发潜能

2）"暖脚"，激活潜能

我常说企业现在是不健康的，正因为我在前文所述，对照**健康的标志**——头冷、脚热、肚子平，企业却是头热、脚冷、肚子大。具体说，那就是，高层管理团队在面对内外的压力的时候是非常着急的，而在着急的时候，他们的压力又没办法有效地向下传递，因为有一个庞大的"肚子"——中层是非常庞大的；再则，你会发现企业的一线或者基层的"脚"是凉的，寒凝不通。如今很多企业面临用人荒、高员工流失率、低落的士气，以及有待提高的生产效率，这些都是"脚"冷的具体标志。有趣的是，我们知道脚冷是需要泡脚的，用热水泡脚，而我们的企业，却是用了凉水泡"脚"，也就是常用负激励的方式——罚款的、威胁的甚至于用恐吓的方式来实施管理，也就造成上述的种种问题。

对于企业的这些做法，我们发现这些都源于工业革命以来固有的企业DNA导致的"**本质上的缺陷**"（哈默），是企业的管理理念、假设和方式的固有缺陷的产物。事实上，伴随着工业革命在美国的发展，尤其是出现了一批有想法、有技术的工厂主、工程师，他们开始在管理的实践中致力于解决这个较为"软性"的问题了——"从关心生产转向关心工人"（亨利·甘特）。比如，早期的罗伯特·欧文的"人力资源"，查尔斯·巴比奇的"分享利润计划"，弗雷德里克·泰勒用工时和计件工资制推行企业"心理革命"，亨利·福特用给工人高薪的方式推动汽车业发展，莉莉安·吉尔布雷斯用"管理心理学"最大限度地提高人的努力程度，以及现代的埃尔顿·梅奥与霍桑试验的"社会人"的发现与"人际关系学"的开创，亚伯拉罕·马斯洛的"人本心理学"的奠基与道格拉斯·麦格雷戈的"企业的人性面"的研究，不胜枚举。当然，当代企业也自不甘落后的，许多的"最佳实践"令人惊羡，甚至于还有看起来颇为"极端"的，比如戈尔、塞姆克、晨星、巴塔哥尼亚和红帽等公司。用我的话讲，他们都在努力地实施着**一种伟大的社会实验**。

而在日本企业里，由于一直都盛行基于"村组"的"献身主君"的传统文化，因此，著名的 QCC 小组，还有如今很有知名度的"阿米巴模式"等，从根本上来看就是为激发**基层员工"忠"之动力与"村组"之集体荣誉**而制定的。这就解释了它们在中国无法有效推行的原因。

我们中国企业也有许多的创新，比如，以百度、阿里巴巴、腾讯为代表的互联网企业的做法，华为集成中西道术且强调"无情的"流程的管理方式，视源与方太的"有温度的"人性化的管理方式，当然，最引人注目的是传统制造业的海尔对组织的颠覆性做法。

3）暖的不是脚，而是心

再回到"暖脚"的主题。这里有两个非常重要的方面：第一，我们要着重激活个体；第二，我们要致力于帮助每一个人获得价值贡献感。

也正因为如此，倡导以人为本、注重提高组织的健康水平、激发组织的复原能力，尤其是激活员工潜能的零缺陷，就以其 U-Mi（你–我管理创新单元，或零缺陷班组）风靡全球了。其基本的意图，就是要基于个体利益诉求，形成一个"客户—员工—供应商"共赢的利益共同体，以自我驱动的方式共同创造价值并分享价值。

同时，我们会惊喜地看到，U-Mi 又是与整个社会的大趋势是相契合的。如今已切切实实地进入一个"人人时代"，互联网早已深刻地渗透到我们的生活和工作的方方面面，加之国民教育的普及，人们已经认识并实践着"去中介化""去中心化"等概念；而每个网络中的节点也就是一个个个体，一个个小的团队。于是，新的基点和支点自然就突显出来了——虽然有些人依然视而不见。

所以，随着"工业 4.0"的脚步在加快，为企业人员"暖脚"，已经不是选择题了。因为**暖的不是脚，而是心**。

2. 古方发挥新疗效

当然，问题也来了。面对组织不健康的状态，我们实际上在前面也提出各种举措，但如果依然遵循着几千年来老祖宗留下来的古方——**管住嘴、迈开腿、甩掉肉**，并按阴阳互动之理反着去做，即迈开高层的"腿"——激发其领导力，甩掉中层的"肉"——激励其事业心，张开基层的"嘴"——激活其潜能；再参照彼得斯先生的药方，我们就会得到一个有疗效的解决方案，即：

- 激发高层领导力；
- 创造更适合工作的场所；
- 管理好知识精英；
- 激发中层的雄心壮志；
- 激活基层的潜在力量。

激发高层领导力的主题，我们将会在后面的章节专门阐述。这里依序来谈其他的主题。

1) 创造更适合工作的场所

从 20 世纪 80 年代后期起开始，中国企业逐渐"从懵懂的"工厂、商贸公司开始变成了"半梦半醒的"法人公司，然后变成了有愿景的、有使命的、"有责任感的"企业。这是一个漫长的进化过程。基本上整个 90 年代，企业都在追求产值、规模或市值，要成为有影响力的"大公司"，要成为"500 强"；2000 年以后，逐渐明白了影响力不在规模，而在于社会影响力和品牌，正如王石曾经一再表示的那样，万科最看重的是"成为一个最受人尊重的公司"，于是，努力地要成为一家"有社会责任的"公司，成为"最佳雇主"，或获得国家级质量奖，或成为一个"最适合工作的场所"。已经在自觉的企业家精神推动下与全球企业相向而行了。

质与量的未来

如果能够回到 20 世纪 80 年代，你就发现，那时的领先企业在追求什么。翻开 1984 年 10 月 23 日的《华尔街日报》，就会读到这样一篇报道：

百事可乐公司能够在不失去自己优势的情况下变成一家更适合工作的公司吗？

该公司的管理者认为这是可以实现的。尽管百事可乐公司追求高效率和高标准（这已经使它在市场中具有很强的竞争力），但它仍然担心自己员工的问题。因此，百事可乐公司决定给予员工更多的指导和鼓励。CEO 皮尔逊先生说，现在该是努力关注这些"**软因素**"的时候了。

但这样做的主要原因，是去年春天对百事可乐公司 470 名高级经理所做的两个调查。调查显示，他们对工作都表现出厌烦情绪。许多管理者抱怨说，他们不被关注，对于公司中所发生的事情也不知晓，而且也没有人告诉他们该去如何做自己的管理工作。于是，皮尔逊先生在一次大会（在巴哈马举行）上告诉他的高级经理说，他们需要给出更多的信息回馈并"真正关心"其下属。

尽管公司并没有说在过去六个月里已经开始展开行动，但事实是公司已经开始反思以前的以牺牲集体为代价而鼓励个人主义的做法。百事可乐公司努力使自己的员工相信：公司一定会像关注迅速成功的明星那样去关注所有员工，会努力在员工的提升方面提供更多的相关信息，并限制不必要的工作变动。此外，公司还想强调的是教练、培训以及管理的价值，这些问题之前都被忽视了。将来，提升和奖励会在一定程度上建立在一个高级经理如何提拔和培养自己下属的基础上。

新任人事部负责人 J. 罗杰·金主张实行在职培训，尽管这种培训方法所带来的变化不大，但却可以改变受培训者的态度和行为。例如，在过去奖金发放实行的还是秘密的发红包制度，但今年主管将重新考察员工的个人业绩，并要具体解释清楚决定奖金数额的主要因素。在年度晋升考核制度中，公司将更加具体地展示什么样的行为将会获得奖励。这一考评规则已经做了修订：一改过去笼统的做法，现在要求每个管理者都要回答自己每天的工作进展，他对长期的发展做了什么样的有效规划，他是如何提拔和培养下属的，以及他自己的个人发展进程如何等问题。

时光荏苒，如今，也许百事可乐公司依然在努力成为"更适合工作的场所"，或物是人非，已经不再是适合工作的场所。但是，企业从此不敢有须臾的懈怠，因为身处"得人才者得天下的"时代，要么发奋图强，与"硅谷系"为伍，要么自以为是，为"底特律派"增加素材。前进或落后，都在须臾之间。

2）管理好知识精英

谷歌如何管理创意精英

谷歌就是企业管理中的佼佼者。哈默先生说它与众不同的是其管理模式，而不是其以网络为中心的业务模式——该模式的关键要素包括：扁平的层级制度，横向沟通的密集网络，奖励提出特别创意的员工的政策，基于团队的产品开发方式，每个员工都树立用户第一的公司理念。

而谷歌的掌门人埃里克·施密特（Eric Schmidt）则认为，谷歌的管理之道就是"重设管理原则"——创造并维持一种工作环境，为我们卓越的创意精英们提供茁壮成长的沃土。他在《重新定义公司》一书中如是说。同时，他还详细描述了谷歌管理之道的六大要素尤其是两大关键成功因素："谷歌人"与工作环境。

先说"谷歌人"。施密特先生曾自豪地说，他们已经不同于传统的知识工作者了，而是一种新的"物种"——创意精英（Smart Creative）。这是谷歌取得成功的关键所在。那么，什么样的人方可称得上创意精英呢？他们一般具有12个特征——也许这就是一副所谓"**硅谷人**"的素描吧：

- 不仅拥有过硬的专业知识，懂得如何使用专业工具，还有充足的实践经验；

- 有数据分析头脑;
- 有商业头脑;
- 有竞争头脑;
- 拥有用户头脑;
- 是新颖原创构想的源泉;
- 充满好奇心,总在提问,不满足常规;
- 喜爱冒险,不惧怕失败;
- 自发自动,注重自己的理念,也会依据自己的理念去主动行动;
- 心态开放,可以自由地与他人合作;
- 一丝不苟,对细节掌握精确,如数家珍;
- 善于沟通,风趣幽默,气场十足,魅力四射。

当然,并非每个创意精英都同时具备以上所有的特质,但是,所有的创意精英都必须具备商业头脑、专业知识创造力以及实践经验,这些都是基本的特质。其中的共同特点是:认真努力,乐于挑战现状,敢于从不同的角度切入问题。

这是一个极难管理的群体,如果你要使用陈旧的管理方法,那无疑收不到效果。既然你无法管理他们的想法,你就必须学会管理他们思考的环境,让他们乐于置身其中。因此,我们就要说另一个关键因素——工作环境或文化氛围了。

对此,施密特说道:"要想取得长久的成功,保持产品的高质量是不二法门,而要想在产品质量上获胜,打造让人受到创意熏陶的环境是关键。"而且,创意精英在考虑一份工作时"会将企业文化放在首位加以考虑"。

的确,如果把谷歌的工作环境和一般公司的环境进行对比,就会发现很大的"问题"——他们的文化很特别甚至有些"疯狂":

- **使命宣言方面**：一般公司是由人力资源或公共关系部门编写出一份使命宣言，而谷歌则强调进行不厌其烦、推心置腹的交流——内容真诚吗？是企业和员工实际行为的真实写照吗？
- **价值观方面**：一般的公司都强调员工"给我上"，而谷歌公司特别强调同舟共济、职责共当的"跟我来"——领导者缺少热情就马上走人，"不作恶"也是给员工授权的一种方式。
- **组织结构方面**：一般公司采取集权与分权的循环或相互制衡的矩阵制，往往形成部门墙或诸侯割据的局面，而谷歌则保持扁平，强调"无管理层"，要求每位管理者的桌上至少要放 7 份直接的报告，同时坚持按职能划分部门，并直接向 CEO 汇报。
- **决策机制方面**：一般公司往往任由"河马"（高薪人士）拍板定调，而谷歌则"提议不问出处"，依数据和想法行事，强调"质疑"的文化——不看身份地位，只看实干成绩。
- **解决问题方面**：一般公司往往开会讨论问题，然后制订行动计划，最后汇报工作，而谷歌则会公示遇到的问题，员工会自发寻找解决方案。
- **办公状态方面**：一般公司的办公环境往往与特权和职务挂钩，一派"官静民闹"的状况，而谷歌则正相反，强调工作闹、休闲静，认为杂乱拥挤是自我表达和创新的衍生品，让大家在喧闹拥挤的办公室里激情碰撞，如果想休息就去有私密的睡袋、院落和房间的地方。
- **工作条件方面**：一般公司都会提供宽敞或奢华的办公条件，而谷歌则为员工提供工作所需的一切数据与平台资源，以根除职场办公室资源相互攀比的风气。
- **业务团队方面**：一般公司把员工按职能进行划分，导致产品经理和工程技术人员在不同的大楼里，而谷歌则安排产品经理与设计、策划、研发人员同吃同住，通力合作。
- **团队规模方面**：一般公司往往会喜欢大兵团作战，这种方式效率低下，而谷歌则保持亲如一家人的小团队作战模式——把担子交到最出色的员工手里，其他人围着他/她而起舞。
- **企业品格方面**：一般公司往往宽容自高自大的"恶棍"，他们擅长推诿责任，被动工作，而谷歌则视"恶棍"为害群之马，消除"万事都说不"的毛病，保护好真正的"明星"。

如果你曾经看过一部描写谷歌的电影《实习大叔》（*The Internship*）的话，那么一定会对"被影视化的"生机勃勃、丰富多彩的谷歌公司心驰神往。相比之下，我们的许多企业包括那些知识密集型或高新技术型企业在管理知识工作者和知识精英方面依然显得"简单粗暴"。这也集中反映在企业对研发人员的管理方面。

中国企业研发管理者的通病

在与中国优秀的研发类企业或企业研发中心的高层经理和高级主管的互动过程中，尤其是通过业务痛点、难点的研讨以及行动计划的评审过程中，我发现他们自己就是问题的"根源"——幸运的是，我也让他们认识到了这一点。但是，如果从如何管理知识工作者与精英人才的角度去思考的话，我发现他们的身上存在着六个突出的问题：

第一，对问题的认识流于表面，也就是说认识到了责任在我、根源在我，但实际上仅仅是问了一个为什么，比如说，为什么我没有拦截缺陷呢？这只是一种无奈的叹息。如果用五个WHY（为什么）来说，就太表面了，因为后面四个WHY都没有。而要"自我革命"，必须分清这个"我"表现在哪些方面：是"我"的管理风格所为，工作习惯导致，还是由于"我"的个人的性格，或者"我"的认知不到位。只有从这几个方面做深刻的剖析，而且要和核心骨干或者管理团队共同来进行批评和自我批评，才有可能达成共识。如此，方可谓真正的是个人认识到位。

第二，没有认清自己部门的存在理由与价值预期。尤其是新部门和职能部门，比如，NPI 工程部和产品工程部（主要是新成立的负责工艺技术、新产品转入的）以及还有质量部门一定要认清楚：为什么要成立我们这个部门？我们的部门价值在哪里，在整个组织中应该扮演什么样的角色？组织现有的问题，是否是由于"我"及"我"的部门造成的呢？"我"到底做错了什么？当然，"我"做对了哪些，才使我们整个组织没有出现更大的危机？而这又是我们应该在后面强化的。

而往往在这个问题上，大家习惯性地罗列了很多目前面临着的问题，而这些问题总的来说，都是别人和别的部门造成的。虽然自己也谈到要主动和上下游及沟通、协同，但本质上还是老的思维、老的工作作风所致。

第三，习惯于围着产品改进。基于产品罗列了很多所谓的痛点、难点问题，然后就急于采取改进行动计划。而所谓的计划，如果对照我们说的"五步法"——确定状况、补救措施、根因分析、解决方案和跟踪检查，也基本上普遍缺乏非常重要的三点，那就是补救措施、根因分析以及跟踪检查。

第四，普遍逻辑混乱。从部门问题直接导出行动计划。换句话说，大家并不清楚到底自己想要改变什么，就要行动了。而实际上，真正的逻辑是这样的：

首先，是高层管理者通过自省；

其次，由自我的责任推演出部门的现状——能够认知到这是个因果关系；

再次，由部门的现状，来看自己部门所被赋予的对于整个组织的价值预期，尤其是否能够为客户创造价值的预期，找到这二者之间的差距；

然后，把核心团队聚到一起进行思维碰撞，并就几个问题达成共识：我们到底要改变什么？方向在哪里？阻碍是什么？——找出前五个因素；

最后，据此设定目标，并按阶段分轻重缓急制订详细的计划。

当然，在这个时候，部门的改进团队、中层干部以及部门内部的推进者们，已经承接上了。

第五，缺乏系统思考。一上来就直接以问题为导向，找出眼前的一些常见的错误，然后就开始确定行动计划。实际上，需要先有一个系统的思考，从整个组织的角度思考部门的问题，再找出哪些是重点和难点。而系统思考，需要的是结果倒推——从客户的价值向后推演：先是 P_3，再推到 P_1 和 P_2，最后落在 P_0。换句话说，品质文化变革更多的是三个方面的融合——政策机制方面、人的影响力方面以及流程标准方面，而常规的改进基本上是围绕着产品去做的。

第六，普遍缺乏管理和领导力。具体讲，拿管理的定义来说，管理是一个计划、组织、领导和控制的过程，基本上，对于如何去规划，如何去组织，是缺乏能力的；领导力就更不用说了，剩下什么呢？就是一个控制。最后在他们那里体现出的就是考核。这是典型的"以考代管""以控制当管理"。再换句话说，基本的管理方式，就是放羊，出了问题再来宰羊，或者打板子。

因此，大家"深挖洞，筑高墙"，相互"深深的不信任"：公司不信任员工，而员工也不信任公司，而信任则是零缺陷文化的基础。这样，就使得品质文化变革更加有意义了。因为它就意味着诚信，意味着信任，意味着有价值，意味着欣赏，意味着可信赖。而要想真正做到这一点，那么，必须要推行领导干部按部门去进行批评和自我批评的"破冰恳谈会"行动，只有这样，大家经过了照镜子、自我批评，才有可能触动灵魂，才有可能一点一点地建立信任。

因此，以上的"通病"也就必然造成或引发研发过程管理的诸多问题。

研发过程管理的诸多问题

中国优秀企业的研发都面临着如下问题，我把它叫作前后、大小、左右。

所谓"前后"，就是滞后的控制措施（检查、测试、验证）变为事前的预防，也就是控制前移。实际上的前后，也就是"高下"，是要从组织层面往下落，落到一线，落到一线的团队，落到具体的每一个个人。

所谓"大小"，就是根据现在组织的能力，在各个评审点组织专家来进行评审要变为小团队作战的模式，甚至个人作战的模式，由他们个人将组织层面的评审标准，转化为他们自己个人的标准。

所谓"左右"，也就是现在的负责进度和计划的部门管理部门，以及负责测试监控检查的质量部门，他们实际上应该成为业务部门的伙伴，要分在左右。像华为一样要成为 QA 的角色，要成为 IPD（整合产品研发）代表融到各个组里。要想真正起到预防的作用，还必须落实到小团队层面和个人层面。换句话讲，把组织层面的技术评审分解、细化后，变成每个团队的技术评审点，并设立里程碑，也叫作质量闸口，由自己先行评估，一旦被认可，再往上提交。

3）激发中层的雄心壮志

曾经有一位企业高管这样对我说，我们提拔员工看重的是他们的技术和知识，而不是管理技能，因此不少主管级人员并不具备以人为本的理念，他们不知道如何从下属那里获得好点子、好方案，他们不能接受员工参与计划，不能接受生活中的太多变化，他们在主管的位置上做事情，感觉很舒心，却不能发挥指导和协调的作用，因此我们不得不培训这些主管，以改变其思维方式，让他们从管理的角度来管理其下属，而不是以操作者的角度。中层管理者从其旧有的管理模式转向今天的新管理模式中存在的问题阻碍了企业实现其目标。

因此，在强调向一线人员授予权力和责任的时候，必须考虑对中层管理者的影响。如果忽视了他们的需求和期望值，授权或赋能就会变得非常混乱。换句话说，假如中层管理者将权力的让渡和员工自主权视为恐龙，那么这两种权力也就会像恐龙一样很快绝迹。所以，要激活其雄心壮志和事业心，除了公司要通过改变相应的奖励机制，赋予中层管理者新的角色之外，中层管理者自己还要做好三个方面的工作：

- **承上启下**：把公司的发展愿景、战略意图与目标，分解为具体行动计划并告诉下属怎样执行到位，并主动指导、赋能与跟踪检查，直至实现目标。
- **承前启后**：心胸开阔，戒骄戒躁，恪守职业道德，积极夯实基础，补齐短板，即使自己离任也要以让后人乘凉为荣，以在职不栽树或砍树为耻。
- **以点带面**：立足本职岗位，努力提升团队的工作品质，实现岗位的价值预期，以给相关部门或公司带来整体绩效，得到下属的推崇，赢得同事赞同，受到上级的信任。

克劳士比学院在推动企业品质文化变革的过程中，就特别注重把中层管理者中的20%的积极进取者作为"后备干部"来打造——他们也叫作零缺陷推进师或变革督导师，意在让他们成为品质变革的先锋队，赋予他们攻坚克难或培训与教练的新角色，让他们在工作中获得成就和价值。这一点我们在后面的章节会进一步阐述。

4）激活基层的潜在力量

我们在前面章节多次谈到，"零缺陷"的基点在于人是目的而非手段，U-Mi 就是激发一线草根潜力的利器。

现实中很少有人使用 U-Mi 的"你—我管理创新单元"的原意，而更多地使用"零缺陷班组"之意译，且仅仅用于车间工人的场景，于是，便出现许多对它的误解和误用——因为常规的班组管理已有规矩，所以，不忘初心、回归原点是必需的。

但"原点"在哪儿呢？有人说，显然不能去僵死的底特律去找，而要到充满创意的硅谷去寻找。似乎有道理，却有"倒果为因"之嫌。因为后者是对前者的"扬弃"或继承与发展：从自我管理团队、自主创新小组演变或派生出形式多样的"自组织"，比如，豆荚组织、敏捷团队、开放组织、圆圈组织、网路组织，以及"合弄制"或"共治制"等。当然，如果没有20世纪80年的"品质革命"风暴之冲击，美国企业依然难以领会关注一线、激发员工活力的种种好处，更难将此与生产力和竞争力联系在一起。而其中，克劳士比先生的"零缺陷"品质文化变革实践与引导，彼得斯先生"追求卓越"的思想鞭策与激发，实在功不可没。

于是，茫然的人们又把眼光盯住了源自日本的大放异彩的QCC（居然被翻译成"品管圈"），便纷纷效仿，但始终不得要领，不幸沦为东施效颦之娱。只有GM的土星车公司，由于成功地与全美汽车工会（UAM）合作构建出一种以新型的劳工关系和员工自我管理团队为基础的网络状组织，而获得与豪华车英菲尼迪和雷克萨斯比肩的地位，荣耀一时。

人们不禁要问：为什么QCC学不会呢？

日裔美国管理专家威廉·大内博士指出，QCC是美国的质量统计技术与日本人对组织人性面关注的一种结合。其宗旨是：尊重人性和建立和谐的、生机勃勃的工作场所，充分发挥个人能力，促进企业的进步与发展。其职能是：让工人与管理层共同负责发现和解决在协作与生产力上出现的问题。因此，其目标自然是**平等参与和共享利益**——包括收入的提高与能力和职务的提升，而绝非人们错误地理解与片面地使用的"提高生产力""改进品质"与"降低成本"的工具，并由此将威廉·大内提出的"Z理论"深度开发且广泛传播——"组织的成功离不开信任、微妙性和亲密关系，因此完全可以实行以坦白、开放、沟通为基本原则的参与式管理。"

德鲁克则高瞻远瞩，从中看到了SQC（统计质量控制）作为工具对组织带来的创新意义。他说，SQC不仅可以让机器操作者基于过程反馈的信息控制自己的工作，而且让这种内生性的过程控制成为消除问题的标准性运动。德鲁克指出，SQC 改变了传统的生产管理方式，它与"小团队"或模组系统、生产成本会计以及系统设计一起构成了"新的生产理论"。

现在，我们已经知道了"初心"，也了解了"原点"，那么，是否可揭示出 U-Mi 的本意呢？当然，如今是一个"去中心化"和"去中介化"的人人时代，加之即将到来的万物智能、万物互联的物联网时代特质，则 i（innovation）—创新与 U（Unit）—单元化、细胞化、自主创生化，都将推动管理实践与理论的升级换代，从而使西方百年发展起来的"现代管理"重新焕发青春。

所以，U-Mi 的真意，就是修补灵魂、重组思想、平衡资源、分配权力、促进变革、释放潜能。

由此可见，中国企业有关 U-Mi 的一切实践与尝试都只是刚刚开始。

U-Mi 不是什么

我曾经在参加某集团的"年度质量目标誓师大会"时，发现他们在推行 U-Mi 过程中存在的问题，主要是一些老的习惯，尤其是对 U-Mi 的误解等问题，具有普遍性。由此，有必要在此将"敲打"他们的话分享给诸位。

（1）缺人文关怀。W 主管在做案例分享时，谈到班组的氛围比较压抑，班组长一到月底就对考核员工的绩效头疼不已，而考核完了，又会处在因员工的各种不公平的抱怨而产生的焦虑之中，同时总是在做救火的工作。针对这些问题，他们做了大量的工作——都是一些制度建设、流程建设方面的工作。当然这没有错，但是，我坐在那里反复思考，他们实际上到底缺什么？为什么和常规公司的做法相比，似乎看不出什么本质的区别？都是些方法应用、布置任务、高喊口号等枯燥乏味的做法，而严重缺乏人文的关怀、情感的投入，也就不可能让工作变得生动、有趣、令人释怀了。

（2）**没有文化**。虽然在这个案例中特别展示了班组的"文化墙"，但因其简陋、乏味而无法吸引员工去主动关心。我在想，如果是市场人员展示给客户的东西，那将会是怎样的？显然从骨子里说，并没有把员工当作主人、当作客户。Q 总反复强调：人才是我们的关键。G 总也特别强调，零缺陷的核心，就是在于组织和人的建设，而不仅仅是零的目标。

更讽刺的是，文化墙的前面有一个班长的站台，上面明确写着"欣赏、认同、赞美、诚信"——被叫作零缺陷的底层代码，然而，不幸的是，这也仅仅是一个形式，说说而已。这种"知行不一"的现象，也自然会体现在他们的企业经营之中，比如，他们认为只要把流程建立好了、制度建立好了，让员工只要动手不要动脑就行了。

U-Mi 强调的是管理创新，强调的是每一个员工要去动脑，而非仅仅是动手的机器。所以我说他们还是没有文化。零缺陷不能内化于心，就不可能外化于形。

（3）**总想着管人**。在讲解案例时，企业很骄傲地宣称他们"管人"和"理事"方面的成绩，而这恰恰暴露了他们管理方面的困难，那就是，人是不能"管控"的——尤其是用工荒的环境下。正确的解析应该是：管物、理事、安人。人不安，容易出事故。要安，则需要开心，你再关心，一开一关，才能放心，方可安心。所以，不要重点强调"看板管理"，而要"看脸管理"。另外，"文化墙"中的工作状况"葡萄图"，不能只展示坏消息——红葡萄，而要更多地展示好消息——绿葡萄，并让员工分享、给其赞美和鼓励，就像海尔当年的"大脚丫"，在国内用于批评，在国外用于赞赏。

还有，ECR 也用偏了。不是用在流程改进上，而成为员工把管理者"拉下水"的工具，是检验与评估管理者的工具，而非评比员工改进多少的工具。

4.4 自主经营：让责任回归主体

其实，相对于谷歌、亚马逊、特斯拉、苹果等这些明显具有"硅谷血统"的公司，我更心仪于像戈尔、晨星、巴塔哥尼亚、塞姆科等这类由传统的制造业"进化"而来的企业。

1. 戈尔公司如何转动"魔盘"

我们前面曾经多次谈到戈尔公司。它是美国私有企业 200 强之一，"美国 100 家最适合工作的公司"前五位，销售网络覆盖全球超过 20 个国家，同时在美国、德国、英国、中国和日本设有生产工厂。通过员工持股计划，全球有超过 10 500 名员工成为企业的所有者。

戈尔夫妇的初心

1958 年元旦，戈尔夫妇在家中的地下室里开始创业，以此来庆祝新年以及 23 年的结婚纪念日。之前比尔·戈尔是杜邦研究机构的化学家和高管，他看到了碳氟化合聚合物的新市场机会，但遭受了公司传统的管理模式的冷落，便决定自己创业。毕竟，这是一个崭新的冒险旅程，他们开始思考：到底要创立一家什么样的企业？我们的梦想是什么？

"我梦想着成立一家为所有加入其中的人提供巨大机会的企业，一个充满活力的组织，它将促进自我实现，并将成倍地提高该组织的个人能力，而不仅仅是他们的总和。"比尔说。他在管理上深受三个方面的影响：一是马斯洛需求理论中关于人们具有"学习、成长和充分发挥潜能的愿望"原则；二是麦格雷戈的"Y 理论"提出的具有革命性的管理人和释放人的创造潜能的方法；三是他在杜邦工作时和其他员工在"任务组"式的小团队工作时能够更迅速、更高效地解决问题的组织形式。

最终，他们有了清晰的答案：他们想要创造的是一个"赚钱并从中获得乐趣"的组织；在这里，每一个伙伴（而非员工）都有能力做出自己想要的改变。

管理的基础

戈尔夫妇把公司建立在一套原则和信念的基础之上，以此指导同事们做决定、干工作，以及处理与他人的关系，并作为连接一个全球化组织的文化基础。

- **基本信念**：它一直是戈尔公司文化的基石，也是连接戈尔公司全球同事的共同纽带——相信个人、小团队的力量，同舟共济与高瞻远瞩。

- **指导原则**：衍生于"基本信念"，旨在帮助指导公司的日常决策——自由、公平、承诺与"水线"（"低于水线"即可能给企业带来严重损害）。

- **伙伴，而非员工**：每个伙伴都有权以所有者的心态运作，规划自己的职业发展道路，使才能和兴趣与业务相匹配。"戈尔对个人能力和赋权文化坚信不疑，这使我们每个人都有机会做出决定，以塑造戈尔公司的诚信声誉。这是一项责任重大的特权。"现任总裁兼首席执行官泰瑞·凯莉（Terri Kelly）说。

- **赞助人**：赞助人是一位对同事的成功做出正式承诺的同事。每一位新同事都被分配了一个"起始赞助人"，但他们都有随时更换赞助人的自由。这是一种双向关系，需要相互信任、开放、尊重和承诺。

- **格子**：即对于同事之间相互联系所构建的网络的描述——如何沟通、建网络和分享知识。每个人都有责任建立网络并与格子里的其他同伴建立适当的联系，以把官僚主义控制在最低限度。

格子型自主经营组织

戈尔公司是一个使公司里每一个人都相互连接着的组织——没有管理层，信息在各个方向自由流动：个人之间以及个人与自主管理团队之间，以便获得成功所必需的资源。

随着戈尔公司的成长，它采用了一定的管理结构：CEO，四个大部门，几个以产品为中心的业务单位，还有正常的业务支持部门；每个组织都有得到承认的领导。但戈尔公司还是扁平的、以自主管理团队为基本的组织板块，而无管理层级——它没有组织结构图，抵制头衔；它的工作描述是一般性的，同事间互称助理；具体角色都在团队里谈判或讨论而定。

戈尔坚信：一旦一个组织超过200人，"我们决定"就变成了"他们决定"。因此，便将其工厂组成为小单元，通过将R&D专家、工程师、销售人员、化学工程师和机械学工程师聚在一家工厂里，鼓励最大化地跨功能合作。而且总部也保持简单和亲切的关系：几十个低层建筑都建在特拉华乡间离比尔家不远的地方，每个建筑里都有自治的小团队。即使随着戈尔公司的扩张，全球团队也很有规律地被聚到一起，以建设和维持关系。

承诺，非任务

戈尔公司相信，如果你钟情于工作，你就会有高度的自我激励。"有权的人不能激励承诺，只能强加命令。"所以，在戈尔公司不要让人命令自己，而要自己决定做什么和在哪里作为团队的一员做出最大贡献。员工与同事谈判自己的工作任务和责任，而且总可以说"不"。不过一旦做出承诺，那几乎就是一个神圣的誓言。通常在加入第一个团队几个月后，新助理就会被鼓励加入第二个项目或第三个项目。对个人的挑战：做贡献的范围以及对贡献的压力会既令人兴奋又令人疲惫。

一个员工回忆道："我刚到戈尔公司的时候，我不知道谁在干什么。我奇怪事情是怎么办的。这使我感觉疯狂。"她也不知道该怎么工作，没有人告诉她做什么，所以总是问"谁是我的老板？""别再使用'老板'

这个词。"别人告诉她。她也看到人们并不适合预先定下来的角色；他们的团队承诺经常会把不同部门的人整合在一起。了解别人和别人的工作会花很长时间，赢得别人的信任亦然，然后才会被赋予责任。但她赢得了这些，最终成为她所在"领域"的冠军。

主持人，非领导、非老板

戈尔公司的哲学是个人不需要被指挥，只需要教导和支持。每个新人被指定一个主持人，以帮其解读术语，解密网格，并在几个团队间循环，以找到自己的技能与某一团队的需求之间相匹配的位置。主持人对同事的发展和成功做出个人承诺，鼓励他/她与团队定期聚会，为同事的发展做更广泛的观察；同事则可按自己的意愿找新的主持人。

戈尔公司又相信领导位置是赢得的，它包含所谓的"自然领导"——领导通过建立办事记录而建立影响，同时善于建设团队。一位同事解释说"我们用脚来投票。如果你召集会议而没有人来开会，那你可能就不是一个领导，因为没人愿意跟着你。"一旦居于领导位置，此人的工作就是加强并使团队和同事们成功。因为戈尔的同事都参与到多个团队，他们可能在某一团队是领导，在另一团队则是一般成员。

戈尔公司在组织的最高层也践行着这种"自然领导"的哲学。当上一届 CEO 查克·卡罗尔在 2005 年退休的时候，董事会问询了一大批多种类型的戈尔公司员工，问他们觉得自己愿意跟着谁。他们可以在公司内选任何人。结果，他们选中了泰瑞·凯莉，一位 1983 年从特拉华大学毕业后即加入戈尔公司、拥有机械工程学位的女性。

鼓励"正当"行为

戈尔公司努力在评估和回报人时做到人人平等，以业绩为评估标准。在大多数公司中，时间会给人带来利益，和老板有好的关系也可以帮忙，但在戈尔公司则不行。在戈尔公司人人是你的老板。每个人都被同事打分，而他们都知道你做了什么，每天是如何与别人交往的；而给你的报酬就以此为标准。这是一个促人贡献的强大动因。戈尔公司的绩效评估和报酬系统的工作机理如下：

- 没有具体的评估标准；人们只是被问谁对戈尔公司成功的贡献最大；
- 一个同事通常会被20～30个同事评估，而他自己也会评估20～30个同事。此评估只针对认识的同事。一个由扮演领导角色的个人组成的委员会讨论此结果，并为这些被评估者排出前20名的名次；
- 决定报酬时，他们保证工资曲线与贡献相符。

戈尔公司不仅允许每个人分担公司的风险和分担公司的回报，而且给予额外激励，以使他们保持对公司长期成功的承诺，并在做决定时总是能够考虑公司的最佳利益。

2. 学以致用，焕然一新

阿里森·哈廷顿是一位财务及流程改进方面的独立顾问，当他读到哈默先生的《管理的未来》一书时脑洞大开，对其中的戈尔公司等案例非常痴迷，他决定在一家成立只有9年的初创企业进行一次尝试。这是一家只有300名员工、在美国和加拿大都有现场服务业务的服务提供商，还有一个负责HR、会计、客服等行政职能的小型总部。

哈廷顿认为，该公司最大的改进机会就在于组织架构，因为它既烦琐又低效，管理层次过多，报告关系和角色总是难以确定。于是他把一份现行的组织架构图有意地做了一些颠倒：没有把总裁放在组织的最高层，而是把他与客户关系最密切的员工放在了一起。业务部门的两位副总裁都是对新思想持开放态度的人，全力支持哈廷顿进行组织变革，以实施新的基于问责制的新模式（Accountability-based model）。

第 4 章　人人担责：责任回归，激发潜能

于是，哈廷顿便使用由戈尔等公司的案例编制的材料，指导由该公司各个领域的代表组成的 18 个人的团队。他把他们分成两个小组，要求他们在活动中不断思考并询问"如果会怎样"（What-if）的问题来，审视当前的组织结构并草拟未来的组织架构。活动结束之后，他们得到了一个围绕团队的概念来升级现有管理模型的组织图。

紧接着，他又组织学习戈尔公司 CEO 泰瑞·凯莉的演讲视频，围绕她所阐述的新思维和工作方式来激发团队的创造性。最终，他们创造了一个全新的组织模式，该模式基于小团队的概念，领导者由选举产生而不是任命的，没有一个领导者会领导超过 5 个人的团队；同时取消了管理层级，因为这些团队获得了指导其自身活动所需的权利、信息和工具，因此不需要自上而下的管理，各个团队对自己的活动和结果负责。接下来，他们还对后续的实施细节和相应的流程也做了详细的规划。四个月以后，哈延顿便首先在这家公司的总部拉开了管理变革的大幕。

哈廷顿总结了该组织实施新的问责制的益处：

- 公司由自我管理的团队组成：管理者的等级制度被取代，因为同事的压力和团队作战能够更好地确保事情完成。人们自由决定工作的内容、方式和时间；团队负责日程安排、预算编制、招聘选择等；
- 提高参与度和满意度：人是事业中的伙伴，而不仅仅是把事情做好的资源；
- 跨职能培训：培养更强大、适应性更强的个人和团队；
- 有效的资源管理：自我安排与管理人员安排的创新——思想可以来自于组织内的任何人，也可以由他们采取行动；
- 改进沟通：信息在整个组织内自由地、透明地流动；
- 共同的目标和衡量标准：使所有人都能集中精力朝着同一个方向努力；
- 加强与内部和外部客户的关系；

- 有效的奖励——提供工作认可和经济奖励的结合,因为生活中不是每件事都与金钱有关。

他的结论是,在一个风云变幻的世界中,只有创造一种新的环境和模式,使人们能够最好地满足其对自主、掌控与目的——这些与生俱来的渴望,以最大限度地释放他们的潜力,从而"让成功的人造就成功的组织"。

这是一次激发员工潜能的成功实践,是对通过让渡权利成功实施自我管理、自主经营的有益尝试。但为什么大部分组织都害怕员工拥有"自主权"?

3. 为什么害怕病人拥有"自主权"

《华尔街日报》上曾经有过这样一篇报道:医疗器械的供应公司计划在美国市场上投放一种由病人控制自己止痛药用量的止痛仪器。众所周知,由于担心病人会服药上瘾或药物过量,医生往往倾向于少给病人开止痛药,而护士则倾向于少给病人打止痛针。

而有了这种止痛仪,病人不仅能够更好地控制疼痛,而且也减少了使用止痛药的数量。因为这种止痛仪只要放在那里就会起到某种心理上的止痛作用。当一个病人知道自己有控制止痛药用量的自由时,他会感觉很舒服,就可以"做许多其他的事情",比如可以为护士节省大量时间。

那些反对使用止痛仪的人认为,让病人自己控制止痛药的用量是不安全的,病人可能会因此而对止痛仪产生依赖,而且这种仪器会给病人带来过量服用止痛药的问题。因为处于病痛中的病人是想不到那么多的。虽然事实上仪器就会自动"锁住"控制仪的泵杆——其控制的剂量范围由医生事先设定。

这篇报道,不由得让我想到了我曾经在《零缺陷智慧》中谈到的噪声窗户控制开关的实验。与让病人自己掌控止痛仪的故事一样,我们说的是自主权的基础问题,也就是当员工对自己的工作具有"可控感"之后,对于工作品质的提升将意味着什么。好处是显而易见的,但是,总有人反对给病人这种自主权,可见在医院中让病人拥有自主权,无论是护士还是医生以及医院的管理者都是要冒风险的。为病人解除病痛之苦是护士的主要"职责"——护士原本就是拯救者,同时,告诉自己的员工该怎样去做自己的工作也是各级管理者的"职责"。因此,自主权问题,事实上会威胁到所有管理者工作的传统的核心。

这让我们不由得想到哈克曼(Hackman)与奥德海姆(Oldham)创立的"**工作特性理论**"(Job Characteristics Theory)。该理论认为,人们工作的"核心特性"因素,会产生临界的"心理状态",最终导致所需要的"结果";工作的**核心特性**包含:技能多样性、任务一致性和任务重要性,以及自主性与工作反馈。前三个特性能够让人们"体验到工作的意义",而自主性能够让人们"感觉到为工作的结果负责",工作反馈则能够让人们"了解到工作活动的真实结果"。在此过程中,还有三大影响心理状态的"协调因素",即知识与技能,渴望成长的力量以及使员工满意。这三大因素调节着人们的心理,最终影响工作的效率。

建立"员工自治型"公司

晨星公司是一家全球最大的西红柿加工企业,从田间(绿色温室、嫁接运营和农业运营)到店面(收获、加工、生产、运输)打造了一条完整的产业链。克里斯·鲁夫(Chris Rufer)在1970年创办该公司时,只有他一个人和一辆卡车,后来公司越做越大。在他建立第一家晨星工厂时,同戈尔夫妇一样,与所有同事在郊区的一座小农舍里开会,问了相同的问题:"我们想让它成为什么样的公司?"

大家的回答引发了一个关于组织的根本是什么的问题的思考:最佳的人类组织是那些"不受外部管理,而是由参与者进行自我协调,自我管理内部关系以及对他人承诺的(人的)组织"。就这样,晨星作为一个完全自我管理的农业企业诞生了,而且从来没有建立任何正式的组织架构或管理结构。更"传奇"的故事是,某工人需要买一套几万美元的设备,就直接下单,货到就找财务报账了。

我一直想解开心中的谜团,即:一家没有组织结构的组织该如何运作?自我组织和管理也需要创造一个平台,应该是什么样的?

克里斯在最初提出"自治型"企业概念后,就制作了一份《同事理解书》(*Colleague Letter of Understanding*,CLOU),它不是一份工作描述或者雇佣合同,而是每个同事用以描述自己对同事所做承诺的工具。每个人都要和自己的关键同事一起制作 CLOU,一旦完成,就代表每个人的承诺。这些 CLOU 承诺是公开的和可理解的,使角色与责任变得清晰,并将评估绩效的责任赋予了做出承诺的人。每份 CLOU 包括:

- 个人任务:每一位同事都要制订一份自己在企业里工作的目的和使命的说明书,这是指导他们在企业内所有商业活动的说明;
- 活动:同事们同意完成的、为完成个人工作任务而完成的活动;
- 时间承诺:同事们同意为完成自己的工作任务而付出的时间;
- CLOU 同事:你向其作承诺的同事。你的 CLOU 同事们将在含有你的承诺和其他内容的 CLOU 上签字。

自我管理的力量在于**同事间的关系与个人的担责**——原本"同事间的个人承诺使组织更强大"就是晨星公司的核心理念,而这也正是自我管理组织的根基。

质与量的未来

第 5 章

环环相扣：
数据驱动，品质铄金

品质网链 →颠倒有术→ 优生法则 →嵌入要求→ 数据驱动 →价值损益→ 挖掘利润

本章导读

聚焦业务流程"断到断"的现状,利用颠倒之术,以"建链织网"并消弭其背后的"三大冲突",进而重构系统,重塑价值,实现数据驱动之自主品质工作方式,挖掘"第三代利润"。

核心话题

如何理解"产品价值公式"?链条串起来的到底是什么?组织的"三大冲突"意味着什么?"产房里面闹革命"何解?如何基于数据驱动打造"自主品质"工作方式?为什么说"质量是水,成本是火"?为什么要关注客户而非成本呢?

第 5 章　环环相扣：数据驱动，品质铄金

至此，我们已谈品、论质、话价值，一步一步走来，意欲触摸到现实版的 V&RO（有价值且可信赖的组织），不料竟走入了组织与人或人与组织的"迷圈"，发现了组织背负着的一个隐形的"大十字架"。于是，便要高举"八字方针"，聚焦人与流程，以品质领导力和"品质链·网"为抓手，应用管理变革之哲学，展开风雨兼程的品质文化变革之征途，以期道之一贯且理之通达是也。

5.1　建"质量链"：串起责任，化解冲突

20 世纪 70 年代克劳士比先生在 ITT 提出了"质量链"的概念，也叫"符合要求链"，显然是与"质量即符合要求"的定义相契合的，其目的就在于全面地提高产品/服务满足客户需求的能力与水平，并持续地改进工作的过程与结果的质量。克劳士比先生的老部下、曾经担任 ITT 欧洲质量总监和副总裁长达 10 年之久的约翰·格鲁库克博士，在担任 TRW 公司质量副总裁期间出版了《质量链：通过卓越产品主导市场》一书，从而使"质量链"的概念与方法论风靡一时。

1. "产品价值公式"意欲何为

我曾经在《质与量的战争》中介绍了格鲁库克博士质量链的"三分

法",即把一个完整的企业核心业务链条划分成三个阶段,分别是:

- **"产品质量/PQ"阶段**:从销售到研发,包含产品规格规范和设计质量,交付时符合设计要求,交付后的表现情况(可靠性、可维护性、耐用性、安全性等)。
- **"交付质量/DQ"阶段**:从采购到制造,包含已承诺的交付(短时间或长时间),符合已承诺的交付。
- **"支撑质量/SQ"阶段**:从物流到服务,包括客户设计支撑、客户(销售)服务、售后服务、文件的保证。这里使用支撑质量而不用服务质量,是因为它包含了各种服务的质量,比如销售、维护、应用工程等,还包含了产品的供应商通常要提供给客户的服务。

因此,他提出了一个用货币表示的"产品价值公式",即:

产品价值(用货币表示)= PQ × 符合率 A + SQ × 符合率 B − DQ × 符合率 C

所谓"符合率"即符合要求的程度或水平,也可叫作"不符合要求率"。在他看来,如果假定产品质量在特定的交付时间一次做对,使客户"乐于接受",感觉良好,就可以忽视支撑质量。它表明支撑质量,可以为产品质量增加货币的价值,而交付质量则比马上要取得的价值在时间上要缓慢得多。

因此,产品的货币价值,就依赖于它的价值和它的价格了。其公式是:

产品的货币价值 = 产品价值/价格

依据质量的定义,我们假设一种特殊的产品价格是客户愿意支付的,而且目标就是尽可能地为其所支付的价格获得更高的质量。于是,客户的选项就非常清楚了:要么花更高的价格去买更高的价值,要么用更低的价格去获得更少的价值。当然,如果有两个或更多的可竞争的产品,那么客户自然就会选择具有更高的价值与价格比率的产品。

由此观之，对于能否完全满足客户所有的需求，是存在着差距和程度之别的。而建立和使用"要求符合链"，其意图就是要削减这些差距、填平鸿沟，一次做对。

1）"不符合要求率"如何产生

问题是，为什么有这么多不符合要求的产品？如何才能够衡量产品的要求和客户需求之间的符合程度呢？我们认真观察"符合要求链"便可得知，如图所示。

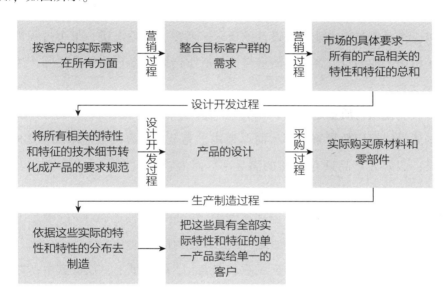

该链条是从某一客户的实际需求的所有方面起步的，然后对目标客户群体的需求进行整合；接着列出市场的具体要求，也就是所有的产品相关的特性和特征的总和；接下来便将这些所有相关的特性和特征的技术细节转化成产品的要求规范，然后作为输入开始进行产品的设计，并购买原材料和零部件；再接着，依据这些实际的特性和特性的分布去制造；而最后，便把这些具有全部实际特性和特征的单一产品卖给单一的客户。

从中便发现，产品的要求规范定义了产品必须去做什么，设计开发过程能够实际处理和引领产品的设计，它定义了产品应该是什么样的，而基于设计的定义，在采购过程中去购买相应的原材料和零部件。但制造的过程，不像市场、设计开发和采购过程，它本身经常是很具体的，具体的制造过程及其"要求符合率"都是可以衡量出来的。

最终的客户/使用者，收到某一个产品后，基于他对产品的要求，判断其是否有质量——符合要求的程度。如果"不符合要求率"偏高，则意味着整个链条中的某些节点出了问题，致使市场的需求和产品的规格要求都不能准确地响应客户的需求；而产品设计也没有符合产品的规格要求，或者，产品制造也未能符合设计的要求。所以，理论上讲，每个过程都出现了链条上的断点，客户的需求与他们所承诺满足客户的需求之间产生了差距。

我们使用与质量定义"阴阳相生"的"不符合要求率"，就意味着产品的质量能够用数量来表示。简单地讲，完全满足客户的需求就是100%满足；假如A产品只有98%的满足率，而B产品只有95%，那么前者就显然比后者要好得多。虽然定义客户的需求是比较困难的，又受到诸如价格、成本和交付等的限制，但在实践中，还是必须按照100%的满足率或零不符合要求率去设计；不如此，不足以得到最好的产品。

这就印证了《孙子兵法》的一句名言："取法乎上，仅得其中；取法乎中，仅得其下；取法乎下，无所得矣！"所以，如果以上述A产品（满足率为98%）作为100%的质量，那么第B产品就只能有95/98 = 97%的质量，以此类推，其惨状难以想象。问题是，许多公司还自诩是质量、成本、交付三者之间的"平衡高手"，或善于让客户理解并接受"达标即可"的行家里手呢。

许多了解克劳士比思想的读者，这时已经想到了一个重要的指标，那就是所谓的"不符合要求率"，不仅仅是"率"，一种技术指标，它的背后可是质量代价，也就是"不符合要求的代价"（PONC）——它是用钱来衡量质量是否符合的状况。

因此，它自然指向**三个方面**：其一，我们链条中的每一个人都必须认识到自己的质量责任；其二，通过我们自身的努力，是可以获得更高的利润的，也就指向了我们将在后面要谈到的如何挖掘"第三代利润"的问题；其三，我们必须要用"零缺陷的标准"来看待客户的需求，来对待我们的所有工作。

2）链条串起来的到底是什么

把公司的核心业务流程串成一个链条，其意图当然为了"更好、更快、更经济、更智能"地满足客户的需求，实现企业的价值。但是，我们想问：①那个串起链条的东西到底是什么？②被链条串起的到底是什么？

对于第一个问题，我们中国有句老话叫作"一条绳上的蚂蚱"，意味着我们都是用一条绳子串起来的，是一个利益共同体，也就回答了第二个问题：被串起来的是利益。但问题又来了：如果仅仅用绳子串起来，这个利益共同体也未免太脆弱了；而如果用铁链子呢，又会显得太无情，而且缺乏温度。

我们现在的问题是，到底被链条串起来的仅仅是利益吗？如果是，那么利益的背后又是什么呢？

让我们再把目光投射到"符合要求链"上。我们发现，整个链条又可以被分为上下两个部分，上半部分——从客户的需求到对设计产品规格要求的判断、平衡与符合性应用，限制较多，且链条存在不精确性和不确定性的管理风险。而链条的下半部分，并没有被这种"判断-平衡-符合"方式所局限，有关如何获得较高的或完美的"满足率"的方法与最佳实践比比皆是，而且在衡量要求"满足率"方面也基本上没有困难。但事实表明，链条的不精确性和不确定性的管理风险并未因此而降低。

这才是问题所在。因为建立起"符合要求链"，就意味着在市场、设计开发、采购和制造过程中，各自的责任部门就要负责运营管理好他们的过程，以确定他们的产品质量的满足率。换句话说，他们应该和质量部门一样都在实际控制着质量。依此逻辑，如果没有市场质量、设计质量、采购质量、制造质量和许多相关的工作质量（比如，财务部门的财务数据的发布质量，人力资源部门的招聘与培训质量，后勤部门的餐厅食物质量，等等），就不可能有最终的产品质量。任何一个链条中的断点、痛点和盲点，都会带来"不符合要求率"的提高，带来返工、重复、报废工作的增加，成本的增加，尤其是客户满意度的降低。

因此，与两个似是而非的"传统的质量智慧"不同——一个是过去流行的"质量是质量部门的事情"，另一个是现代流行的"质量是每一个人的事情"，我们认为，仅对产品质量而言，在整个链条中扮演直接而关键角色的，就是市场、设计、采购、制造和质量五个部门。

大幕拉开了，五个主角闪亮登场。但是，如果故事仅仅是单线索平铺直叙向前发展，就像流程"一个流"般地朝一个方向流去，那就真的索然无味了。事实上，链条的主流向只是一个大方向，主角随着剧情的发展依次出场，然后各种矛盾冲突交织在一起，共同演绎精彩故事；用系统论的语言，叫作过程的优化靠的是"反馈环"。比如说，产品工程师可以强烈地影响市场营销、成本控制和制造过程的能力，而采购项目的成本和可用性，又反过来成为设计开发的阻碍，产品制造的一致性及交付后的可靠性，也会进一步加快与市场和设计开发的进程等。

所以，串起链条的是责任，而引领责任的是信念，撑起责任的是能力，验证价值的是客户。这就形成了双向流动的"ABC循环"。

从逻辑上讲，随着"ABC循环"的持续演进，螺旋上升，精彩的故事和难忘的结局也就会一一呈现在我们的面前。我们在不经意间就会发现，在它的停滞、迟疑、慌张与彷徨的脚步里，分明清楚地感受到了组织正在背负着一个沉重的大十字架，被压得气喘吁吁，步履蹒跚。

3）不妨颠倒过来试试看

我们在前面反复地强调，这依然是老的管理思想在作怪，品质变革任务之艰巨，责任之重大，就在于要把一切关系颠倒过来看。一旦各种关系都发生了颠倒，我们就会发现，员工从"要素"变成了主人——雇佣关系改变了，客户从"储户"变成了行长——交易关系改变了，供应商变成了伙伴——买卖关系改变了……

如果我们再使用"颠倒术"，把常规的从资产与核心能力开始、最后把产品/服务卖给客户的价值链颠倒过来看，就可以清楚地发现，为什么原来有效的方法会逐渐失效并日益沦为"传统遗产"，为什么许多的理论和方法，表面看来富丽堂皇且义正词严，却难以掩饰其脆弱和虚伪的本来面目。

这种与现实冲突造成的紧张感和无力感，体现出来的是良好的愿望与现实的矛盾，彰显出来的是一个清晰的组织"大十字架"，暴露出来的是企业内部观念、思维的混乱及其与员工行为、行动之间的冲突。

2. 观念/思维的冲突

冲突意味着不同的东西在相互碰撞，我们可以从人们为什么会有如此多的质量观念谈起。

1）为什么"质量"如此之多

我们在第1章中谈到质量的定义如此之多，以至于不同的人和组织都在谈质量、做质量。关于这一点，正如克劳士比先生所说，质量还不是一门科学，因为在最基本的概念上，还不能达到一致。

如果从端到端的价值链来看，可以大致分为四类，即基于产品的质量观，基于用户的质量观，基于价值的质量观，以及基于生产的质量观。如下图所示。

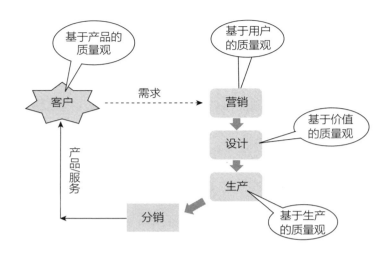

20世纪80年代初，哈佛商学院的戴维·加文教授曾经对此做过影响广泛的研究，他指出，由于人们对于质量的不同的视角或不同的观点，就产生了以下五类质量的定义：

- **超越的定义**（Transcendent definition），比如，"质量既不是精神，也不是物质，而是独立于两者之外的第三实体……尽管质量无法定义，但你知道它是什么"（R. M. 皮尔西格）。
- **基于产品的定义**（Product-based definition），比如，"质量是指每个单位的已定价属性中包含的未定价属性的数量"（K. B. 雷富勒）。
- **基于用户的定义**（User-based definition），比如，"质量取决于你所期望的服务特性在何种程度上符合（产品—品牌—销售商的组合）"（E. S. 梅恩斯）。
- **基于制造的定义**（Manufacturing-based definition），比如，"质量是特定产品与设计或规格相符的程度"（R. I. 吉尔默）。
- **基于价值的定义**（Value-based definition），比如，"质量是在可接受的价格下的卓越程度，以及在可接受的成本下对可变性的控制"（R. A. 布柔）。

几年后，加文在《哈佛商业评论》上提出了一个很有意义的"质量八维度"概念，即一种产品或服务的质量是由八个方面组成的：

① **性能**：产品/服务的主要操作特性（例如，汽车的加速性能）；
② **功能**：附加或补充（例如，课程的学习指南，汽车的电源锁）；
③ **可靠性**：在规定时间内不发生故障或抛锚的概率（例如，5年6万英里的保修）；
④ **一致性**：产品的设计和操作特性满足已建立的标准的程度（例如，一项产品的测试表明该产品与标准的距离在0.001英寸以内）；
⑤ **耐久性**：产品寿命的度量（例如，10年）；
⑥ **可维修性**：维修的速度和容易程度（例如，面板可以由未经培训的用户自己更换）；
⑦ **美学**：产品的外观、感觉、味觉和嗅觉（例如，一朵看起来精致的、颜色令人向往且气味独特的玫瑰）；
⑧ **感知质量**：顾客、客户或学生认为的质量（例如，父母使用可丢弃的尿布，是因为它卫生、方便并且价格合理）。

加文教授用他的"质量八维度"拓宽了传统的质量概念的视野，把人们从"象牙塔式"的谈论里拉了出来，直接面对它在现实生活中的构成与实践活动，从而使得客户和供应商以及组织的层级结构中每一级的经理、工程师、生产线操作人员和办公室办事人员，尤其是高层管理者们，都被牵引着参与到质量的提高和管理之中。

2）我们中国人怎么想

相比之下，我们中国人对于质量的认知基本上呈现出两个极端。"质量"作为外来词，本身带着很强的科技色彩和技术特质，因此使得百姓对其望而却步，"质量专家们"则基本上都是遵循着美国人的定义去做事的，并把自己的工作圈定在加文教授画的"质量八维度"里面，结果，正如我们在首章中谈到的那样，反而因为定义太多使组织内的管理者和员工莫衷一是，产生混乱。

而作为普通的消费者，则因循着我们自古以来的就有的"品质"的概念，往往会从人的道德、人品方面去评价商家/厂家及其质量。这实际上反倒抓住了品质的本质特征，那就是在专家心目中"客户满意度"之上，还有一个"领导诚信度"的概念。正如克劳士比先生所说的："一个组织的质量，是组织领导的关于正确完成事情的个人诚信度的直接反映。一个公司的产品看起来和其管理者的态度一模一样。供应商、客户和公众都能够准确地读出这种态度。"

这个概念含义深刻，不仅连通了中西方对质量概念的理解，而且把产品的质量上升到"组织质量"的高度；不仅值得进一步研究与拓展，而且还必须把它深深嵌入或融化到整个组织之中，变成一种品质领导能力，以支撑企业打造品质竞争力。顺便说一下，这恰恰是品质文化变革的基本诉求和意图所在。我们会在后面的章节详加阐述。

3. 思维/行为的冲突

思维和行为的冲突具体表现在，企业看问题的视角是由内向外的还是由外向内的，企业是把价值链定义成为客户创造价值还是为股东创造价值，还是二者都想要，但实际上思维和行为之间是有因果关系的。所以，根源还是在于，股东到底把企业当作一部赚钱的机器，还是当作一个生命体；前者人们看到的是由管理者们创立的系统和流程，一旦被破坏，只能由管理者们来重建或再造，后者就像生命体，生成自己的细胞，也构建自己的器官和组织系统，而且能够自我重生，重构一个统一的整体。

如此，便造成了组织"过程的割裂"。

所谓过程，是关于组织是如何调动资源跨职能去做那些应该做的事情，焦点在于：为客户创造价值，组织是如何工作的，客户成了所有人关注的中心；与此相反，传统的组织结构，焦点在于人们是如何构成的：领导成了所有人关注的中心。因此，忽视了真正重要的事实，即组织首先是为了客户创造价值而存在的。

组织"过程的割裂"

让我们把目光转向20世纪90年代的早期，走进施乐公司，这家靠单一产品持续地创造业绩神话的公司，当年在日本和德国公司的冲击下，从"财富500强"的前50名，直接降到了100多名。时任CEO保罗·阿拉尔（Paul Allaire）眉头难展，他说："要想加快变革的速度，就必须改变我们管理公司的基本方式。几十年来，我们一直把组织当作一台大型的职能机器。我们创造的这个系统既复杂而又不让人们承担责任……我们需要的是非连续的变革；渐进式变革不可能实现我们的愿景。"

在他们着手解决如何不断提高满足客户需求、缩短经营周期要求的竞争力问题时，却触及了更深层的事实：是公司现行的"各自为政"的烟囱式的结构和系统导致过程流的停滞与断点，造成了组织"过程的割裂"、价值的贬损，从而导致在产品质量、成本和为客户创造价值的及时性方面产生问题。

迪迪埃·格罗（Didier Groz），这位长着一头金发的施乐法国公司的质量总监，用"职能碉堡"一词对问题做了形象的描述。他说："公司典型的职能式结构并非顾客所期望的，顾客不愿意从一个职能部门跑到另一个职能部门。职能碉堡的存在，使得所有的跨部门决策都被上推到组织的更高一级。这降低了我们对顾客要求做出迅速反应以及与顾客联系更紧密的能力。例如，在法国，我们有八个地区性的组织负责销售，服务则由另一个单独的职能部门负责，它直接向分管总监报告。销售人员的思维方式是'卖出去就万事大吉'，他们没有什么动力去关注售后的事；同样，尽管服务人员在访问顾客时收集到大量有价值的信息，但却很少将它们传递给销售人员。一旦销售和服务部门之间发生什么冲突，决策就不得不推到更高一层的主管那里。"

4. 行为/方法的冲突

从 20 世纪 90 年代初，人们便开始使用核心业务流程图来展示从过程的角度来看组织的观点，比如，在企业的核心业务流程图中，我们会发现，客户/顾客被明显地放在了核心流程图中，而且"客户/顾客沟通"过程又是由"概念""开发"和"制造"的过程支撑的，同时，这些过程又与公司业务流程中的诸多过程相互作用，比如，战略制定、产品开发、客户设计与支持、生产能力开发、订单完成等。

1) 核心过程的主观性

显然，一张核心流程图通常包含 5~8 个核心过程，而且比同一组织的结构图要简单得多。因为所有组织在一定程度上都做着类似的事情：即创造新产品和服务，让顾客满意，以及为了实现组织目标管理好资源。这些就是组织的核心过程。

由此可见，不同公司对核心过程的定义是不同的，并有一定的主观性；而且对核心过程的描述，也不存在统一的术语。所以，核心流程图在本质上，是一种管理沟通的工具。信息传达得越清晰，越容易，其威力就越大，反之亦然。也必然加大组织内的各种冲突与矛盾，而不同的方法论又会反过来加重组织内各种紧张的关系。

比如，就如何定义核心过程而言，通常有两种基本的方式，一种是"内视法"，即观察组织现在正在做什么，还有一种是"外视法"，是从顾客或市场的需求出发，定义组织为了满足顾客和市场的需求应该做什么。前者先分析各种活动，然后将活动分类组合成一个过程，并通过反复的合理化和验证工作，最后确立成为一个核心过程；后者则是通过客户/顾客的真实的需要，然后去寻找满足客户的过程及其相关的活动，接着进行反复的改进和验证工作，最后提炼成为一个核心的过程。

2）总经理的苦恼

曾经有一位美资公司的总经理给我讲过一个令人哭笑不得的故事。他们公司的机械工程师在设计新产品时，往往完全不考虑生产工程师的任何意见，同时却认为"你是生产工程师就应该知道怎么把它做好"，生产工程师自然对此大为恼火，却有苦难言。

这种"隔墙抛物"的后果，就是新产品往往很难或几乎不可能生产出来，而且质量和成本都是问题成灾。信息一次次反馈到机械工程师那里，要求他们改变工程技术，以便提高新品的生产能力，却得不到有效的回复。而当设计者们与生产者们就设计问题互相扯皮的时候，客户们被迫等待交货，往往要拖上几个月时间。

总经理认为，如果这两个部门的工程人员早在设计过程中就进行深入交流，那么许多问题都能够在出现之前就得到解决。因此，他找到了一个大空房间，让机械工程师和负责下一步的生产工程师们都搬到这个房间里来工作。人们依令而来，一群人在房间的一边，而另一群人在房间的另一边。不过要想交流，就会变得十分简单。

总经理有点放心了，感觉这个问题最终会被解决。几个星期后，当他到工程师们的房间时，看到的情景让他大吃一惊。这两部分工程师表面上相安无事，因为他们在房间的正中央用书架和文件柜建起了一堵墙，将大房间又分隔成了两个办公室。于是，他们就像以前一样继续工作着。

5.2 织"品质网"：系统重构，优生优育

对于预防，不同的认知，必然导致不同的做法。我们中国人往往"朝上走"，喊口号，抓意识。这里的诸多情形不用解释，大家自然会了然于胸。德国人往往"朝下走"，定规则，抓硬件（设备设施）。十几年前我曾

经参观过一家德国的著名企业，他们在分享自己"先进的质量管理体系"时，曾经把体系、流程、规则及在线检测设备集成在一起，而重点突出的则是，唯有在线检测设备才是质量保证的关键。当时我就想到克劳士比先生曾经谈到的，当零缺陷作为预防的概念传到德国时，德国人本能地把它与硬件结合在一起。

日本人"亦上亦下"，既抓意识，也抓硬件。这对于我们很多企业有很深的影响。无论是学松下，还是学丰田，学京瓷，你都可以从中不断地看到我们中国人的抓思想意识、美国人抓系统、德国人抓硬件的影子与片段。也许很多人都马上会想到，源于新乡重夫先生（Shigeo Shingo）在学习西方人的过程中，是如何把零缺陷的理念应用到具体的实务中产生了"零缺陷装置"（也叫防呆、防错装置，Poka-Yoke）的概念，以至于许多人，后来一听到"零缺陷"就会想到"零缺陷防错系统"，而不解何为"零缺陷系统"。

美国人则强调"系统"，有意识，还有原则，有体系，也有规则，抓硬件，也抓软件。可以说上、下通吃，考虑周全。这一点，只要稍微读一读任何一位美国的质量大师、知名专家的著作，都可以得到清晰的印证。至于说美国企业在实践方面的情形怎样，则是另一回事了。

其实，上述种种情形，我们都可以从各类组织抓"安全"和抓"零缺陷"的认知与实践中得到清晰的折射。因此，有必要对于"预防""系统"以及"预防系统"这些基本的概念，做一番澄清和解析的工作。

1. 构建预防系统的"三要务"

面向未来我们还要进一步地思考一些问题。比如，在人工智能和物联网时代，该如何改造旧有的价值链及其流程以重塑企业的价值呢？我们到底应该用什么样的模型去推演未来之战的蓝图呢？是从客户的痛点和需求反推"价值主张"，然后经过"过程作业模式"重构业务模型呢，还是以

"ISO质量管理体系""卓越绩效模式"为蓝本重新设计企业的经营管理模式呢？

ISO管理体系本身就是一个大家族，包含了诸多的体系，在现实中自身还没有得到有效的整合，尤其是还与企业的经营管理和业务运营系统是相对分离开来的。而卓越绩效模式，虽说得到越来越多的企业青睐，但是由于与ISO管理体系一样，依然是基于传统的科层制的命令–控制模式，或是领导驱动–员工执行的模式，对于将其改造成客户驱动–自主管理的模式，或者将其由"物本管理"转化为人本管理模式，到底是一种阻碍呢，还是一种有效的支撑？

另外，用前述所谓的"颠倒术"和物联网的架构就可以有效地改造传统的价值链了吗？现有的"由内向外"的价值链，真的可以轻而易举地就把它颠倒成"由外向内"的由客户的需求及其偏好来驱动的吗？

为了解答这些问题，我们必须先要抓**三件事**：第一是理解系统；第二是系统重构，即"产房里面闹革命"；第三是"优生优育"，使用ZdToolbox"建链织网"，构建生态。

1）理解系统：病后谈"系统"

何谓系统论

日本河本英夫教授曾经总结了西方系统论的演变与发展：第一代系统论——开放性的动态平衡系统；第二代系统论——开放性的非动态平衡系统，即自组织系统；第三代系统论——自生系统（Autopoiesis）。他认为，自生系统是最先进的系统，因为它"是由系统运动构成的追求速度时代的系统论"，并从根本上改变了自组织系统中"自我"的定义——"不是从本质或者从本体方面来规定自我，也不是任由自我变换为各种面貌，而是考虑通过自我本身创造出边界，并同时制造出自我"。这些话听起来有些拗口，但是不是和我们倡导的"自主品质""自主经营"越来越接近了。

麻省理工学院的维纳（Norbert Wienner）教授在1948年出版了其著名

的《控制论》（Cybernetics），成为系统思考的里程碑。他抓住了一切通信和控制系统共同具有的本质的特性——"信息流"，把系统的控制机制和现代生物学所发现的生物机体中某些控制机制加以类比，形成了控制论这一门独立的专门的学科。很快就引发了一场极具影响的思想运动，并直接推动机体生物学、格式塔心理学和一般系统理论的产生与发展。

贝塔朗菲（Ludwig Von Bertalanffy）教授从事生物科学的研究，对生命系统的行为和演化具有独特的洞察，他提出"开放系统"对于生命组织的意义，并在1968年出版了里程碑的著作《一般系统理论》（General System Theory），从此，系统被定义为关于研究"整体性"（Wholeness）的通用科学而非之前那种"含混不清与模糊难解的半玄学概念"。他指出"过去科学的唯一目标是进行分析，把实际存在的事物分割成一个个尽量小的单元和孤立的单个因果链。因此物理实体被分割成大量的支点和原则，生命有机体被分割成细胞，行为被分割成反射，直觉被分割成点状的感觉，如此等"。换言之，这种传统的笛卡尔和牛顿的机械的世界观，将会被整体的生命体的观点所替代。

其后研究"行为科学"和"心理健康"的约翰·霍普金斯大学的米勒（James Miller）教授出版了其鸿篇巨作《生命系统》（Living Systems），通过具体的细胞级组织研究，提出了8个层级的生命系统：细胞、器官、有机体、群体、组织、社团、社会和超国家制度，并把生命系统的假设、原则和方法推广应用到企业、社会、国家等所有的组织中。

米勒教授给出了系统的一般定义，即系统由一组相互关联、相互作用的单元组成，每个单元的状态又受其他单元状态的影响。在他看来，生命系统是具有独特的生命特征，并与所生存的环境相互影响的开放的、自组织的系统，是以信息和物质–能量的方式进行交换的。

系统思考的模式

从麻省理工学院的"第五项修炼"运动开始，系统思考（Systems

Thinking)的模式勃然兴起，显然是对西方二元对立之世界观及物质无限可分科学观的反叛，以及对中国整体观、宇宙一体性及阴阳平衡和谐思想的追求——旨在谋求"能全面地看待事物，并能够洞察长期的因果关系"。因为西方传统上的两种关系一直是紧张的：分解式求解与整合式解题，片段式思考与整体式思考；甚至把树木和森林对立了起来。事实上，人们总是不自觉地屈服于这种张力，而放弃了整体（Systemic）视角、失去了系统化（Systematic）思维，也就日渐消退了一种机能：既见树木又见森林。系统必须被原封不动地作为一个整体进行研究，正如彼得·圣吉（Peter Senge）所说，"将一头大象分成两半，并不能造出两头小象。"

系统思考的精髓，在于用整体观点医治组织的"烟囱思维"和"组织近视"这一对孪生并发症的危害——前者，只是简单地把问题从这里转移到那里，后者，则把问题从现在转移到了未来。系统，是表示"一群相互连接的实体"（丹尼斯·舍伍德），其对立为"堆"（heap），即没有连接的许多实体事物。而没有连接，就无法形成因果事件链。于是，破坏了系统内的连接，也就破坏了系统本身，**系统的本质就在于连接**。

2）"生命之网"的深意

卡普拉博士在《生命之网》一书中详细讲述了从笛卡尔机械系统思维向生命/生态系统思维之范式转变的过程，可作为近代"科学思想"演变史学习文献，亦可当作对目前科技发展的反省的背景资料。

转折点在哪儿？卡普拉认为，现代物理学革命——"新物理学"将成为其他科学及社会的普遍范式，"就如同旧的牛顿物理学一样，几个世纪以来就是其他科学和社会组织的范式"。

何为"新物理学"？基于爱因斯坦的两篇论文（1905）揭示了科学革命：狭义相对论和原子现象理论（量子理论特征）——前者以四维的"时—空连续体"打破了牛顿力学的绝对时空宇宙模型，后者以"亚原子世界"的发现（原子—原子核和电子—质子和中子—亚原子粒子—量子/光子）打破了物质无限可分的决定论定律，揭示出整体世界之复杂网络（核心是，作为观察者必然包含在其中）。

结论是什么？卡普拉在《物理学之道》中指出："东方智慧与西方科学本质上是协调的"，"东方神秘主义提供了一个协调一致和尽善尽美的哲学框架，它能容纳物理学全领域最先进的理论"。所以，他在书名中使用了充满中国智慧的"Tao"，并把副标题定义为："近代物理学与东方的神秘主义"。也就是说，西方的物理学走到了尽头，就接上了东方的思想源头，进入了神秘的东方世界。

于是，系统及其价值必然要重新构建了。

2．系统重构："产房里面闹革命"

我们必须把目光重新投射到"大十字架"中的横轴——"端到端"的"质量链"条上面，再一次回顾格鲁库克先生提出的"产品价值公式"以及五个主体质量责任部门的分法。如此，我们就会相应地对这条链条按照"三分法"进行大致的切割和划分了：第一部分，从市场/销售到设计/开发，主要负责PQ/产品质量；第二部分，从采购、制造到交付，主要负责DQ/交付质量；第三部分，从物流到服务，主要负责SQ/支撑质量。这样一来，我们便会在头脑中清晰地浮现出一幅画面，不由得大吃一惊：原来这个产品由无到有的价值实现的"生产"过程，和我们熟悉的母亲"生产"过程何其相似！

我们不得不回到一个基本的认知方面。女人生孩子的过程，原本就分为三个阶段：第一个阶段是十月怀胎，第二个阶段是进产房，第三个则是坐月子。当我们在谈及优生优育的话题时，意图明确，就是为了生一个健康聪明的宝宝。于是，每个人都会不自觉地遵循着一个常识性的自然法则，那就是我们所谓的"优生法则"——"十月怀胎"更加关键。

从中，我们可以解读出三个简单而**关键的问题**。其一，我们一直以来都把工厂当作一个活的生命体来看待,看企业也是这样,也是活的;反之,西方人总是倾向于把企业看作是一个没有生命的赚钱机器,是死的。所以,我们有"百年老店"的概念——活的东西才有可能存在百年、千年,他们只有成功与失败的概念,如今升级为永续经营、可持续发展的概念。

其二,优生优育需要预防,而重视"十月怀胎及以前",就是预防。这与我们常规的思路是相逆的。因为人们常常关注看得见的东西,而忽略看不见的东西。显然,看不见的才更加关键。

其三,我们在谈品质与预防,就像是在谈优生优育。然而在现实中,我们惊奇地发现,那些所谓抓"生产"品质的人们则完全违背了优生优育的自然法则。比如,在许多的公司,质量人员占总人数的5%~8%,甚至更多。问题是他们都在哪里呢?答案是,绝大多数人都在生产车间——"产房"里面忙着呢。

比如F企业,全部的质量人员有近400人;在"十月怀胎"的地方,市场和销售没有人,研发系统大概有200多人;在"坐月子"的地方,亦即后端的服务过程,大概有四五个人。那么,大多数人在哪里呢?都在"产房"。

如果我们再能够联想到核心业务流程"端到端"的集成与数据链条的打通问题,再一次在脑海中匹配那张"影响成本的模型"图,那么就更要尝试一下我给大家的建议了:回家去,向你们家的那位"厂长"请教,然后把"优生法则"更好地运用到企业里面。

这里的所谓"匹配"是有切实的含义和真切的情景的。虽然它是通过财务的角度对成本产生影响,做了量化的表达和对比,但它似乎说的就是我们现实中质量管理资源的分配现状与问题产生的原因——原来我们是循着看得见的或成本产生的因素去分配资源的。比如,模型的上半部分,是实际发生的成本:设计占5%,设计工程3%,试验2%,过程策划5%,而生产则高达85%。也许正是由于它们是实实在在发生的、看得见的,才牵引着管理的资源尤其是质量管理的资源进行了"橄榄球型"的配置。

如果再看模型的下半部分——对成本的真正影响,则正好反了过来:生产环节仅仅占5%,而设计、工程和试验方面,加在一起高达90%。当然,这个模型还没有包含销售、战略与营销,不过可以想象,它们对成本的影响更是大得惊人。这就再一次印证了我们"治理长江要从源头抓起",尤其是零缺陷之"零进零出"原则的正确性和实效性。

正如我们反复强调的那样,正是成本和PONC让人们突然对品质有了意识,对预防有了意识。因为所谓意识,就是人们对某些事情关注的程度与水平。这也就是我们要用价值和金钱来衡量质量的原因。只有当预防和成本碰撞在一起的时候,才能激起预防的火花,也才有可能产生实际的行动,以及想要达成的结果。

华为公司之所以能够取得今天的成绩,背后有一个不为人知的秘密,那就是销服系统很早就开始抓质量了。十几年前,当时的负责人胡厚崑在明白了"治理长江"的意义之后,便要求每一个国家部和地区部总裁都要成为首席质量官,并使用了公司特有的考核的方式,将质量的管理责任"回归"到他们身上——也就是我反复强调的"司机归位"的主张。

其意图非常明确,那就是要紧紧地抓住"合同质量"这个牛鼻子,将合同作为所有工作的中心,以推动整个系统工作流程的改进。当然,关键就是在流程的改进过程中,将质量的要求和标准不断优化,然后构筑进去。

后来,他们又有了要在销服系统设立QA人员的需求,再后来,就开始设立质量组织了。因为他们已经在实践中认识到,把流程打造好,配上QA进入执行流程的团队,就会提升能力;把LTC(线索到现金)流程执行好,自然而然就能够保证输出高质量的合同。而QA的核心作用,就是要保证输入输出各环节的高质量。同时,他们也希望要建立"质量回溯"与问责机制,以促使大家去不懈地追求高质量;还要落实公司的"质量审计"要求,不仅审查LTC是不是全流程关注了质量,而且重要的是审计流程执行过程中是否有问题。最后，他们又打算在国家部和地区部层面设立首席质量官。这些我会在后面详细解释。

GT公司，由于客户端出现了批量事故，造成订单的减少和经营的困难。于是，便开启了"管理变革年"，变革的主题有很多，但最易行的只有两个：提升品质和降低成本。质量系统在进行质量战略解码的过程中，达成了"成就客户价值，助力经营绩效"的共识。然后，将企业的经营指标逐一解码成质量的控制指标或质量经营的价值贡献指标，包含了三个方面，质量团队的优化，PONC减少以及市场不良率的减少。

为此，一方面对质量团队的人才结构以及人员构成和分布进行排查诊断，以提出改进的方向与有效举措。分析表明：在全集团超1000人的庞大的质量队伍中，超过38%的是制造过程的QC，主要在做问题拦截的工作；而在客户端只有4%的人员，设计系统的QA也只有8%，物料部分占了11%，产品可靠性测试占了9%，出货占了3%，供应商质量管理占了4%。于是，他们提出"产房里面闹革命"的方案，加大源头的资源布控，培养更多的BP（业务伙伴）和质量专家，将生产现场的QC减少10%，以共同完成在客户端的"双零"目标，即零投诉和零退货。

一年后，效果显著。不仅连续荣获其关键客户颁发的金牌供应商荣誉，追加了订单，而且实现了PONC削减30%的目标，整个团队得到了公司重奖。

TM公司，在顿悟了"优生优育"的道理之后，便开始对现有的质量队伍尤其是专家人员进行盘点。然后，将更多的资源向前端的市场、研发以及后端的供应商管理分配，相应地增加了客户关系改善工程师、研发质量工程师、流程工程师以及供应商质量管理工程师；而对于制造端，则强调质量工程师、工艺工程师与制造工程师的协同作战。

他们基于"符合要求链"来优化整个的流程，设定了全链条质量要求的关键闸口，由质量部门的人员进行管控，而原来那些过程中的检验检查人员，便融入了生产管理流程之中。这样一来，不仅定位清晰了，目标明确了，人员精简了，而且对于公司构建端到端的业务流程的变革项目，起到了积极的建设性的作用。当然，其效果也是显而易见的。

3."优生优育"：用 ZdToolbox"建链织网"

以 PMW（过程模式作业表）为核心组成了一个 ZdToolbox，简称零缺陷工具箱，或系统预防核心组件。

将业务流程改造成"质量链"

ZdToolbox 以业务流程为开端，将流程分解细化到二级、三级、四级，甚至五级、六级的工作过程；然后，再以问题为导向进行过程的切片分析，便形成了过程模式作业表/PMW，它实际上就像用显微镜分析微生物那样，是用来细微地分析某一工作过程（输入、活动和输出）的要求及其与前后左右关联者之间的相互关系的，其基本意图就是为了识别每项工作的主体责任人及其价值创造点（要求），以及相互关联者之间的共同价值预期（相互要求），从而基于相互达成的价值共识点，形成双向沟通、协同作战、共享共赢的新工作方式，自然也把领导驱动的"让我做"的老火车式工作方式，变成了自带驱动力的"我要做"的动车式工作方式。实际上，这不仅为落实"八字方针"打下了坚实的基础，而且这样做的本身，即是在将业务流程改造成"质量链"。

这里面的逻辑也是非常简单明了的：正所谓人对了，事才不会错，责任主体先到位，才可能把事情做好；再辅之以利益协调机制，便可持续创造价值，形成新的工作方式。

个人工作品质是出发点

ZdToolbox 的整个逻辑起点及节点，充分体现了零缺陷的基本思想与原则：个人工作品质提升——触发工作过程改进——优化业务流程——提升产品质量。

因此，作为用于提升每个人的工作品质的 ZdToolbox，必须简单明了，容易上手。其关键点就是聚焦工作过程，识别上下游相互之间的工作要求列表，然后通过有效的沟通，围绕着要求，完成"过程作业模式"。当然，如果没有必要的流程知识、对自己工作价值的认知以及与他人协同工作的意识，要完成这个简单的表图，也是不太容易的。

接着，再梳理与周边利益相关方的关系，也就是"过程作业模式"上的四个方格——控制过程输入的四大要素：政策（处理质量、成本与进度的关系）、人员（知识与技能）、流程（程序与步骤）以及硬件（设施与装备）。不难发现，这四大要素在现实中基本上都是由行政管理部门或业务辅助部门担当的，与业务部门的关系多是单向的、被动的，甚至是非良性互动的。所以，以零缺陷的系统思维去与四大要素形成双通道的良性沟通关系，才有可能围绕着相互的要求及其价值创造点去把握源头，达成"零（无缺陷）进（输入）"的目标，也才有可能构建一个预防的系统。这就是所谓的以系统思维构建预防系统，用"零进"实现预期的"零出（输出）"。

那么，要点何在？其一，在与设施、装备、技术、HR、质量、生产、工艺、财务和行政等部门的互动中，会触及一个深层次的矛盾，那就是在质量、成本、交付期和安全方面发生冲突的时候该怎么办，从而倒逼管理团队给出明确的选项，做出清楚的承诺，以解开人们积郁已久的心结。

而这里的核心，就是需要公司管理团队表明心迹、出台政策：是品质优先、成本优先还是交期优先？

其二，则是意在改善相互之间的关系，即围绕着你的工作，不仅可梳理清楚使用者/供应者之间的关系，而且更有可能将现有的一些"僵化"甚至"糟糕"的工作关系，改变成一种共同确定要求的相互协同、良性互动的共创（价值）共赢（绩效）关系。

实质上，这是在建立一种以"契约"（更多的是心理层面的）为基础的关系——当然，有些公司直接就建立起了法律意义上的契约关系。但无论如何，其前提是要落实主体责任的，也就是"你—我自主创新单元"（U-Mi）或自营体；落实"你我担责"的基础，围绕着 U-Mi 单元，便可构建起相互之间的价值关系，也即利益分配、合理考核的关系。如此，便不得不把焦点放到"环环相扣"上面了。所以，这实际上是在改造或优化整个组织的运营系统——从最基本的细胞单元的底层代码进行解码和修复，进而用新理念重新编码，以构建一个自我生发的经营体，然后顺势而为，将整个业务流程改造成为相互咬合的"质量链"，进而协力打造成一个基于 PMW 的前后左右共享共赢的"品质价值网链"。

显然，这是打通团队协作墙与流程壁垒的关键环节和举措。在此基础之上，就更加突显出政策和考核的牵引尤其是基于客户价值的且以自主经营为主体的考核的意义和价值了。

核心是达成要求共识

无论是分析流程，梳理关系，还是建"链"织"网"，都涉及有效的沟通；沟通，又必须依据"三互"（互敬、互信、互利）的原则，而是否有效，又在于是否能够实现"三共"（共创、共赢、共享）。于是，问题来了：做这一切的关键点是什么？抓手在哪里？答曰：就是要努力地对相互的要求达成共识。而要做到这一点，又必须要努力地去识别、挖掘、理解和参与要求，最后达成共识。

问题是，要求是什么呢？我曾经在《零缺陷智慧》中提出了一个与"三层面说"相对应的要求"M-N-D 模型"，清楚地界定了"要求"与我们常说的需求、需要、预期等的关系。

可见，要求的"M-N-D 模型"真正体现了斯莱沃斯基先生所说的"真正的需求，潜藏在人性因素与其他一系列因素的相互关联之中"。所以，他认为只有把思维方式从劝说人们购买产品，"升华到人与人之间的深入理解，升华到从客户的双眼和情感角度看世界"，才能打开"需求之门"。

从"过程模式"到"过程作业模式"

一般而言，大家对于"过程模式"都是乐于接受并认为理该如此的，只是在应用的时候，暴露出了其"由内向外"而非"由外向内"的工作习惯。也就是说，更多的是先强调输入，然后再强调输出；一旦说出了问题，便回过头来指责输入者，也就形成了现在企业里常有的一种工作状况。我们把这些叫作常规的或老的工作方式。因此，"过程模式"有助于构建新的工作方式。

由此说开，老的工作方式，对于"过程作业模式"中相互关联的部门，也即我们常说的图上的是"四个爪子"，诟病最多。

因为在常规的公司里面，它们一般都会呈现出两个极端，要么作为支撑部门或者保障部门，要么就是管理部门。前者使得支撑/保障部门变成了"服务"部门，失去了专业精神和自身应有的价值，而业务部门自然就变成"被服务"部门，一有问题，就"理所应当"地指责和推诿；后者则是对业务部门提要求、做考评，又不免在强化那种官僚式的"命令—控制"模式，不仅抑制了生产力，而且不知不觉中滋生了"两张皮现象"或者阳奉阴违，甚至弄虚作假的现象。

显然，要想协同，必须基于"过程作业模式"，伸出双手，主动协同，方可共同为客户创造价值，自身也体现出应有的价值，从而不仅在组织内变成"有用的和可信赖的"团队，而且在客户和利益相关方面前，使得整个组织都变得有用和可信赖。不如此，则不足以推动整个组织释放更多的潜能，创造更多的价值。

ZdToolbox 的应用逻辑

a) 聚焦业务流程的断点、盲点与痛点，使用"过程模式"进行切片分析，然后确定工作过程的责任主体及其上下游关系者；接下来

使用"八步规则",围绕着要求,把工作过程改变成了依据"使用者/供应者关系"一环扣一环的"质量链"的链条或节点;

b) 基于"过程作业模式",以 U-Mi 为主,主动伸出双手,去寻找前后左右的那"四个爪子";通过建立双通道的连接,共同构建一张以"系统预防检查表"为抓手的天罗地网,从而为把点—线状的"质量链"改造成"品质价值网–链"打下基础;

c) 基于"系统预防检查表"进行细分目标的量化表达,并建立"数据管理计划",包含"战略指标树""衡量作业表"、"量化办法表"以及各种收集数据与分析数据的工具包;

d) 对核心业务的数据化表达、采集、分析与衡量,实际上就是在建立组织底层的系统化"数据池"——当然,如果一家组织能够基于品质战略逻辑与大数据思维构建起"CQO 驾驶舱"数据管理架构系统,就有可能打破现有的业务数据孤岛,实现物联网环境下的智能化的数据驱动与价值整合,从而有效且有序地推进企业进行"数字化转型"——构筑基于数据和知识流驱动的自主管理与改进的新管理模式;

e) 数据与衡量的背后,自然是差距与改进,而从价值的概念衡量,则是 PONC;于是,就要相应地应用改进的工具去解决问题、减少差距、消除 PONC。构建"PONC 系统"因涉及面广,暂且搁置在一边,对于组织内如何有效地应用现行解决问题的工具,我们有一个指导性的选择矩阵图,即依据问题的紧迫度和复杂度,可依次使用 ECR(麻烦消除)、五步法、8D 和六西格玛;

f) 每个 U-Mi 在沟通与改进问题的时候,是需要基于"过程作业模式"协调上下左右制订"共同改进计划"的;而对于组织层面的问题,或者外部客户关心的问题,比如普度鸡案例,则需要在公司层面有组织地进行系统性解决。当然,一旦达到了目标,就需要有效地表彰和赞赏，并适时地把改进的成果进行分享与固化。

至此，我们已然明了：ZdToolbox 是以个人工作品质提升为起点，以管理关系、团队协同为基调，以自主经营、共创共赢为意图，以建"链"织"网"、永续经营为目标，是一种管理创新的利器。

5.3 自主品质：嵌入要求，数据驱动

几年前，我曾经着迷于"质量大数据"领域的研究，并专程去上海拜访了从美国回来的大数据专家黄博士。他对我说，如果之前是上帝决定一切，那么未来将是数据决定一切，而核心就是算法了。他也自豪地告诉我，谷歌的数据科学家到他这里来访问，惊奇地发现，我们的算法比谷歌还多出许多。虽然我们双方一直没有实质性的合作，但是，我一直也没有停止过对此课题的思考，也专门与相关机构合作成立 iZd Lab，其意图就在于面向未来构建一种智能时代的"数据驱动的自主品质"工作方式。后来，在与华为公司的互动中又明确地提出并支持他们实践"数据驱动的自主质量管理方式"。

就"数据驱动的自主品质"工作方式而言，基本上可以看作"八字方针"的技术层面的落实，因此，必然要通过"司机归位"与自主经营的概念与原则，并实际落实建"链"织"网"、系统重构的工作；同时，还要通过品质创新，查漏补缺，做好如下三件要务：

- **人的方面**："自主品质"的主体/Owner，开车上路的前提，也是落实"你—我担责"之 U-Mi 模式的基础。我们在前面章节谈到如何使得责权利到位，装上发动机，从而把机车改成动车；如何再配套价值损益表和 OAR 计划表，以适应精英管理和职场新生代的工作方式。

但是，必须提醒读者诸君的是：为什么要再次强调流程，为什么人和

流程是密不可分的——想想中西方对此的理解和应用场景的区别，答案便呼之欲出：流程不是用来限制人的，相反，是用来支撑、培育人的；好的流程产生好的员工，而不好的流程则让好员工变坏。

- **产品方面**："自主品质"的关键。进入智能时代，企业必须要做好两个方面的工作：一是打造企业自身的数字资产或产品。用曾鸣教授的话讲，未来的组织可称之为"智能商业组织"——他基于阿里巴巴15年的实践与洞察，提出了未商业之新范式——智能商业，并给出了实现智能化必须要"三步走"的路径：在线化、智能化和网络化。二是现有产品/服务的智能互联化：智能化、互联化、生态化，以满足"智能化升级"或"传统产业的重构"的需要。
- **组织方面**：人本经营体是"自主品质"的基础。有了好的流程，好的员工和好的产品，如果没有好的组织做支撑，就是一件不可思议的事情了。因此，为适应企业的智能化升级，除了通过我们前述之管理创新改造组织本身，以释放被"官僚化组织"压抑的潜能，像塞姆勒那样来一个"乾坤大挪移"，或者像红帽公司那样变成"开放型组织"，像晨星公司那样成为"自治型"组织。借用哈默教授的话，这些只能称作"管理2.0"，下一步，必须通过"智能化"升级为"管理3.0"——这与我倡导的"中国品质3.0"是契合的。事实上，晨星公司已经在进行有效的探索，他们几年前即把CLOU在线化了——虽然离智能化和网络化还有很大的距离。

为了配合产品/服务及组织的"智能化升级"，一旦"司机归位"，U-Mi运营，就需要基于企业未来的战略方向以及"大品质体系"，在流程的构建与优化过程中，即将质量的要求依据质量体系的规范构筑在流程和SOP中，以便在线化采集数据，按照"制订要求—注入流程—落实要求—审核评估"的大循环，沿着业务流程的全过程"可视化"管理质量，既能确保每个作业环节、每个人的工作满足质量要求，也能确保整个组织的输出满足客户及利益相关方的要求。

由此，便可实现"数据驱动的自主品质"工作方式。由于这种方式还没有经验可供借鉴，大家都在摸索之中，而海尔的"自营体"平台建设则是一再被媒体报道，人人皆知。故希望能够借鉴海尔的经验，打造我们所规划的"品质自营体"。

1. 好流程产生好员工

何为流程？即一组由输入转化为输出并为客户创造价值的相关活动。客户的价值驱动业务的发展，从而获得相应的成果，反过来，又定义了组织的流程；而组织的流程，又将会驱动组织去创造客户价值，从而形成了一个闭环。

但现实中并非如此。虽然组织都有流程，可由于职能化管理的强势，就使得既有的流程变得支离破碎、不可见、未被衡量和未被管理。于是，我们在组织中就发现了两类人或一对矛盾体：一类是，姑且叫作职能的拥有者，或功能的拥有者，另一类呢，则叫作流程的拥有者。前者拥有的是业务和任务，大家都是按照组织所限定的职责进行活动，并不关注企业的整体目标，只是为了履行自己的职责而履行职责，为了完成任务而完成任务，对其职责所服务的最终目标是什么并不关心；体现出来的是一种崇尚权威的、唯上的管理风格，一种纵向的、自上而下的运作方式。

相反，后者则是心中有客户、做事聚焦结果，考虑的是组织的整体利益和全价值链条，强调的是资源的可调整性、跨职能的和可伸展的项目合作，也就必然是把理顺关系与合作共享摆在了非常重要的位置；同时，参与性、共创共赢更是不可或缺的，从而使得每一位流程中的人，都可以进行一种广泛的自上而下、自下而上的互动和连接，也就成为连线接网的一个关键节点，成为未来"自主管理"的主力军。

所以，一旦流程被建立起来，流程的意识就会使得工作不仅缜密和严谨，而且具有可重复性，从而摆脱临时的、偶尔的、碰运气的情形，可持续地创造出优异的业务绩效。

由此，我们可以得出一个结论：好的员工没有好的流程，将会很快失去价值；而差的员工有了好的流程，一样可以成为好的员工。所以，**好的流程可以造就好的员工**。

有鉴于此，埃森哲咨询公司认为，在可行的环境下，优秀的流程创造优异的业务绩效，并提出了优秀流程的五个特征：

①流程结果创造价值；
②致力于高价值流程；
③优秀流程需要优秀的拥有者；
④衡量什么就得到什么；
⑤要创新，不要重复；

也正因为如此，我们就可以理解：为什么任正非先生特别强调华为要以 IBM 为师、向西方企业学习，为什么要反复强调"无情的流程"，为什么在实施 IPD 时要提出"僵化－固化－优化"的原则。也就更能理解为什么华为要倡导流程化的企业管理方式，为什么任何业务活动都要由明确的结构化流程来指导，其意图就在于通过流程建设把所有人从海量的、低价值的、简单重复的工作中解放出来，让差的员工变好，让好的员工变得更加优秀，最终创造更大的价值。

2. 智能互联产品：自主品质是否可能

首先，迈克尔·波特先生联手实践者 PTC 的总裁詹姆斯·贺普曼撰文提出：智能互联产品的产生，将会改变行业竞争的格局，而连接器、传感器和数据，将会推动产生革命性的业务。为此，他还专门验证了著名的

"五力模型"，他认为在物联网时代，该模型不仅依然有效，而且还会更清晰地显示出物联网时代的竞争态势和行业的新的动向。比如，①买家的议价能力在减弱：因为厂家拥有产品的信息和数据，可以实施 PaaS 按需付费模式和产品共享模式以及大数据增值服务；②因产品、系统和生态的不断涌现，而使得各类"跨界者"成为业内竞争者；③因智能互联化而使产品功能不断跨界，新玩家层出不穷；④可穿戴设备、按需付费模式和共享模式同样使得替代品层出不穷；⑤供方/卖家出现两个极端：常规的产品，因物理件被规格化、软件化，提高了通用性，而造成议价能力的降低；另外，新的供方（传感器、互联器、存储器、技术架构等）不断涌现，且议价能力不断提升。

其次，波特先生提出了现有行业的边界问题。我把它称之为重新定义行业的边界。因为物联网是与基于产品的竞争互为因果的；一旦万物有智、万物互联，则必然促使产品不断地智能化、互联化，形成产品系统，最终构建产品的生态，从而彻底打破了现有的行业的边界。比如，波特先生举的例子，某一家传统的生产灯泡的工厂，先是升级"智控灯"，并用手机 App 进行智能控制，然后开始把这些智控灯连在一起，形成了"智能互联灯"，接着进一步地提升成为"照明系统"；而当照明系统，与空调系统、娱乐系统、安全系统等一起融入整个"智能家居"中，就形成了一个产品生态圈。

至此，波特先生给所有的传统产品的生产者，出了一个艰难的选择题，即要么整合他人，要么被别人整合，要么出局。因为产品智能互联化，必然使得现有的产品因日渐变得规格化、通用化、可替代化而面临沦为商品化的危险处境，因此也就很容易被别人整合，成为他们生态中的一部分。当然，如果你能够抓住智能互联化的大势，随需应变，沿着上面那家灯泡工厂演化的路径转型升级，就有可能去整合别人，成为系统的整合者,甚至有可能成为新行业的领导者。

为了帮助读者加深对这道关乎生死的选择题的理解,以便做出正确的选择,我依据波特先生的技术架构,融合了克劳士比品质竞争力的思想,勾画出了一个系统结构图,如图所示。

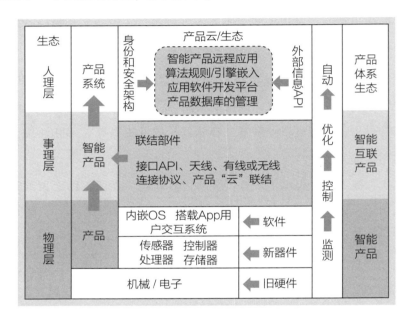

从图中,我们可以清楚地感知到:物联网时代产品及行业态势的大变局,一定会对组织的运营效益及其价值链产生深刻的影响。

但问题是,到底会产生什么影响,影响的范围和程度又是怎样的,会在哪些方面发生冲突和变局,又会在哪些方面能够产生积极的变化?波特先生在与PTC公司合作进行探索实践的过程中,对于这些问题都逐一给出了答案,然后才从容不迫地发布了成果。波特先生不仅详细讨论了企业在设计研发、售后服务、营销、人力资源、安全、制造、物流与质量等现有领域所面临的问题,产生的变化,以及所应该遵循的全新的原则与能力提升的要求,而且也对一些需要更新的业务部门提出了升级的要求,比如,营销和销售、产品研发与售后服务。以售后服务为例,所谓新的要素和形态,包含一站式的服务(远程诊断,一次修理成功率)、远程服务(远程的监控、维护)、预防式服务(预测并远程维保,或派人调试/更换部件)、以增强现实为基础的服务(VR 显示运营信息,提供维修指南)以及新型服务(新的附加值服务、解决方案和优化的建议)。

而且,波特先生对于新的组织架构也给出了建议,比如在公司层面设立 CDO(首席数据官)以统一管理所有的数据,成立研发运营部门以及客户成就管理部门。这与我对于 CQO 的新角色定位的思路也是一致的,都是面向未来,通过数据驱动,使用加强协同、分布式决策且价值整合的运行方式,去突破、改变乃至消解现行的命令—控制式管理模式。

从表面上来看,波特他们是在探索与研究物联网时代企业的竞争与生存的状态,但实质上,他们已经触碰到了一个大问题,也可以说是"走进"了未来的战略思考基点,即:当我们人和人之间建立连接的时候,我们便成了家,组成了社会、国家,形成了天下,就构成了我们现行的"家—国—天下"的模式,并主导万物,塑造世界,创生了几千年连绵不绝的人类文明;而如果物和物有了连接、人和物也有了连接,换句话讲,如果万物有灵、万物互联的话,那么人类的文明将会怎样呢?将会开启一种怎样的"家—国—天下"模式呢?谁又将会主导未来的世界?

所以,正如我在"前言"思考的那样,当库兹韦尔先生指出"2045年,奇点将会到来——机器文明将会取代人类文明"的时候,这不仅使我们为之震惊,也应该促使我们去进一步地思考:当我们讨论物联网和智能互联产品及其生态系统的时候,应该不仅仅看到它们对企业和商业的颠覆性的意义,还应该更深刻地看到它们对于人类社会乃至人类文明的颠覆性的意义。

3. 海尔的"品质自营体"

海尔在张瑞敏的带领之下,砸了三件东西,第一,众所周知,砸了冰箱——也就是在质和量发生"战争"的时候，选择了质量；第二，砸了库存——用张瑞敏的话来说，库存就是藏污纳垢之地，必须把它砸了，才有可能提升管理水平；第三，则砸了组织——用他们自己的话讲，就是把一个基于古典管理理论的"正三角组织"给颠倒了过来，变成了一个"倒三角组织"。于是，就暴露出了中层的阻碍问题，便可努力地破除科层障碍，把现有组织变成一个自主经营体，进而消除中层，变串联流程为并联的平台，让资源无障碍地进入，形成了一种利益共同体平台。最后，通过创客机制的探索，而变成一种企业生态圈。

外人看海尔，只是觉得他们总是在不断地"折腾"，殊不知，他们却在进行一场巨大的自我革命——其核心就在于激活组织的潜能，用张瑞敏的话来说，就是换发动机。他把这场变革比作边开飞机边换发动机。海尔的做法，无论成败，无疑都具有标志性的意义。

海尔的这些变革，看上去是在大刀阔斧地做，实则是理性而审慎地去规划和实施。他们是在保持企业运行的前提之下，由部分到整体，逐步地完成转型。因此，对于更换发动机，也就是先换一个，再换一个，逐步更换；而且在更换发动机的过程中，海尔也有两点明确的要求：第一，不能"硬着陆"，可以减低速度，降低高度，但不能出问题，公司的业绩可以允许有波动，但不能降到低谷；第二，要以最快的速度把新的发动机换上，减少震荡波动的时间。

那么，他们要逐一更换的"组织发动机"到底是什么？用他们自己的话说，是"四个发动机"，即：

①**组织架构**：将原来的"金字塔"模式，更换成全新的"平台 + 自组织 + 小微组织"模式；

②**薪酬方式**：将原来的上班领工资模式，转换成"用户付酬 + 自挣自花"模式；

③**用户引爆**：由以前的销售和渠道主导方式，改变成为"用户交互 +

网上自驱"方式；

④**行业的引领**：由以前的"做大做强"式的成功企业，改变成"做时代的企业"——用张瑞敏的话说：没有成功的企业，只有时代的企业。

我一直对张瑞敏的创新思维与大胆实践颇为赞同，也努力通过各种渠道和各类信息去确认、分析与推测他们的变革过程和实际情况。遗憾的是，一直没有与张瑞敏面对面沟通的机会。也因此，我在举海尔的实例时，当人们产生疑问的时候，我只能如实相告，并希望他们把焦点转移到另一个问题上，即假如你们公司也要如此变革，那么海尔的哪些做法对你们有所启迪和帮助。

其实，我的内心跟大家一样，也真的想确认：海尔真的能做到这些吗？如何保证其所获实效可持续下去？比如，他们为了进行"自营体平台"的切换，便对现有组织的运行的模式进行了精彩纷呈的"三化"变革，即：

组织平台化

分为四步走：

①首先，颠倒金字塔——实施三大动作：领导把服务/权力让渡给员工；内去隔热层；外去中介化。去掉了一万多个中层管理者，将整个组织给压扁了，那些具有"中介化"性质的部门也直接变成了一种业务自营体和专业服务机构。

②其次，再建自营体——也是采取三大动作：整合"三流"（商流、物流、资金流）推进本部，剥离职能管理资源，成立独立经营的服务公司，用信息化打通订单实施的业务流程，并按SST（索酬—索赔—跳闸）标准进行相互连接。

③再次，构建平台型组织——全体在职员工由"在册"的转变为"在

线"的:成为平台员工(平台主、小微主和创客);其平台运作的方式是公司开放全球创新平台 HOPE 给所有的员工,平台和小微企业在平台里发单,在线员工均可抢单;有了订单内部即可竞岗、签单承诺,进行"官兵互选"式的动态优化。这就是海尔"人单合一"之由"职务酬"改变成"人单酬"的演化过程。

④最后,那就是基于平台和小微企业的"对赌酬"——小微与平台市场化资源进行对赌,从而既驱动小微经营体,又激发经营体内的个体的积极性,最终落实共创共赢的动态合伙人机制。

基于此,海尔的小微生态圈便一步步演进成形:型号经营体—利共体—小微生态圈。

员工创客化与用户个性化

2015年伊始,张瑞敏便在海尔大力推进"人人创客、引爆引领"。他认为,"人人创客,是引爆引领的必要条件,也是整个企业变革的一个非常重要的方向:整个企业要从管控型组织变成投资平台,员工不再是执行者,而是创业者;整个组织,从原来的传统组织变成互联网组织,人人创客的目的是实现引爆引领。"

最有想象力和理想化色彩的是:全员价值契约、ZEUS(宙斯)模型与"三环四阶"对赌机制。前者是对经济学理论的一种突破,从经典的股东委托代理契约制转变成面向用户的全员价值契约制。其理论也有效地支撑海尔的组织"三化"变革。而作为实现用户价值创造和价值增值管理的有效工具,那就是海尔开发出来的宙斯模型——也叫战略损益表。所谓"三环四阶"对赌机制,是指获得酬劳的三个环节或晋级拐点,与此对应的是四个阶段:创业、分享、跟投、风投/配股。小微/创客,其价值创造和收入,是与所承受的风险相匹配的。

5.4 价值损益：挖掘利润，价值重塑

什么是第三代利润？许多人听到这个词，脱口就问：什么意思？是从依靠产品获利到依靠技术创新获利，再到依靠创造客户价值获利来划分的吗？是由抓产量到抓市场销量，再到抓客户价值来划分的吗？是由抓销量到抓成本，再到抓客户价值来划分的吗？还是从抓产量到抓资本/上市融资，再到抓客户价值来划分的吗……

你会发现，每一条路径及划分的方式，其实都是基于不同行业内格局以及不同企业成长的历程来确定的。而它们中的每一条在中国都存在，而且都曾经是主流。无论怎么划分，最后所有的指向都是一个，那就是客户价值。而我们也知道，品质就是客户价值。所以，抓品质就是抓客户价值，也就是抓利润。

1. 质量是水，成本是火

我曾经在《质与量的战争》中提出一个命题：当质量遇到成本，会碰撞出什么样的火花呢？

而在现实中我们发现品质属于水，所谓"水善利万物而不争，处众人之所恶"（老子），具有水的柔性，而成本属于火，充满刚性，一是一、二是二，来不得半点模糊。如果是这样，"质量是水"要求质量人员应该具有水的品质，而事实上，他们在现实中却被要求具有火一样的性格，铁面无私，刚正不恶。"成本是火"，则需要火一样的品质，但事实上，他们面对模糊不清的成本数字，却表现得犹豫不决、举棋不定。

于是我们便发现，当质量遇到成本时，有点水火不容了。也许正因为如此，当人们刚要对质量成本升起些许的希望时，就会被冰凉的水给熄灭了。

这真是一种奇怪的现象。起码从现象上说，人们普遍对降低成本是有偏好的。问题是，如果仅仅降低成本，方法有很多，包括组织的分析、比例的分析、工作的抽样、价值的分析、重新设计、时间动作研究等。但是，为什么还要提出质量成本或 PONC 呢？如果你不明其理，仅仅把质量成本当作成本的一部分，就好比把 QC 作为生产的一部分，把 QA 作为业务的一部分，把 QM 作为运营的一部分，那么，就将会遮蔽了大家的眼睛，也就是从价值转向非价值和缺陷了。

我们知道，质量的本质就是要创造客户的价值，而成本的本质，实际上就是要寻找杜绝浪费的机会。于是，我们就明白了：当质量碰上成本，实际上给了我们一个非常强大的武器，那就是可以让我们据此发现创造客户价值和杜绝浪费的机会。而这两点，岂不正是我们"谈品论质"、进行品质经营的基点吗？不也正是我们前述所谈的"损益表"的基础吗？

"好利润，坏利润"

鲁梅尔特先生提出了"好战略，坏战略"的概念，也有人提出"好产品，坏产品"的概念，我们这里可以提出"好利润，坏利润"的概念。显然，好品质，带来的就是好利润，没有品质而带来的利润，就属于坏利润。另外，全球经济在新冠肺炎疫情的打击下苟延残喘，全球供应链四分五裂，中国经济难以独善其身，如果企业缺乏核心竞争力，或者核心技术不能完全做到自主可控，是非常脆弱的，所以，转型升级便成为不少中国企业的主旋律。

而所谓的转型升级，对于绝大多数中国企业来说，究其实质，路径只有一条，那就是，提质增效——抓客户价值，提升创新能力，抓品质，提升竞争优势。这也正好印证了我们在前面章节谈到的，品质经营或打造品质竞争力的两个抓手——"谈品论质"：对外，是提升客户的价值和销售业绩；对内，则减少不增值的活动，最终就使得公司的"损益表"会越来越漂亮。

就整个组织来说，我们所以要计算 PONC，是因为它能够让我们发现，我们是否第一次就做对了；同时进一步发现，没有第一次做对的原因，则是我们已经习惯于出错了。于是便开始觉醒了。而一旦觉醒，便会进一步质疑：为什么我们习惯于出错呢？是天生如此，还是我们有意而为之呢？都不是。如此又会发现一个更深层次的原因：我们的组织居然有一个 AQL 或者允许我们出错的政策——它不仅让我们"差不多就行"，而且还用了诸如"让步接收""会签制""特采"等的机制进行固化和强化。我们猛然发现，自己原来"被卡在那里"了，成了习惯的奴隶。怎么办？唯变革耳。如今之变，首先就要修改政策，用"零缺陷"替代 AQL 政策，取消"让步接受"等机制；然后组成 U-Mi 跨职能团队，应用协同作战的模式去穿墙打洞，一次做对，为客户创新价值，形成一个"品质正循环"。由此，便可踏上正确的道路。

而所谓的"好利润"，也就是基于这种共创共赢共享的哲学，是一种用愿景驱动我们去开创未知的未来，去为客户创造价值，然后去激励那些正确的行为的正确方式。正所谓"上善若水"。

2. "质量成本"的来龙去脉

不知何故，"质量成本"似乎在全世界都面临着一种多舛的命运。人们始终是热情洋溢地谈论，大张旗鼓地规划，然后便是着急上火地去做，有气无力地去讲。如果把这种现象解析透了，也许能够窥探企业的很多秘密。所以，有必要对"质量成本"的来龙去脉做一番梳理。

自从 1951 年 A. V. 费根堡姆先生详细阐述了"质量成本——质量系统经济学的基础"（Quality cost—Foundation of quality system economics）之后，便引发了美欧企业广泛的关注。这是需要特别说明的是，虽然在同一年，约瑟夫·朱兰博士出版了巨著《质量控制手册》，在第 1 章中提到了"质量经济学"，并没有明确提出"质量成本"的概念，而是在其后的修改中，专门由佛罗里达坦帕大学的弗兰克·格里纳教授撰写了"质量与成本"一章。格里纳教授曾说，他在 1945 年就与几位先锋者一起参加了一

质与量的未来

项富有成果的"质量成本"的研究,并把"与质量相关的成本"(Costs related to quality)归纳为故障成本、鉴别成本和预防成本。1949 年,他又在通用电气公司的一些工厂完成了他的第一个关于质量成本的研究课题。但他在影响广泛的《朱兰质量手册》中,不仅没有谈及费根堡姆先生的贡献,而且还专门强调说,1945 年就做出了质量成本分类研究,但"这三类并非是归纳质量成本的唯一方式,关键在于如何对总的质量成本给出一个信得过的估价"。

还要说明的是。美国和欧洲的企业对它的理解和应用是不一样的。美国人主要集中在 QC 部门,关注更多的是鉴别成本和失败成本的要素,比如检验、检测、返工、报废、重修、担保费用等。这里使用的"质量的成本"(Cost of Quality)实际上说的是,由于生产了有缺陷的产品,"没有质量"(Unquality)而造成的成本。朱兰先生曾经给出了权威的解释:"有质量"就意味着没有办公差错、工厂缺陷、现场故障等造成的问题,而"高质量"则意味着较少的差错、较少的缺陷和较少的现场故障。在谈到质量成本的含义时,特别注明指的是不良质量成本,主要是指发现和纠正有缺陷的工作的成本。

而欧洲人,当时主要是西欧人,则在理解上没有那么负面,要积极得多。原因就在于,他们早在 20 世纪 50 年代中期便开始以费根堡姆的书作为研讨的资料,一开始就完整地使用了"预防成本—鉴别成本—失败成本"的分类法,使得最早在 60 年代开始使用"质量成本"(Quality Costs)的概念时,并非只是像美国人那样从做错事而造成的成本来定义的,还包含积极地获得卓越的质量所产生的成本之意,也就对系统预防和改进更加关注。这符合费根堡姆先生的原意。

1965 年,时任 ITT 全球副总裁的菲利普·克劳士比先生出版了他的第一本书《削减质量成本:经理人缺陷预防手册》(*Cutting the Cost of Quality: The Defect Prevention Workbook for Managers*),开宗明义地提出了

"P 就是利润",使用"质量成本"的概念意在构建缺陷预防系统与推进公司层面的质量管理,以及实施第一次就把事情做对的基本原则;60 年代末,便在实践中提出了著名的 PONC 的概念。

1963 年 12 月,美国国防部发布《质量规划要求》(MIL-Q-9858A),对许多政府的合同商和分包商提出了对"与质量相关的成本"的衡量与报告的要求,它虽然只是提出了一般性的实施和使用的方法,却提升了人们对"质量成本"主题的兴趣。1964 年,斯坦福大学出版了《质量成本分析指南》。

ASQC(美国质量控制协会,即现在的 ASQ,1979 年克劳士比先生担任该学会的总裁,他便提出要去掉 C,因为质量就是质量,而非 C,受到了 QC 元老派的坚决反对与排挤。几年后,ASQC 将 C 去掉)于 1961 年成立了质量成本委员会,并在 1967 年出版了《质量成本:是什么和怎么做》(Quality Costs—What and How)的小册子,开始参照费根堡姆的分类进行了定义,非常畅销;随后又陆续出版了具有实操性的《削减质量成本指南》(Guide for Reducing Quality Costs)、《管理供应商质量成本指南》(Guide for Managing Supplier Quality Costs)和《质量成本:观念与应用》(Quality costs:Ideas and Applications,volumes1,2)。

1981 年,BSI(英国标准协会)又出版了《确定和使用与质量相关的成本指南》(Guide to determination and use of quality related costs,BSI 6143),它是强调反映质量的活动多少的标准,而非关乎质量的成本的标准。

1984 年,ASQC 又出版了一个专题合集,里面收集了 91 篇在 1970—1982 年 12 年间发表的有关质量成本的文章。

1986 年,约翰·格鲁库克博士在美国出版了《质量链》一书,在书中他指出了质量成本面临的困境并总结了自己在 ITT 和 TRW 公司成功的质量成本实践。随后,他又在英国出版了《质量成本》一书。

1987 年,ASQC 又出版了时任该会董事会主席的"IBM 世家"H. 詹姆斯·哈灵顿先生的《劣质成本》（*Poor-quality cost*），并由费根堡姆先生作序。在书中他提出新的概念，意在消除"质量成本"的负面印象——恰恰反映出了20世纪50年代的想法：好质量需要高成本，而实践表明，消除了"劣质成本"就会带来更快的进度、更低的成本以及更多的获利。他还着重强调了高科技公司"白领的PQC"，还用"失误"（Errors）替代了"缺陷"（Defects）一词，另外把测试设备成本，从"鉴别成本"类别里分离出来单列，以便平均分摊在总的输出上。当然，对于客户不满、受到伤害以及信誉丧失的PQC的分析，更是必不可少的。

BSI在接受了多数人的批评之后，由"质量管理和统计标准政策委员会"进行修改，并于1990年更名为《质量经济学指南》（*Guide to the economics of quality*）。

从1990年起，巴里·戴尔（Barrie Dale）和詹姆斯·普伦基特（James Plunkett）两位英国曼彻斯特大学质量管理中心的负责人，便针对BSI的缺陷，经过在商业、服务业、金融业和公共部门广泛的实践之后，由英国政府贸工部出版了《质量成本案例》（*The case for costing quality*），1991年，又出版了《质量成本》（*Quality costing*）。

1994年，ISO 9004-1标准发布，并在其第6部分"质量体系中的财务考虑"中明确提出了"质量成本的方法"。其后，ISO176技术委员会起草了一个文件，ISO/CD 10014《质量经济性管理指南》。我们国家也把它直接转化成国家标准：GB/T 13339-1991《质量成本管理导则》，如今已经废止。2006年，ISO又正式发布了推荐标准：ISO 10014—2006《质量管理：挖掘金融和经济利益导则》（*Quality management——Guidelines for realizing financial and economic benefits*）。

1999年年初，美国管理会计师协会（IMA）致力于研究"基于质量的成本管理"（QBCM），还成立了一个"持续改进中心"（CIC），以建立标准和给出最佳实施方案；随后陆续出版了两项研究成果《质量成本的测量、规划和控制》《质量成本新趋势：质量成本与持续改进》，并在 1994 年与 ASQ 合作出版了《基于质量的成本管理》。

ASQ 质量管理分会质量成本委员会在 1999 年又出版了《质量成本的原则》（*Principles of Quality Costs*）一书，作为教材，该书广为流传，不断修订再版。

3. TRW 的成功故事

美国人喜欢标新立异，比如，20 世纪 60 年代曾经一度流行的"高杠杆"和"制度化"。作为英国人的伦敦大学博士格鲁库克先生说过，所谓高杠杆的作用，实际上就是在从事一些项目和活动的时候，花最小的力气获得最大的收益；而所谓的制度化，也只是把一些做法变成制度，然后让人们一遍一遍地做，变成习惯，便不再需要额外付出努力就能获得预期的结果。这也恰恰是"质量成本"未能得到有效实施的原因所在。用我们中国话来讲，前者叫作"急功近利"，后者可称为"一劳永逸"。

那么，该如何有效地去实施质量成本的报告系统呢？下面我会用格鲁克库先生亲身实践的经典案例与大家分享。你无须受到故事里面的时间的干扰，因为所谓"经典"就意味着摆脱了时间的局限，你需要的是把注意力放在故事的内容上。

格鲁库克博士先是在 ITT 的姊妹公司——位于联邦德国的 STE（标准电器洛伦斯）公司开始实施质量成本的报告系统的，接下来陆续推广到了 ITT 欧洲所有的公司，每年质量成本的改进项目都能够节省三四千万美元。三年以后，格鲁库克升任 ITT 欧洲的质量总监，他用了两年的时间把该报告系统变成了整个 ITT 欧洲总会计师的工作程序。

格鲁库克博士深知，质量成本作为一个有用的工具，也只有在对质量成本的改进进行衡量和报告的时候，才真正起作用；对过去的质量成本进行衡量，也只有在影响现在的行动，并引领未来改进产品质量或削减成本的行动时，才真正起作用。质量改进从来不可能自动产生，必须被正式地规划和有效地管理；而关键的规划方法，就是准备财务预算或预测质量成本在下一年的状况，同时详细规划质量成本改进的项目。因为预算能否获得成效，就要依赖于这些项目的实施成效了。他为此总结了一个质量成本节省的预算公式：

$$预算年度质量的节省 = \left[基准年的\left(\frac{质量成本}{销售额}\right) - 预算年的\left(\frac{质量成本}{销售额}\right)\right] \times 预算年的[销售额]$$

该公式成功地被 STC 和 ITT 欧洲集团使用了 6 年（1968—1973 年），效果是显著的。如下表所示。

质量成本对销售的预算改进方法

（百万美元）

	基准年（1967）	预算年（1968）
销售额	10	11.5
质量成本	1	
质量成本/销售	10%	
质量成本（无改进）		1.14
改进计划		114000
质量成本		1.026
质量成本/销售额		8.9%
1968 年质量成本节省 =（10% - 8.9%）× 11.5 = 0.1265		

1980 年年底，由于董事长哈罗德·吉宁先生退休，克劳士比先生也离开了，格鲁库克先生便加盟 TRW 集团，出任质量副总裁。先是负责欧洲的运营事务，一年后，便移民到美国，在克里夫兰总部工作。

TRW 集团是一家有着高度分权的传统，但在质量领域又高度集权的公司。在整个 80 年代，他们的质量是集团"四个优先项目"之一。同时，

第 5 章　环环相扣：数据驱动，品质铄金

它是一家多元化的企业集团，产品线很长，有太空发射器、太阳能系统、汽车引擎、转向器等。

当他来到 TRW 总部的时候，公司的质量督导委员会已经成立了，而且也有了质量成本的报告。他需要把自己要推行的计划与它们整合在一起。他再次成了倡导者，同时也找到了一个合适的会计师比尔以及继任者汤姆。他们一起为会计师起草了"标准实践指南"。

然而，该草案却遭到质量督导委员会的强烈反对。各个部门的代表们说，他们不想要一个权威性的流程，他们认为，每个事业部都应该自由地选择他们自己的系统，事实上他们许多部门都已经有了质量成本的报告，并一直在按照自己的方法去做。同时他们一再强调说，TRW 集团是一个去中心化的组织。经过几番讨论，大家最终同意使用一个集中的系统。

他们向各事业部的质量和财务人员发布了草案，当然，也采纳了他们的许多意见，在两个月的时间里，共修改了 11 稿。显然和在 STC 公司一样，他们大部分人们依然觉得，这样很不严肃，也怀疑它是否能真正产生效果。

比尔安排了一系列对于各事业部总会计师的培训。格鲁库克先生抓住机会，在接下来的几个月里，邀请 300 多名会计人员参加"质量成本报告原则"的研讨会。他解释了质量作为"优先项目"的主题，而且再一次建立了一种危机意识和紧迫感。

几个月以后，"标准实践指南"被批准了，他签署后也请总会计师联名签署。所有的事业部都已经被吸收到里面，财务部门也得到了培训，他们不再认为该系统是不具备可操作性的了。总会计师不仅向总裁建议批准实施，而且他本人也给予了全力的支持。

"标准实践指南"发下去后，许多人感到吃惊：它真的起了作用。在 1981 年的 11 月中旬，已经汇集了 68 个事业部的质量成本的结果。

他和公司的质量总监汤姆一起培育该系统，并会同总会计师和质量督导

委员会一起创造了进步的优势。从 1981 年开始报告起，到 1982 年，每一个事业部都已经预测了它的年度质量成本以及它的全部要进行质量成本改进的项目；而到了 1983 年，他们又对 1982 年实际结果的报告的预测进行了精炼与细化。另外，在 1983 年每一位集团副总裁都要在公司的大型管理会议上，陈述他所统管的每一个事业部的质量成本报告。1984 年，大部分的事业部都已经确定了它们的质量成本改进的项目，并作为整个年度预测计划的一部分，而且内部审计部门也开始对该系统进行审计。如下表所示。

TRW 质量成本预测表

	1983 年实际发生（百万美元）	1984 年预测（百万美元）
内部质量成本	427	409
对报告变更的影响	2.1	26.4
对产量或混合变化的影响	11.7	36.5
对补偿率变化的影响	10	11.5
对其他类似变更的影响	（4.4）	3.7
预期的没有改进或恶化的质量成本	436	487
对质量成本改进计划的影响	（30）	（38）
对质量恶化的影响	3.0	0
1983 年实际的与 1984 年预测的质量成本	409	449

这种方法，主要审查质量成本从上一年到下一年的变化，这些变化主要有两类：最重要的变化就是因为质量成本改进项目而削减了质量成本；另一类变化，则是由于其他的五个原因：

- 衡量的变化——报告数字上的变化，不能反映真正的增加或减少。报告系统的实例扩展到了一个新的业务领域，在那里，虽然统计了去年的质量成本，但并没有报告，而且还在上一年度把不正确的数字改了过来；

- 增加或减少了生产量或改变了产品的组合；
- 补偿金方面的增加（工资、薪酬和福利）；
- 所有其他相同的变化，比如，由于原材料价格的增长（相应增加了报废的成本）或从故意变更到改进对客户质量的结果而产生的结果（比如额外的测试）；
- 质量成本增加是由于质量恶化，比如，成本是由于现成的过程失控而导致这样的变化。主要应用于实际的结果，而无须预测。

许多公司都有衡量和报告质量成本的做法，但是他们没有质量成本的预算，因此，他们就失去了一个完整的质量成本系统的关键的一部分。可以毫不夸张地说，一个缺少正式的预算的——哪怕是结果上非常强调规划质量成本改进项目的质量成本系统，也是价值不大的。预算和项目计划可以改变质量成本系统——从一个指向不能被改变的过去，到用一个会比现在更有营利性的目标指向未来。

从1967—1984年间，格鲁库克先生先后主导了三个公司的质量成本报告与改进项目计划，总共节省了150亿美元。

4.价值损益五要点

质量成本，必须要特别注意以下五个要点：

①把质量进行货币化，为的是用管理的语言在组织内进行沟通，尤其是与高层管理者的沟通；其意图明显，就在于让管理者了解质量在管理上"可爱的一面"，能够爱上它，并把它变成他们管理日程中的优先项。

②质量的货币价值，体现的仅仅是果而非因，它只是让我们知道是否第一次就把事情做对了，但无法去解决问题。所以，质量成本真正的意图，就在于构建系统，循果求因，采取行动，满足客户。

③质量是积极进取的，是随需应变的，而成本则具有保守的倾向，是消极固执的。因此，必须要关注客户价值的创造，而非把焦点放在成本的

削减上。

④品质是个人的事，自主管理时代更应如此。只有每一个人都关心品质，第一次把事情做对，才有可能杜绝浪费，避免 PONC 的产生。正所谓"品质在心里，利润在手中"；如果每一个人都不去创造价值、注意节省，那么，整个组织将不会获得预期的价值。所谓涓涓细流汇成大河，小河有水，大河奔腾。

⑤价值损益的本意，就是要基于价值去创造利润。具体来讲，就是要外抓客户价值的创造，内抓员工价值和供应商价值的共享；杜绝不增值的活动，最终提升企业品质竞争优势。用费根堡姆的话说，就是强化质量领导力和管理的资本化工作。

关注客户，而非成本

现实中，人们往往会依据"重要度"和"紧迫度"进行优先项选择，QCD，也就是质量、成本和进度总是在纠缠。原因似乎在于，质量本身重要但不紧迫，而且是看不见的。相反，成本和进度就完全满足了优先项选择的标准。所以，为了让人们"重视"质量，专家们不懈努力，给出了把质量"成本化"或"货币化"的解决方案，其意图就是为了让人们能够看到它，让它变得重要而又紧迫。

这似乎是一个令人激动的主意。然而没想到的是，由于时代的局限，有一个重要的因素被忽视掉了，那就是人的因素。换句话说，人们对于QCD 的认知存在着习惯性的偏见或历史性的误解。正如我们前面反复强调的，人们一想到质量马上就想到问题，想到缺陷，想到种种的救火和惩戒的尴尬情景；而一想到成本，马上想到的是禁令，是"砍刀"，是削减。于是，人们便往它身上贴满了保守的、负面的标签。

所以，我们重新定义了品质，把它变成了积极向上的，充满了"价值创造"的，阳光的。这样，就有了新的问题：质量成本，到底是侧重质量，还是侧重成本？

第5章 环环相扣：数据驱动，品质铄金

假定有一座城市，它有两支足球队，姑且叫作公牛队和野牛队。随着时间的流逝，公牛队似乎麻烦不断，始终徘徊不前，甚至出现倒退，连三流的球队也踢不过。球迷伤心了，流失了。而野牛队却兵强马壮，蒸蒸日上。无奈之下，公牛队聘请了一名顾问杰克，希望他能够来帮助球队解决问题，走出困境。那么，杰克该怎么做呢？

想想我们前面提到的"普度鸡"的案例，小弗兰克接班之后，并没有像他的父亲那样去打价格战，去削减成本，而是从客户的需求出发，打了一场漂亮的"价值战"。显然是英雄所见略同吧，杰克也是这样。他虽然详细收集了公牛队和野牛队的票价、票房收入与成本数据，然后提出他的改进建议，从球迷的需求出发，画出来了公牛队的"品质价值链"，然后，对成本数据进行分解，逐一落实到每一个具体的业务过程里。于是，一幅客户价值图便展现在了眼前，杰克的思路也因之而豁然开朗了。如图所示。

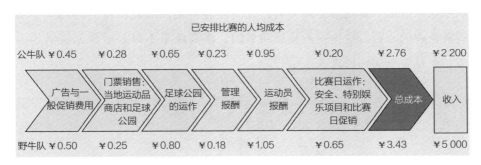

不过即便这时，许多人依然会习惯性地盯着那些较高的成本数据，脑子里在思考如何去削减的问题。这就犯了大忌。杰克的高明之处就在于，他紧紧地把握住了两个原则：第一就是"品质即创造价值"，第二是认清所处行业的本质特征。

我们不妨思考一下，足球处在什么行业？它的本质特征是什么呢？也许足球行业的管理者和足球俱乐部的管理者及其从业者们会有不同的答案，它需要的是大制作、大产出，要有大明星，要多进球，还要赢球。就

像西班牙的皇马球队，还有广东的恒大球队那样。由此观之，公牛队显然是有些问题的。它不仅没有在球迷体验最重要的环节"比赛日运作"有所投入，在"公园的运作"方面也投入较少，反而把更多的精力放在了"门票销售"上。当然更糟糕的是，在"运动员报酬"方面显得有些尴尬，也许它宁愿花钱雇佣两个二流的明星，而不愿再加些钱去雇佣一个大明星。当然，对于"管理报酬"，是需要具体分析的。

如是，我们就很清楚了：公牛队要想真正地翻身，在新的赛季打一场漂亮仗，必须要在球迷和消费者能够感受到价值的地方增加投入。

于是，这个案例就给了我们明确的答案。这时再看所谓的"质量成本改进计划"，也就明白了，它并不仅仅是去削减成本、杜绝浪费，而是先要把眼光放在创造客户价值上面。

正因为如此，费根堡姆曾经在接受美国《工业周刊》（*Industry Week*）访谈时谈道："当我在谈质量时，我不是在谈论缺陷，减少缺陷，或没有缺陷这类事情。我谈的是如何通过提高对客户提供的优质服务的数量，来提升企业的收益。这里的差异是明显的。提高质量不只是减少你做错的事情，而是要增加你做对的事情。"

质与量的未来

第 6 章

文化制胜：
品质优先，永续经营

本章导读

通过让思想"回归原点"进行未来挑战之自我逼问,以确知"人是目的而非手段",从而高举"品质优先"大旗,应用品质创新原理与品质领导力模型,来一场"品质革命"吧!

核心话题

思想的"原点"何在?你准备好应对未来的挑战了吗?为什么"人是目的"乃解析人本管理之关键?管理之创新意欲何为?为什么要成为"零缺陷公司"?如何理解品质创新的基本原理?未来品质的新角色与责任何在?如何历练品质领导力?

6.1 重塑思想：回归原点，人是目的

1. 难以找到的"思想原点"

回到原点？对于绝大多数管理者来说，已经不知到底应该回到哪里去寻觅思想的原点：是中华的千年文明，还是西方的商业文化？病急乱投医，实用主义的选择让大家躺在西方管理方法的"舒适区"里酣睡，而不幸成为其"范式的囚徒"——口中充满"规模为王、效率中心、层级组织、财务为尊"的原则与教条，醒来者内心焦灼而痛苦，而装睡者依然沉浸在哈默教授在《管理的未来》中所列举的"现代管理"的缺陷之乐中，比如，强调精确计算、分工与责任、规范与标准、层级与稳定、纪律与服从，以及控制与可靠，而压制了人的创新精神与主动性、破坏了人的想象力与创造性。

所以，你必须幡然醒悟，然后需要在东西方思想文化资源方面下一番功夫，去伪存真，接着就是着手探索、验证与重新定义的工作了。这也正是我在本书中所做的功课。正所谓"问渠那得清如许，为有源头活水来"。

当我在解释"20 字诀"的时候，我惊奇地发现，似乎每个关键词都是似是而非的，都是人云亦云的，都是需要重新定义的，比如说价值、需求、担责，需要下一番探索其来龙去脉的功夫。否则，将出现重大的逻辑缺陷：前提假设有歧义，则过程再正确，也无法得出正确的结论，顶多就是把现有的做法给出了"合理的"解释，正所谓对错误的问题给出了正确的答案。

让思想回归原点

什么叫作回归原点？这不得不想到笛卡尔。他认为，物理学是主干，而所有的应用科学都是其分支和分叉，但物理学的背后是形而上学，是哲学。所以，哲学是物理学背后的推动力，也就是元推动力。由此可知，原来我们已经认可和接受了一个预设的真理，即世界是物质的，物质世界是运动的，运动是有规律的。于是，我们就努力地遵守运动的规律，按照这种方式方法并使用有效的工具去做事就行了；而现在，我们则思考究竟它为什么会运动，推它运动的元动力是什么。这就是回归原点——寻找元动力的思维方式，也是品质创新的基本原理之一。对此，我还会在后面进一步阐述。

但回到现实，绝大部分人都是在努力地寻找工具以解决各种问题，把各种方法当作敲打钉子的锤子。一旦大家认真思考，就会发现：工具之上还有方法，方法之上还有原则，原则之上还有理论；而凡是理论都有假设或约束条件。

由此，我们发现有两个非常重要的组织生存与发展的动力源，那就是客户和员工。于是，问题就变成了如何有效地借势造势、借力打力。这时再回到"20字诀"，其中的"价值引领"，其实也可以叫作使命/愿景的引领，或者不忘初心；而"随需应变"则实为回归原点、寻找元动力。如此一拉一推，组织就变得立体和丰富多彩了。

2. 人是目的，还是手段

我曾反复强调过，人是手段还是目的的问题以及如何理解人性的问题，都是管理的前提假设。如果不能给出明确的答案，那么所谓的商业模式、管理模式等，也事实上会成为无源之水。所以，戈尔夫妇对麦格雷戈的 X 理论和 Y 理论给予了明确的选择，任正非给出了自己清晰的人性假设，张瑞敏也同样有自己明确的思考和答案。

张瑞敏说：人是目的而不是工具，但同时也要避免简单地以人为目的，脱离企业功利组织、效率组织的本质去以人为目的。一方面，要通过对人性的尊重，解除原来在分工体系中对人的束缚和固化，释放员工的价值创造主动性，激活员工价值追求的自驱力；另一方面，海尔也强调绩效，从最早的"斜坡球体理论"到"人人都是自营体"，都反映了海尔关注价值创造，以价值创造来分配资源的理念。

1）人本管理，意在人之解放

我曾经认真思考过人本管理，其内涵之丰富可上溯夏商周与古希腊，其思想之绚烂可横贯西方世界与东方文明。如果将"人本"与"管理"分开来谈，虽有管中窥豹之嫌，却简单直白得多。中文讲人本，顾名思义，乃人为根本、人为本源。追踪溯源，是从"民本"演化而来，而"民本"又是与"官本"相对立的，"官本"则又与"君本"相生相克。所以，张扬"人本"之力，就是要把人从"官统""君制"中解放出来，成为"天生万物，唯人为贵"的"国家主人"、国民，成为独立自主的公民。

西方之人本，源自希腊语词根 Anthropo（人、人类），语境繁杂，有哲学意义上的"人本主义"，历史文化意义上的"人类中心主义"，知识论意义上的"人类学"等，足以乱人耳目、使人莫衷一是。但简言之，"人本"无非与"神本"相对，"神本"则与"王权"相克。故同样要经历先把人从"神本"中解放出来（文艺复兴与启蒙运动），进而再把人从"王权"中解放出来，从而成为"自由、平等、博爱"的公民。

与中国语境有异，"人本"被西方哲学家们推上了"认识的主体"（用人类理性取代了上帝）甚至"本体"（从人出发并以人为指向，解释并改造世界）的顶天立地的位置。正如黑格尔所说的，启蒙以降，认识的出发点从中世纪的上帝转移到人身上，从外在权威转移到内在理性中。

问题是，从此，被赋予了"参天地，赞化育"的理性的人，便开始了与自身固有的"食色,性也"的生物性、感性的人,不停地冲突、撕扯,痛苦不堪。

也正是在这种纠缠的过程中,产生了"管理"。"管理"蒸蒸日上,如同福特公司这头"汽车巨兽"高耸的烟囱里直上云天的滚滚黑烟。但工人却被日渐物化、异化了。

这时,怀揣着改造世界梦想的梅奥,从霍桑工厂有关工人的观察和访谈资料中,透过工人怠工、罢工及劳资冲突的种种现象,发现了"科学管理"及其"经济人"的假设是如何把工人抛向物化深渊的真相,便力求以"社会人""非正式组织"和"工人满意度"等作为解救他们的逃生舱。他创立了"人际关系学说",为管理拉响了向"以人为本"返航的汽笛。

2)蓦然回首的老乔

老乔,大名 Yvon Chouinard(伊冯·乔伊纳德),我这样叫他透着一种亲切感,因为近10年来我都在持续关注着他的公司——巴塔哥尼亚(Patagonia),享有"运动品牌中的GUCCI"美誉,我曾经专门到其位于三藩市的专卖店体验过,向服务员做过简单的了解,买了老乔的书,还在驱车去洛杉矶的途中专程到他们公司周围转了转。老乔是我尊敬和羡慕的一位企业家。因为他做的事情确实值得尊敬。而羡慕则是因为他做了许多别人无法做到——起码我难以做到的事情。这样,便在我的心中树立起了一个标杆。因此,我也经常在课堂和各个企业的研讨会上讲述老乔的故事。

老乔个子不高,身体壮实,年轻时是一位户外运动的发烧友,猎鹰、冲浪、攀岩、登山等均有涉猎。他在登山和攀岩时,发现所使用的钢钉、钢钩和铁锁等工具都不太好用,便自己在父亲的作坊里打造出了更好用的工具并送给朋友们,大家用了以后都认为不错。于是,老乔在十八岁那年就在父亲的帮助下开了一间小作坊,边卖产品,边跟朋友们到世界各地去登山。

由于老乔固守"做最好的产品,不能带来任何无谓的伤害"的基本理念,他的产品在圈子内口口相传,大受好评。后来他就创立了乔伊纳德设备公司，跟他一起登山的四个哥们儿就成了第一批"雇员"。随后，他们的产品卖到了世界各地，而且供不应求。

接下来，他的公司也就像其他的公司一样，开始进行了所谓的正规化的、公司化的运作，聘请了许多有 MBA 学位的以及其在一些大公司工作过的专业管理人才来进行管理。他与太太一起注册了巴塔哥尼亚公司，打造品牌，在主要的大城市设立专卖店。生意的确越来越好，投资公司也开始找他们洽谈，而这时老乔也有了要改组公司、上市的想法。

20 世纪 90 年代末爆发的金融危机，使公司的业务受到了很极大的影响，仿佛一夜之间把他们打回了原形。员工们做得很累，管理团队更是疲惫不堪，老乔自己和太太也是心力交瘁，还面临裁员的煎熬。老乔就开始进行自我的反省：怎么会这样？这不是我想要的。于是，他决定对公司进行一番"自我审计"。

先去看客户。他发现客户居然不开心。因为那些钢铁制的工具，在攀岩的过程中把石壁弄得坑坑洼洼，使人们失去了攀登的乐趣。再看看供应商。他发现由于种植棉花的供应商追求产量，超标打农药，污染了土壤，也污染了河流。再回头看看自己的员工，也是忙忙碌碌、缺乏生气，并不快乐。这些让他非常震惊。他发现自己所做的一切都是有悖初心的。于是，他下决心改变，重新开始。

首先，把钢铁的产品全部换成铝制的。这是个大胆的决定。因为这些产品带给他们 80% 的利润。这个决定遭到了几乎所有人的反对。但老乔坚持：如果产品不能给客户带来乐趣，那最好就"废掉它"。事实证明，老乔是对的。产品换成铝制品后居然成为"爆品"。某著名登山者曾经说："攀岩而不留痕迹，让攀登者有保护自然的自豪感。这是向着'有机攀岩'的目标迈出的一大步。"

其次，把无机棉换成有机棉，而且尽量不涨价。这几乎又是一个自残式的决定，因为使用有机棉会使衣服的成本增加 4~5 倍。但老乔坚持。他认为必须要为人们赖以生存的环境负责，要做到心中无愧。为此公司还推出了"生产足迹记录"网站，消费者可以据此对公司生产的产品的整个生产过程进行追溯。这一次老乔又做对了。在他的带领下，李维斯、耐克、沃尔玛和哥伦比亚等公司纷纷加入了他的阵营。

再次，老乔要求所有的员工都必须热爱运动——只要你热爱运动，并喜爱公司的产品都可以来公司，而不管你是否有文化，是否是先锋艺术家。他认为，做生意不是他的目标，真正的目标是让员工有足够的钱去冲浪和爬山。工作就要开心，就要愿意去上班。为此，老乔破天荒地设立了企业的托儿所。他还废除了公司的规章制度，而任由人们自己选择上班的时间，自己制定工作目标；而公司只保留一条，那就是一旦海上起浪，就要求所有的员工必须放下手中的工作，全部都去下海去冲浪。也因此，老乔出了他那本著名的书，就叫作《让我的人去冲浪》。公司也被评为美国"最适合工作的场所""最酷的公司"。

最后，也是他做得最"酷"的事情，那就是，他居然认为他们的公司是有罪的：消耗地球的资源，在破坏地球。他认为，商业可以在不失去灵魂的同时盈利。"公司最重要的业务目标，不是销售和利润，而是保护地球。"一家公司不仅要做有意义的工作，更应该成为这个时代负责任的公司。于是，他开始每年拿出销售额的1%自己征自己的"地球使用税"。他和联合创始人文森特共同出版了《负责任的企业》一书以表明他们的心迹。

3. 重塑思想，重设管理

"合弄制"（Holacracy）的出现算得上是管理创新的一个"现象级"标签。亚瑟·库斯勒在他的《机器中的幽灵》著作中创造了"合弄制"（Holacracy）一词，他将"子整体"（Holon）定义为"从属于一个更大整体的整体"，"合弄制"则是"子整体之间的联系"。就好比我们的身体就是一系列的子整体的组合——从细胞到器官再到有机组织，便是"合弄制"结构。究其本意，我更愿意把它译成"共治制"。

1）"共治制"意欲改变什么

"共治制"不是一种管理理论，而是立足于真实的企业运营和管理实践，凝聚了所有参与者的建议与反馈，不断迭代和进化出来的一整套实证管理模型与方法。创始人罗伯逊专门创建了一家公司，作为他的管理方法探索的试验田，试图打造出一个拥有高度赋能、高认同的文化和价值观，能够扶持员工成长，具备良好的学习与发展氛围的企业。这种管理模式彻底摒弃传统公司的经理、主管等一系列职位，而将市场营销、人力资源、客户关系等具体工作职责分散到一系列的工作圈中。

整个组织如同一个圈子，最大的圈子叫根圈（Anchor Circle），圈子里还可以套一个或几个子圈，子圈还可以嵌套子圈。这是一种由圈子层层嵌套而成的结构，每一个圈子都有自治权，同时又是更大圈子的一部分，就像我们人体细胞和器官一样，是一个有机体。这是一种可以进行自我调节的组织结构，作为一个独立的整体能够协调它的各个部分，作为其中的一部分又能够对上级进行控制，还能够结合当地的环境进行自我进化。

"共治制"是由角色来承担工作的管理系统。一项工作被看作一个"角色"，同一个人可以选择承担不同角色，按照角色分配权力，和其他人配合完成工作。"共治制"被认为是一种"无领导的管理方式"，它使公司组织架构去中心化，将由人定义工作角色转变为围绕工作来定义。公司员工重新自由组合成一个一个的小组。在小组当中，每个人可选择自己的职务和自己的目标。"共治制"以工作为本，而不是以人为本。

"共治制"是自治组织的一种，自治组织通常有三个特点：团队即结构、团队自主规划和治理、领导权因时因地而变。代表企业进化型组织范式的一种自组织管理模式。它从根本上改变了传统科层制管理底层的一些基本运作方法和原则，通过在实践中不断迭代而形成一整套更加灵活、更加自适应、更加敏捷的自组织管理实践方法，其本质是解决现代组织的管理问题。

2)"重设"管理

当下,"新生代"已成为职场主流,他们那种"三公"(公平、公正、公开)与"三化"(去中心化、去中介化、分布式决策化)的共治共享精神力量之崛起,必定会把"传统管理"坚硬无比的重盔厚甲敲裂砸开。

是时候"重设"(Reset)管理了。美国南加州大学知名教授爱德华·劳勒三世(Edward E. Lawler III)和高级科学家克里斯托弗·沃利(Christopher G. Worley)如是说,并指出了四种重新设置的方式,即:创造价值的方式、组织工作的方式、对待人们的方式、引导行为的方式;同时,他们还提出了三种管理的系统类型,即:命令—控制型、高参与型、可持续型。如果将重设管理的方式与管理的系统类型组合在一起,便可得到一张促成管理的系统升级或重置的"说明书"了,对于企业变革或管理提升的自评与规划大有裨益。

	管理方法		
	命令—控制型	高度参与型	可持续发展型
创造价值的方式			
认同和目标战略	利润:可预见性地赢得可持续的效率优势	利润和员工参与:承诺性地赢得可持续的人力资本优势	人,地球和利润:适应性地赢得系列瞬间优势
组织工作的方式			
公司治理	CEO主导	CEO领导的董事会	多利益相关者董事会
结构	等级体系	基于团队的扁平化的	协作与网络化的
工作	由主管控制;简单而重复	由员工控制;输入许多决策	由员工和客户控制;输入某些决策
商业信息	隐秘的	广泛共享	内部透明,外部不透明

（续）

	命令—控制型	高度参与型	可持续发展型
对待人们的方式			
绩效管理	规则与衡量	承诺	目标与对业务的理解
奖励	基于工作的个人表现	基于团队的个人技能	基于个人和团队的表现；关键才能获得奖励
对待个人	基于等级制度的差异化	有限选择的平等主义	灵活而多样的选择
引导行为的方式			
领导	自上而下	参与	共享
转变	进化与革命	渐进式变革与改进	学习

朱利安·伯金肖（Julian Birkinshaw）教授，哈默的老朋友、伦敦商学院的同事，作为 MLab 联合创始人，他积极参与和推动"人类运动"，出版了众多管理创新方面的书籍与文章，其中《重塑管理》（*Reinventing Management*）一书总结了他对于管理学的重塑与未来发展的思考。他在书中从探讨"管理失败的原因"开始，通过对几个里程碑式的事件的探究，包括雷曼兄弟的灭亡，通用汽车公司破产与重组等，以挖掘"管理的堕落"根因，提出了在变化的世界中重塑管理的必要性——当然，他也开出了自己的药方。如图所示。似乎与意欲"重设管理"的专家们不谋而合，相信对中国的企业是不乏启迪的。哈默先生自然是一定要推荐的："对于那些想建立真正适应未来组织的经理们，这是必读之书。"

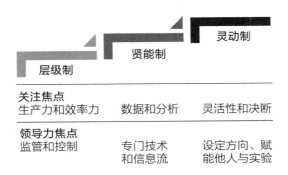

3)"基因置换疗法"

虽然作为20世纪最大的创新成果,管理学在无数思想激进者、异端者、怀疑者、异想天开者以及不安分者们大胆的试验、不懈的实践与枯燥的实证下,一步步创新、演变与进化,甚至有学者把百年的管理史,称作"异教徒的时代"——由一群激进的思想家们不断创新企业管理的历史。但是进入知识经济时代尤其是数字经济时代,其本身的局限性日渐放大,负面影响日益彰显了出来。

因此,哈默建议采取"基因置换疗法"(Gene Replacement Therapy),也即"管理创新",是指从实质上改变开展管理工作的方式,或显著地改变所习惯的组织形式,并推进组织目标的任何事情。简而言之,管理创新改变了管理者的工作方式,并因此种方式提高了组织的绩效。

为了更加突显管理创新的意义,并与其他的创新活动区别开来,他提出了一个"创新塔",从下往上包含了四层:运营创新、产品/服务创新、战略创新和管理创新。而其中管理创新是最高层次的创新,这似乎让许多习惯于抱持着技术创新和产品/服务创新的理念与原则的组织感到不适。哈默教授的解释是,虽然卓越运营非常重要,但要保持长久的优势,取决于自身信息系统的水平、激励机制是否出色以及产品/服务的业务模式是否有创新;而技术的迅猛发展,又使得信息系统尤其是产品/服务必须不断创新,方可不被淘汰出局——这就需要不断地进行战略的重新定位以及商业模式的创新了,尤其是那些一直处于领先的成熟的企业,很容易被原来成功的管理系统捆住手脚、甚至头脑。于是,管理的创新就变成重中之重。

所谓管理本身的创新,就是围绕着**日常的管理工作**开展的创新活动,包括:设定与编制工作目标,激励与调整工作,协调与控制活动,开发与分配人才,积累与应用知识,积聚与分配资源,构建与培育关系,平衡与满足利益相关者的需求。同时,管理创新还包括调整能够增加价值的组织结构和组织角色。这就自然导致组织管理流程——决定日常管理工作的方法与程序的优化与创新。典型的**管理流程**包括战略计划、资金预算、项目管理、招聘与职务调整、培训与开发、内部沟通、知识管理、定期的经营回顾、员工绩效评估与报酬。

为此，哈默先生要求组织的领导者在管理创新的过程中，必须添加三项全新的任务：

① 在不改变工作重点、纪律和秩序的前提下，怎么通过更少的管理活动拓宽员工的自由度？
② 如何摆脱机械的科层体制，构建一个以社区共同体精神凝聚员工的企业？
③ 如何在整个组织中放大共同使命感，让员工乐于奉献？

这是我经常与企业的高管团队们进行讨论的问题。你不妨也试着探寻与解答一番。

6.2 品质优先：成为"零缺陷公司"吧

如今，华为手机已然成为国人的骄傲。这背后其实是华为近20年来品质文化变革的心路历程与精神历练。

1. 华为的品质文化变革

我曾在《质与量的战争》中写过"高培楼101号"——华为的管理层如何对品质做出承诺的故事。事实上，我们知道，在这之前华为遇到了许多的问题和麻烦。那时整个行业正如任正非那篇著名的文章所说的进入了"冬天"，华为则不失时机地提出了"大T战略"（国际大运营商战略），因为国内的市场份额基本上被"巨大中华"（巨人、大唐、中兴、华为）

瓜分完毕。当时华为的国内国际市场份额比例是70:30,"大T战略"包含着一个雄心勃勃的目标：五年后将此比例翻转过来。任正非的魅力就是能够让这支卧虎藏龙的队伍上下同欲,到国际大市场去亮剑,拼杀,不破楼兰誓不回。

此时,"大T战略"已然开始。第一个客户便是BT（英国电信）。时任BT供应链副总裁的葛兰博士带队前来考察华为,并与华为各个层级的管理者展开沟通互动。虽然属于例行公事,BT团队的表现却让华为的管理者们开始反省。他们发现与国际大公司相比,自己在思维和行为方面有着太大的差距。原本以为看得见的规模、数量等这些硬实力才是关键,殊不知BT却更加关注那些看不见摸不着的"软实力",比如,使命、愿景、价值观,领导力和社会责任,尤其关注员工的精神健康状态与生活、工作状况。而这些他们一直认为都是"与业务无关的",不是他们所关心的事情。

不过,即使是与业务密切相关的具体工作,也令他们不解：客户说不清楚的事情,他们一再地出错、返工似乎还情有可原,但客户的需求说得非常清楚,而且项目需求书又非常详尽,他们居然也是一错再错,反复折腾。发现这一点对他们打击很大,研发人员心里很受伤。

通过查找问题产生的原因,最终他们认识到了品质的真正意义,那就是：品质的本质就是管理,管理者才是质量责任的主体；而统一的品质语言与上下共识,才有可能激发出品质的强大威力。为此,必须从坚定而清楚的管理者承诺开始。

应该说,华为是在克服各种困难的过程中,通过理性之考量然后选择了"零缺陷"的。

接着,品质变革便在整个华为公司纵横交错地展开了。所谓横向展开,是指各大体系的高管团队都相继举办各种的"总裁班"。包含当时胡厚崑坐镇的销服体系,徐直军所领导的战略与营销体系,洪天峰主导的运作与交付体系,以及郭平主持的财经体系,张平安领导的中央平台,还有充满激情的女将何庭波领导的海思公司、终端公司等；再后来，还有公司的采购认证部门、公司质量系统的研讨，与苏立清领导的IT部门及其软件外包方的管理研讨，以及余承东领导的终端事业部，尹绪全坐镇的公司工程采购部门等。

而纵向展开，则是指以下四个方面的工作。

一是各产品线乘胜追击，在总裁的带领下开展自己的高管研讨会。无线产品线的总裁余承东，核心网的丁耘，光网络的尹绪全，接入网的邓飚，业务软件的陈海平以及数通产品线的陈俊华等，分别带领自己的管理团队，基于零缺陷管理的基本思想与原则，就工作中面临的问题与挑战进行充分的研讨，以释疑解惑，明确下一步的行动方向与路径，并群策群力制订了自己的"管理承诺"。可以说这些"承诺"给了他们精神的指引与行动的动力。不妨来看几个示例。

- **数据通信产品线**：质量是每一个人的责任。我们承诺：在任何情况下把自己的工作第一次就做对，把符合既定要求的产品和服务准时提供给我们的内部客户和外部客户。
- **光网络产品线**：质量是我们的责任，更是我们的自尊心。我们郑重承诺：以零缺陷为准则，一次就把事情做对，每个工作环节的交付都完全符合要求，共同缔造值得信赖的组织！
- **业务软件产品线**：质量是每个人的责任。我们承诺：在自己的岗位上把工作一次做对，发挥智慧和创造力，提供符合要求的产品和服务，实现客户、员工和合作伙伴的长久价值。

二是在数据通信产品线暨北研所和南研所进行试点。在产品线总裁陈俊华及北研所所长苏立清的带领下，管理团队们思考三个方面的问题：

- 业务流程如何应对客户的要求和抱怨？
- 人们的行为和意识如何对齐公司的战略？

- 触及"禁区"的变革如何推进？

当时的数通是与思科在竞争，用陈俊华的话讲，我们以前是远远地看着思科，渐渐看到了它的头、后背，看到了它的全身；然后一步一步地追着，我们并肩而跑了；有时候，它要看着我们的后背了。我们只希望，让他看到我们的背影。这就是竞争的态势，情形紧迫，容不得半点的懈怠。

这只是外患，而内忧呢，恰恰是品质。在整个研发体系的产品线排名中，数通一直都是"后进生"。因此，他们憋足了劲儿，要通过品质变革打一场翻身仗。

这注定是一场艰难的"大仗"。当时的数通产品线，不仅集中出现了华为研发系统所有的弊病与问题，而且还有一个特殊的问题，就是所谓的"80后现象"。以北研所为例，由于北京人才济济，招揽便利，确实让公司看上去兵强马壮。但令人费解的是，许多被看好的年轻人却纷纷离职了；还有更多的人失去了锐气，变得畏首畏尾。究其原因，都指向了一个问题，那就是流程。

为解决这些问题要做到以下几个方面：管理承诺与相关政策的出台，围绕着员工士气的激发，强化管理者表率作用，强化质量主体责任的意识与意愿，营造员工关爱与尊重的氛围；使用"麻烦电子流"（ECR）来帮助每个员工解决日常问题，树立榜样个人与团队，利用正向的考核进行积极的牵引；提供零缺陷思想教育与质量能力培训和辅导，以期使人们不仅愿意做，而且能够做到，做得好；推墙填沟，以建立起体现最终客户利益的"内部客户链"——明确每个环节的角色职责、交付要求、验收标准以及PONC衡量；对于意欲优化的流程，采取内部"备案制"，即任何一个人只要认为流程不顺、不便，都可以向推进委员会提出申请、备案；一旦许可，就会组织相关专家配合他一起工作。一旦优化成功，便可将个人的名字命名为"某某工作法"并向全公司推广。

三是销服体系的质量领导力打造。高大帅气的胡厚崑具有非常强的领导力，在他认识到了品质的意义之后，就在许多人强调要在销服体系中建立质量部时，他毅然否定了。他说我了解你们，一旦成立了质量部，质量就会从你们身上转移到他们那里去的。我问："那你该如何去做呢？"他说："杨老师，我们华为有自己的撒手锏，那就是考核。我要让每一个总裁都成为首席质量官，拿出30%的权重与他们的利益挂钩。你看如何？"事实证明，这还真是有效。后来，这种方法又开始向全球各个片区渗透，在中东地区、中非地区、南亚和大马片区都进行了高管的研讨与抓"合同质量"的推进工作。

四是采购认证部门的表率作用。采购认证部门是当时最受供应商诟病的部门，随着他们认识到质量工作的重点在于确定要求及预防，而核心在自己的责任与担当——尤其是要成为行业的领导者，那就应该像一个"大哥"的样子，担负起社会的责任。他们开始实施帮扶供应商的计划，制订了许多大气而有效的举措来共同构建业界生态系统。

2．华为手机的故事

当年余承东坐镇无线产品线时，曾经带队考察了美国IBM、TI（德州仪器）、摩托罗拉等公司，了解质量管理现状，虚心取经，逐一对标。见面时他对我说："似乎他们都在按照克劳士比的思想在做'品质变革'，而我们只是在搞'质量改进'"。经过"总裁班"及无线产品线管理团队研讨，他刷新了思想，明确了方向，毅然带领团队做出"管理承诺"并郑重宣誓。

主管华为终端事业之后，他想到的依然是抓质量。他说，道理非常简单。做系统产品，出了问题还是可控的，而如今做消费品，面对的是海量的个体，稍有风吹草动将对华为的品牌造成致命的伤害。因此，他把团队成员聚集到一起进行品质文化变革的研讨与启动。

研讨是严肃而有趣的。大家不仅达成了品质共识，更确定了重大的战略抉择：收缩产品线，聚焦三大系列品牌。众所周知，华为终端成立的时间非常早，只是一直是与运营商捆绑，为他们做贴牌。后来有了华为自己的品牌手机，也还是靠运营商做推广，虽然价格低，但其中的应用软件却越来越多。据华为的统计，超过八成的软件客户并不需要，却给华为造成巨大的资源浪费。而此时，华为P7手机已经闪亮登场，Mate系列也是蓄势待发，而华为荣耀已然是业内的明星。于是，老余下决心聚焦这三大系列自主经营，围着各自定位的消费者需求转，不再受运营商的钳制。

不过，本次研讨还有一个重要的主题，那就是回到了本章开头时的一番对话。是呀，不懂"优雅"就不能做手机了吗？许多人私下嘀咕。我让大家把华为手机与苹果手机、诺基亚手机、摩托手机一一进行对比，看看能不能得到一些启发。可以想象，大家基本上是围绕着技术指标在对比。于是，我便在白板上写了三行字：工程师，会计师，生意人。然后问大家：举目业内企业，放眼全球优秀企业，请问哪家企业表面上和你们一样，都是工程师，但他们做事却像会计师；反过来，哪家企业他们的思维像会计师，而做事确像工程师。相应的，我们可以对其他的选项进行组合。最后你们告诉我，华为是什么样的？我举例说，比如像会计师那样思考、像工程师那样做事的典型代表，就是通用汽车公司；像工程师那样思考、像会计师那样做事的，则是通用电气这类公司；而微软又是典型的像工程师那样思考却像生意人这样做事的公司。

3. 成为一家"零缺陷公司"

1）两种风格与文化的对比

通过华为手机的故事，我们已经可以看到两种不同风格与文化特质的公司，或者说是基于质的管理运作方式与基于量的管理运作方式的区别，或者干脆叫它们"零缺陷公司"与"AQL公司"。

因此，建议大家不妨试试为自己的公司做个测试。

第6章　文化制胜：品质优先，永续经营

"零缺陷公司"：

- 充满激情→追求美，做艺术品；
- 领导而不从众→遵循"熊彼特法则"；
- 以惊喜为目标→以超过预期的项目为目标；
- 不合情理→超越妥协；
- 坚持不懈地创新→管理运作的基础；
- 精益求精→固守零缺陷标准；
- 像工程师一样思考，像艺家一样做事→寻求内心的激励因素。

"AQL 公司"：

- 理性做事→求真，做产品；
- 小心谨慎→遵循"达尔文法则"；
- 以满足顾客需要为目标→达标即可；
- 切合实际→让步与权衡；
- 必要时创新→那是少数人的"事"；
- 差不多就行→凡事遵循 AQL 标准；
- 像工程师一样思考，像会计师一样做事→精打细算。

2）破心中之贼：AQL

许多人认为取消 AQL 并不是一件很难的事情，还举例说，我们不也是用流程和项目制管理模式把传统的科层制变成扁平化的了。没错，管理者打破那些使组织僵化和反应迟钝的界限是正确的。但如果他们认为这样做就完全不需要边界，那他们就错了。事实上，一旦传统的等级、功能和地理界限消失，新的界限就变得很重要了。

这些新的界限更多的是**心理上的**，而不是组织上的——它们不是绘制在公司的组织结构图上，而是存在于经理和员工的脑海中；不是反映在一

个公司的结构中,而是体现在经理与老板、下属和同事的关系之中。

由于这些新的界限与传统的界限有很大的不同,大多数管理者往往看不到这些界限。然而,知道如何认识这些新的界限并有效地利用它们,则是管理的实质。零缺陷与 AQL 的心理效应即是如此。

一家大型的轮胎公司,一直都是按照行业标准的程序规定,将一些有缺陷(但不会有安全问题)的轮胎以极其低廉的价格出售,这种做法还有一个名称叫作"瑕疵品出售"。该公司的瑕疵品比率是 6%。但是,汤姆作为新任的公司总裁不能接受这一做法,他要求不要再做这种打折销售瑕疵轮胎的事情了。但这样的做法仍在持续,因为毕竟这种做法已经是几十年来所形成的行业传统了,员工们并不认为他的话就是正确的。

于是,汤姆亲自来到一个车间,在那里整整待了两天的时间,他卷起衣袖,拿起刀,把那些有瑕疵的轮胎一个个地切成了碎片。此后,奇迹般的事情发生了:在这家有着几千人的公司里,仅仅在几周之内,产品的瑕疵率就从 6% 历史性地降到了 1%,而且从此再也没有上升过。

欲消除人们心理的"痼疾",可听听彼得斯先生的建议:如果你希望人们关注质量问题,那就将注意力集中在质量问题上吧。如果你以前还没有将主要精力放在质量问题上,那你在与人谈话时我不会知道首先应该讨论些什么,这样的谈话也就是冗长而空洞的,也不会有任何成效。所有的人最终都会了解,你现在关注的是质量问题,而不是你以前所关注的问题——这是非常重要的信息;从某种意义上说,将注意力明显地放在产品的缺陷问题上,那么产品的缺陷率就会下降,这倒不是因为你制订了什么具体计划,而是因为你把精力放在了"真正需要解决的问题"上了。

6.3 品质变革:创新未来解决方案的原理

简单的类比有时候对于阐述一件复杂而微妙的事情是有益的。我曾经

第 6 章　文化制胜：品质优先，永续经营

提出了一个品质文化的"土壤论"，无独有偶，詹姆斯·阿洛威也曾写过一个关于绿草坪的故事。

一间新屋的空地上长满了野草，但不是草坪。两个邻居打赌，看谁能够先拥有茂盛的草坪。

法斯特先生知道种植草坪必须有草籽，他立刻去买了最昂贵的草籽，并在邻居没有动手的时候，把草籽撒在了院子里。

斯洛小姐从小在农村长大，她很清楚整个过程。她甚至整理了土壤坡度以利于灌溉，她检查土壤的 pH 值，使用除草剂除去野草，然后施肥，最后用播种机均匀地撒下草籽，覆盖上一层薄膜并浇了充足的水。

法斯特被他地里所长出的一小丛草所鼓励。这丛草又绿又好。不过他也注意到女邻居的草坪显得更整齐，而且草也开始长大。但法斯特认为这归因于斯洛小姐的小孩每晚固定浇水。于是，他也开始让他的孩子每天下午给草坪浇水。在证明了下午给草地浇水是有害的之后，法斯特又开始给这片草施肥。为了挽回因每天下午浇水导致草死亡的损失，在化肥的用量上他使用了化肥使用说明书推荐数量的两倍，结果大部分的草都被化肥烧死了，而空地最终都被野草所覆盖。

斯洛小姐赢了，她用赢来的钱买了一个花棚，坐在下面怡然自得。草坪和花棚构成和谐的整体，周围邻居一致认为她家的景观很棒。

此时，法斯特先生仍然在他家的草坪上忙碌着。他抱怨他的孩子没很好地给草浇水，使用的草籽也不好，更没有充足的阳光，而且这块土壤不肥沃。他甚至说这场打赌不公平，女邻居赢了主要是因为她家的地好。反正他认为很不公平，因为他花的时间和钱都比他的女邻居要多得多。他坚持认为：到下一年，胜利一定会属于他。因为他计划安装一个自动喷灌系统，并且准备还要同斯洛小姐下更大的赌注呢。

你认为法斯特先生真的会取胜吗？斯诺小姐到底赢在了什么地方？如果将这个故事用来反思公司的经营现状，你是否会感到非常熟悉？是否会

因为看到了你们公司里的各种阻碍变革的障碍和我们常说的"传统的管理智慧"而感到震惊？你是否已经找到了变革的充分理由？

1. 传统企业何以变革

喜欢金庸小说的都知道有一本武林秘籍《葵花宝典》与东方不败的故事。秘籍开篇第一句"欲练此功，必先自宫"就吓倒了无数英雄好汉。其实，《葵花宝典》的本意并非必先进行生理上的切除，而是心理上的自制，是对一些事物的舍弃，放下贪念或者欲望。

说到变革，我们不妨做一番对比。如果说谷歌喜"混乱"，戈尔好"民主"，晨星尚"自主"，老乔崇"自由"，都尚属对传统的交响乐舞台进行改造或部分重建而已，那么里卡多之登场则是直接把舞台和剧院都拆了，改为露天摇滚演出了。只是这场表演实在出色，震动了整个巴西及欧美商界。

里卡多很低调，但是甫一登场，便出手不凡。先是"清洗"了父亲留下来的15位位高权重的"老臣"，然后再以"自由、平等、信任"之精神去审视公司的方方面面，便开始展现出"摇滚精神"之令人震撼的力量。比如，炒掉独裁的经理，向专制主义开刀；取消进出大门的"安检"，取消上下班的考勤时钟，取消着装的要求——让人们自己投票，选择自己喜欢的工装；拆除办公室隔断，用植物和鲜花来装饰，取消高管专用车位，取消高管私人餐厅，全公司统一用标准化的名片，将高管专职秘书改为共用秘书；把规章制度和各种手册都扔进垃圾桶，扔掉文件柜，取消文职人员；鼓励在家工作，实施员工轮岗制，实施轮值CEO制；采取员工自定薪水加风险工资的制度，工人也可张扬个性——在自己的工作场所，可以任意把墙面和机器刷成自己喜欢的颜色，实施流水线的弹性工作制；成立自治组织——工厂委员会，推行共享性利润计划，每季度分享23%；拆分工厂，每家工厂人数不可多于150人，实施"卫星计划"，把工厂让给喜当老板的员工，把工人变成自己的供应商；采取周例会制，让工人和经理共同来开会决策，实施日常管理……

经过这一系列变革，从 1994—2003 年，塞姆克的年收入从 3500 万美元增加到 2.12 亿美元。在没有任何公共投资的情况下，每年继续增长近40%。员工从里卡多接手时的 90 名发展到近 3000 人。公司业务已经从提供工业制造服务转向了高科技服务，还拓展到了各种服务领域（物业管理，设备维护），并与洛克菲勒集团、高纬物业（Cushman & Wakefield）和江森自控等名企建立了多家合资企业。

"这是因为塞姆克拥有其他人想要的东西——在经济波动的情况下仍能获得巨大的增长，独特的利基市场，不断增长的利润，高度激励的员工，低营业额以及多样化的产品和服务领域。"里卡多无比自豪地说。

2. 品质创新的基本原理

"零缺陷"思想本身即是一种品质之管理创新的成果。如果结合当年的时代背景，也可以称之为"品质革命"的成果。因为 20 世纪八九十年代，全球都是一个"激情燃烧的岁月"。所以，对于质量的用语也一直在变，从 QC、QCC、QE、QA 到质量改进/改善、质量变革、质量革命，也就对质量有了更深入的理解和领悟。如今，李克强总理坚定地发出了铿锵有力的动员令："来一场中国制造的品质革命"。无疑，从量到质的转型升级，本身就是一场革命，一次洗心革面的变革。不转型，中国制造将没有未来，而不经过品质革命，中国制造将不可能成功转型。

但是，这里面隐藏了一个令人不安的前提，即"品质"及其管理本身的变革或创新。所以不安，是因为人们不仅没有认识到或有意地忽略此问题，而且依然使用老的概念和原则去做变革之事，陷入"旧瓶装新酒"的沼泽地。也许这也就是许多人呼吁本书尽快面世的一个原因。但无论如何，我一直坚持在指导企业进行变革时，首先让他们的管理者们"重新定义品质"，然后把品质变革与管理创新相融合，应用品质管理创新或品质创新的基本原则，以发挥"4P 解决方案"的效能；否则，也只是一种"虚张声势"的质量改进而已。

那么，品质创新如何可能？我们在前文谈到了管理创新——管理原则和流程上的创新，最终改变管理者所做的事情以及他们做事的方法。正如品质文化是企业文化的核心，品质创新也是管理创新的主旨，那就是如何第一次就把正确的事情做正确。

因此，我们必须要阐述清楚品质创新的五个基本思路：

1）视变化为机遇——万类适我无非新：变/易乃万物生命之常态与准则，所谓"生生之谓易""一阴一阳，无时而不生生，是之为《易》"（《易经·系辞上》）；同时，只有适应变化、"与时偕行"，把握其道、"守经达权"。这种"以不变应万变、万变不离其宗"的思维方式，自然使得中国人乃至东方人将其视为心目中自然万象生存之基本原理：天地氤氲、万物化生、适者生存。

与之相对，则是近代以来西方人科学理性思维方式之兴隆：以万变求不变，不变即宗、即确定性，也即科学规律。所以，对不确定性、或曰变/变异有着天然的憎恶感和恐惧感。因此，发明了许许多多的方法和工具，用来消除变异、控制偏差、把握风险。换言之，变，就意味着危机、风险、邪恶和不测。在此语境下，达尔文所谓的"适者生存"，乃是弱肉强食、胜者为王之"丛林法则"的因果性结论，与东方人的语境大相径庭。

2）范式终将转换——滚滚长江东逝水：面对一群融入网络生活的新生代同事（出生于 21 世纪），你不可能使用从爷爷辈那里（20 世纪中期）传承下来的管理思想。用著名的科学哲学家库恩的经典概念"范式转换"来解释，则见一种"革命的结构"，即：常规科学——形成范式——出现反常——引发危机——"革命的解决"（范式转换）——形成新的范式。因此，"一个理论之所以被选择来取代旧理论，与其说是因为其真，还不如说是因为一种世界观的转变"。

3）回归原点思考——为话源头活水来：事物的"原点"，用老子的话讲是一种"无名，天地之始"的状态，用数学的表达即数轴上的0点，用物理学的表达即"第一原则"（First Principle），亦即亚里士多德所谓的"认识事物的第一基础"——是一个不能进一步推导的基本假设。因此，回归原点思考，也即一种求本溯源的要寻找到事物根本性问题思考方式，也叫作"第一原则思维"或"第一性原理思维"，即像马斯克那样将一个问题分解成核心部分，然后以更有效的方式将它们重新组合在一起的循环——解构再重构。与此相对应的思维方式，则是常规的"类比法"或"归纳法"，也叫物理学的"经验参数"——通过大量实例得出的规律性的结论，由N个已知的数据或现象，推导出一个规律。

4）寻找元动力——"无中生有"，万物之母：如果说"回归原点"是为了求本溯源、从有到无（从n到0），那么"寻找元动力"则是为了发现"无中生有"（从0到n）的"万物之母"。

由此可得，在"第一原则"之前还有一个"第0原则"（姑且称之）。正是它，作为"公设"或"公理"——既是自明性，也是约定性，既不能证实，也不能证伪；而"原则"一词也表示，它是具有普遍意义的，根本性的规律。牛顿在发现了"三大定律"之后，依然求本溯源，寻找它们之前的"第一推动力"。

5）进入无限游戏——天行健、地势坤：世界上至少有两种类型的"游戏"："有限的游戏"和"无限的游戏"。有限的游戏，其目的在于赢得胜利，无限的游戏，其目的在于打破时间和空间的界限，让游戏永远进行下去。有限的游戏具有一个确定的开始和结束，有特定的赢家，规则的存在就是为了保证游戏会结束；无限的游戏既没有确定的开始结束，也没有赢家，它的目的在于将更多的人带入游戏本身中来，从而延续游戏。

由此，对于品质创新本身而言，就应该有意图地、有步骤地进行游戏的转换：即清醒地打破画地为牢的有限游戏规则，而毫不犹豫地去开创、参与、融入有始无终的无限的游戏。因为文化则是无限的游戏。文化无边界，在一个文化中，所有人都成为参与者，无论任何时间、任何地点。如此，方可谓"苟日新，日日新，又日新"（《礼记·大学》）。

6.4 品质领导力：成为品质战略与文化的领导者

1. 品质领导力

这似乎是一个人人都谈领导力的时代，我对领导力尤其是品质领导力及其构建过程的思考与洞察，是基于沃伦·本尼斯的"领导者理论"、布拉克与的"领导动力学"理论以及克劳士比的"领导法则"，以及大量古今中外领导者的实践，加之个人三十多年的体验与感悟。这些都集中在下面这个"品质领导力模型"的图示里。

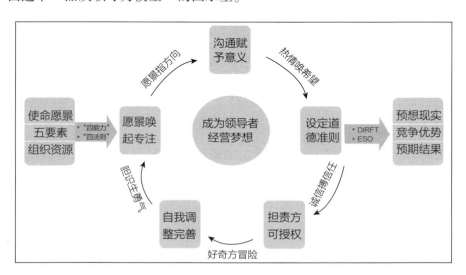

第6章　文化制胜：品质优先，永续经营

本尼斯先生最早把领导者和管理者做了划分，认为领导者是"做正确事情的人"，而管理者则是"把事情做正确的人"，并明确提出了"管理自己，领导他人"——"让管理靠边站"的新的价值主张。因为对于很多组织，特别是那些正在走向衰败的组织来说，他们的问题在于管理过度而领导不足。他们或许能够非常出色地正确做事，但却不管这些事是否正确。

本尼斯对领导力的定义是，通过权力之妥善应用而将组织的愿景和目标转化为现实与结果的能力。因为如果没有这种转化以及领导者与追随者之间的交流，那么组织就是一具行尸走肉。所以，领导者必须成为"阐明组织价值观，解读现实状况，构建和调动意义感，创造必需的象征符号，身体力行并以此传达组织行事原则的第一责任人"。

另外，必须正视而不可回避的是，绝大多数情况下，没有权力，领导者就无法领导其他人。因为"权力和领导力是同一个货币的两个方面"，权力是发起并维持行动所必需的基本力量，它是将意愿转化为现实，并加以维持的力量，领导力就是对权力的妥善应用，"愿景就是领导者的商品，而权力就是他们手中的货币"。领导者就是卖愿景和梦想的人。

所以，领导者必须要承担起责任来，要勇于授权，要清楚地主张：领导他人，管理自己。同时要实施四个战略：通过愿景唤起专注的战略，通过沟通赋予意义的战略，通过定位取得信任的战略，以及自我调整的战略。由此，也构建了一个领导力模型。

> ☑ **领导力：成为领导者与经营梦想**
>
> **领导"五要素"**：愿景指方向、热情唤希望、诚信博信任、好奇方冒险、胆识生勇气
>
> **领导"五要务"**：愿景唤起专注、沟通赋予意义、设定道德准则、担责方可授权、自我调整完善
>
> **领导"四能力"**：吸引注意、管理意义、管理信任、管理自我
>
> **领导"四法则"**：清楚的议程、个人的哲学、培育关系、国际化
>
> **领导"经营梦想"**：沟通愿景、谨慎招聘、奖励、再培训、重构组织

由此，便可以将使命愿景、组织资源及领导"五要素"作为输入，进行领导过程的转化；通过领导"四能力"和"四法则"进入经营梦想的"正向循环"，以落实领导力"五要务"，创建"第一次就做对"（DIRFT）的文化以及基于"企业健康度"的五大要素打造"永续成功的组织"（ESO），最终实现预想的现实、预期的经营结果和品质竞争优势。

吉宁的领导力信条

哈罗德·吉宁先生是我所尊崇的一位企业家，继斯隆（Alfred P. Sloan）之后"全球最著名的管理天才"非他莫属，他作为一位专业人士（注册会计师）居然能够在不到两届的董事长任期内创建了一个全球巨无霸企业集团ITT公司，还提出了"Conglomerates"（企业集团）的概念，使得"G管理理论"（Theory G on Management）为更多人所知晓。

自从1979年从董事会主席的位置上退休后，便开始思考与整理他的人生，并于1984年出版了《管理》（*Managing*）一书。他没有用常规的名词Management而用的是动名词形式Managing，初看时有些诧异，但是渐渐就会领悟到他的管理智慧，也自然就明白了为什么出版商的广告语是——"传奇的超级经理告诉你的巨无霸公司深藏不露的成功秘籍"，"经理人的How-to手册"（《财富》杂志）。他与本尼斯先生一样，把"管理"和"领导"做了区分，认为你可以通过定量计算与分析获得MBA学位，成为管理者、甚至高管，但是不可能成为领导者。在他心目中，"领导力的品质是经营成功食谱中独有的最重要的配料。"因此他视领导力为"经营管理的心脏和灵魂"。他给领导力下的定义也与本尼斯的相通："领导力就是激发他人作为团队的一员跟随你一起工作以达成共同目标的能力"。既然此能力非与生俱来，乃后天习得的，就必须遵循一个非常简单的"吉宁信条"："必须管理管理者！"

2. 谁应该为品质负责

此时，我们再来看这个问题就更加有意义了。因为我们在前面分别谈

第6章　文化制胜：品质优先，永续经营

到了"让品质责任回归主体"的三个方面，即品质是个人的事情，你我都有责任；司机归位，一把手要为组织的品质负责；质量组织重新定位，肩负起品质的新角色和责任。如是，似乎就把它变得愈加复杂了。所以有必要重新厘清这个问题。

巧的是，克劳士比学院的名誉院长、克劳士比先生的胞弟大卫·克劳士比，虽未曾投笔从戎，但大半生都在为美国国防工业效力，耳闻目染，颇具几分军人的气质。他根据自己的《零缺陷选择》（*The Zero Defects Option*）和美国海军上将海曼·G·里科夫（Hyman G. Rickover）的观点，曾经发表了一篇题为《美国的质量危机》的文章，引起了相当大的反响。他非常认同他哥哥的观点，认为美国企业在质量方面太过自以为是，以为已经"革过命了"，质量工作在日常工作中去做好就行了。大卫认为这就是危机所在——因为它实际是一个有关老板的角色和责任的复杂问题。

他认为，首先，所有的事情都来自高层——金钱、方向、质量标准、绩效标准，每一件事，在老板把水龙头拧开之前，没有任何东西流出。当然，这也意味着当把手转到相反方向时，事情就停止了。质量可不是一种草根的方法论。要明白，当我们说质量时，并不是在说"优良"，那是另一个话题——虽然优良的标准也来自老板，而指的是产品或服务符合美国质量协会（ASQ）提出的一个质量定义——无缺陷，或零缺陷，或无缺陷的产品或服务。

零缺陷概念的一个重要部分，是人们按照他们的领导者设定或接受的标准来执行。人们花费大量的时间、思想和精力试图找出什么能取悦（或不取悦）他们的领导者。正如"你的产品看起来就像你的管理层"一样，如果你是领导者——老板，而产品有问题，那就是你的错。

根据里科夫上将的说法，"责任是一个独特的概念；它只能存在于一个单独的个体内。你可以委派它，但它仍然与你在一起。你可以与他人分享，但你的份额并没有减少。你多次放弃它，但你不能剥夺自己的权利。

即使你不认可它或不承认它的存在,你也无法逃避它。如果你的责任是正当的,任何逃避或无知或推卸责任的行为都不能把责任推卸给别人。"

这是个很有说服力的想法。所有的领导者都应该把这条信息刻在他们的桌面上。首席执行官与组织中的其他领导共同承担质量责任。不幸的是,许多管理人员(各级)似乎并不理解他们对质量的责任。大卫作为美国资深的质量专家,曾任马丁公司、RCA集团以及美国国防部质量变革推进团队负责人,对此他感同身受。他说:"我无法告诉你我听过多少次工厂经理责怪那些人"——意思是工人,因为他们的产品质量太差了。那种经理不明白质量问题是如何发生的,不明白他(或她)应对质量负责。因此,当顾客抱怨时,这类经理会尖叫:"这是怎么回事?"每当有"责任"问题出现时,我就会想起那句话:人人都负责,等于没有人负责。

3. 最新指令:先格式化"你脑中的"零缺陷

离美国国土安全部正式成立的三天之前,汤姆·彼得斯面对该机构的领导人做了次激情洋溢的演讲,主题是:"自豪地举起百分之百对抗零缺陷的旗帜"。他的理由非常简单:在确定的环境下"零缺陷"是很成功的,但是在不确定的情况之下,它却是致命的。我们如今已处在一个需要"重新想象"的世界了,这是一个混乱的世界,一个激荡的年代,一个绝对充满不确定性的时代。所以,他强调的是要尽情地享受混乱,因为混乱才有可能带来成功,才有可能带来财富。用他的话来讲:最适合现在这个社会的是两个词——也是大家最不愿听的词语,那就是"毁灭"与"破坏"。

时光回到1982年,《追求卓越》让彼得斯跃升为"最著名的管理大师",他便充满激情地高呼:美国式的管理不仅让我们赢得"二战",而且赢得了"世界霸权"。但20世纪七八十年代,日本和欧洲都给美式管理的优越地位敲响了丧钟。具有革命性冲击力的"第一次把事情做对""零缺陷"观念却给美国企业注入了一种新的能量,掀起了一场"质量革命风暴",激发出了美国人"追求卓越的激情"(他干脆以此作为书名,把"零缺陷"好好地赞美了一番!),让美国公司重获卓越、再登王座。

2016年,大病之后明显消瘦一圈的彼得斯一如既往地"极端"和犀利,但语言风格已经变得温和,甚至有几分"儒雅"。他说,这是一个客户体验的时代,如果你再坚持工业时代的"零缺陷"的观念,那么就将意味着走向衰败了。因为在许多人的头脑中"零缺陷"基本上就等同于铁的纪律和刚性律法;是对一切失败的惧怕与回避,也就等同于保守、害怕和失败,属于墨守成规、拒绝变化的代名词。

因此,对这些人——往往是一些既得利益者们来说,一切的渐进主义才是他们的朋友,所有那些被广泛颂扬的"好的管理"都是他们的追求。同样,那些花里胡哨的不切实际的战略规划,那些对旧有的思想进行修补的质量管理观念,以及那些时尚的所谓持续的竞争优势,都被他们打包后装进了"零缺陷"的概念里。

"零缺陷"的缺陷

由此便不难理解,当美国国防部长拉姆斯菲尔德决定重塑美国军队的时候,他坚持认为,军队需要一次真正的革命,需要一个崭新的模式,那就是:需要一个新的梦想。然而军队里面是极其保守的,尤其是那些司令和将军们。有趣的是,那时拉姆斯菲尔德在《新闻周刊》的封面文章中提到:在现代军队中,风险是那些不断被提拔的军官们所最不喜欢的东西,因为在他们的记录中不能有丝毫的瑕疵。"零缺陷"和"零差错"是相同的意思。

无独有偶,与保守的军队遥相呼应的是同样保守的制造业。不同的是,前者已经用利益的保护层把"零缺陷"变得"没有脾气"了;而后者则依然惧怕具有革命性的"零缺陷"思想——把它当作一件绝不可能的事情:那就是百分之百没有差错,那就是即使一次做不到,也要一次次地持续改进以达到百分之百,典型的渐进主义、改良主义和修修补补主义的思维与做派。当然，这依然只是在"零缺陷"的物理层面和事理层面的一种纠结和迷思：依然迷失在所谓的 QCD（质量、成本、进度）的噩梦里。

于是，在拉姆斯菲尔德部长看来，"零缺陷"的问题或"零缺陷"的缺陷就在于：没有"大胆的"失败，就没有"伟大的"胜利。

于是，彼得斯再次激情呼吁：我们需要的是"自我毁灭"和"重新想象"，胆怯地进行性改善和修补的时代已经过去了。变革已成必然，"破坏"就是当今社会的规则。

于是，在客户体验的时代，"零缺陷"这辆思想的铲车将披挂上阵、攻城略地；它不仅是我们做人做事的起跑线，更是把更多精力花在成就客户梦想的冲刺点。用彼得斯的话说，要把日常工作中的"产品"和"服务"的词语通通剔除掉，当你谈及此类话题时，最好使用"体验"和"梦想"这类词。这就意味着我们必须彻底地改变观念，实施梦想工程。

实施梦想工程

"梦想，是每一个客户所要追求的最完美的体验"——这是法拉利的北美区前任首席执行官 Buitoni 先生说的。而梦想，是关乎人的，关乎人的情感，关乎人的想象，关乎人的各种感觉和欲望。用 Buitoni 先生的话说，与众不同的体验可以诱导客户将其所有的业务都交给你，实际上，特殊的体验，也是客户需求中最核心的内容，同时也正是特殊的体验，不断地为客户提供一次又一次成就自我的机会。

而体验的是什么？绝不是单一的产品，单一的流程和服务，而是一种整体性的、完整的、广泛的、具有心理及情感等特点的。彼得斯说："它是一种经历，是一种冒险，一个事件，是有原因、过程和结果的，同时还能给我们带来灵魂和精神的洗礼。"

你同样也无法想象，在如今这个体验的和梦想的时代，"乔布斯们"会在他们的让消费者尖叫的 WOW 项目中努力追求计划"零偏差"、材料

"零浪费"、项目"零失败"。相反,他们却是以艺术家的精神、完美主义的态度激情大胆地尝试创造各种超越的价值。而这种追求梦想的激情,这种渴望超越的精神,这种破旧立新的追求,才是"零缺陷"的本意.所以,要成为"零缺陷公司"的前提,就是要先插上梦想的翅膀,然后再大胆地展翅飞行。

展开你梦想的翅膀

"零缺陷"倡导的是学习、尝试、改变。因为所有的改变都是战争,是有关"我们以前做事情的方式"的战争。所以,如果你相信自己无须打破任何东西就能获得改变,那才是真正不可能发生的事情。为此,它要求:奖赏那些最出色的犯错者,要惩罚那些平庸的成功者。因为允许人犯错误,其实就是在尝试一些新的事物。

所以,那就把你头脑中原有的所谓"零缺陷"的思维删除掉吧!正如万事达卡创始人霍克先生所说:"问题不在于你如何让你的头脑中产生新的想法,而是如何将旧的想法从中清除出去。一旦我们刷新了头脑,那么,就可以嵌入体验时代的'梦想工程'的逻辑了。"

"莫听穿林打叶声,何妨吟啸且徐行"。问题是:如何超越你头脑中陈旧的"零缺陷"呢?彼得斯说:"非常简单,展开你梦想的翅膀!"

读者诸君,还是先执行第一道行动指令:请格式化你脑中的"零缺陷"吧!

后　记

这本书写得比较艰难，也许是较为看重的因故，写得格外用心，从思考、酝酿、实践到写作，前后历经了两三年，而在这期间，我一直没有间断过在各类大大小小企业进行的访谈、观察、实践；在这些深度互动的过程中，总能引发共鸣，从而反过来不断激发与坚定我必须把它们写出来以期与更多的企业共享、促其变革之意愿。

也许这背后还有一个更大的原因，那就是最近这三五年间，整个世界仿佛都在经历着李鸿章哀叹的"数千年未有之大变局"之煎熬，言语变得苍白无力。此情此景，想想都让人头晕目眩。而我竟然心中涌起一种冲动，希望能够站在未来十年的角度来回望今天，以帮助身处暗流涌动与惊涛骇浪之中的企业树立信心，梳理思路，明确方向。

另外，这期间，我本人从认知、情感和逻辑上对基于深层生态、云计算、区块链、物联网、AI等科技突破的数字时代有了基本的了解，而对于即将到来的"奇点时代"或"机器文明"世界的恐慌与焦虑，又进一步促使我从管理思想史、哲学史上去思考，去探寻答案。

也可以说，本书的主要观点是在与广大的中国企业持续地碰撞、沟通、研讨与践行的过程中自然生成的。其中绝大部分的理念、观点与原理，早已被许多企业所熟知并加以应用了，尤其是"20字诀"，广为流传。这足以让我感到欣慰。同时，也促使我克服惰性，兴奋起来，勤奋起来，挤出时间，动笔写出来。

在内容上，本书一如既往地体现出被大家广为赞誉的所谓"杨钢风范"：融会中西、贯通古今、立足当下、面向未来。同时紧扣中国企业经营管理的命脉，听取他们的思虑、盘算与考量，剖析其所关心问题之病灶与根因，进而展示与分享其他公司的诊疗良方和功效。

当然，本书许多的中国案例和成功故事都进行了一定的加工处理，甚至借鉴了欧美公司的"套路"和表达方式。

从大处谈，疫情是一面镜子，清晰展现出世界各国危机时刻之领导力与组织管理能力；从小处讲，则是对"20字诀"效能的一次集中验证。

如此看，这又是一次历史的选择。青山遮不住，毕竟东流去。

50多天的居家隔离，即将迎来春暖花开、桃红柳绿的日子。相信大多数同胞都会发出一种由衷的感慨：中华民族从来没有像今天这样接近伟大复兴的时刻！而作为管理学者，我想说：伟大的复兴，不能没有自己伟大的管理理论与思想。这不正是吾辈为之奋斗的方向吗？

"东方欲晓，莫道君行早。踏遍青山人未老，风景这边独好。"

读者诸君若能够因此起而行之，闻鸡起舞，则吾愿足矣！

杨　钢

北京奥运村

2020.03.20

参考文献

[1] HAMEL. Moon Shots for Management[J]. Harvard Business Review, 2009.

[2] GARVIN. What does "product quality" really mean? [J]. Sloan Management Review, 1984.

[3] ATKINSON, HAMBURG, ITTNER. Linking Quality to Profits: Quality — Based Cost Management[M]. Miami: Milwaukee ASQ Quality Press, 1994.

[4] SHETH. The self-destructive habits of good companies[M]. New York: Pearson Education, 2007.

[5] GRAVES. Consumer. ology: the market research myth, the truth about consumers and the psychology of shopping[M]. London: Nicholas Brealey Publishing, 2010.

[6] KELLY, JOHNSTON, DANHEISER. Value-ology: Aligning sales and marketing to shape and deliver profitable customer value propositions[M]. New York: Palgrave Macmillan, 2017.

[7] DAY, MOORMAN. Strategy from the Outside In: Profiting from Customer Value[M]. New York: McGraw-Hill, 2010.

[8] SNOW, YANOVITCH. Unleashing Excellence: the Complete guide to ultimate customer service[M]. New York: DC Press, 2003.

[9] GALE. Managing Customer Value: Creating Quality and Service That Customers Can See [M]. New York: Simon &Schuster, 1994.

[10] OSBORNE, GAEBLER. Reinventing Government: How the Entrepreneurial Spirit is Transforming the Public Sector[M]. Massachusetts: Addison-Wesley, 1992.

[11] JOINER. Fourth Generation Management. [M]. New York: McGraw-Hill, 1994.

[12] O'REILLY. Information Dashboard Design: the effective visual communication of data [M]. Massachusetts: Media, 2006.

[13] RUBINSTEIN, KOCHAN. Learning from Saturn: Possibilities for Corporate Governance and Employee Relations[M]. New York: Cornell University Press, 2001.

[14] HACKMAN, OLDHAM. Work Design[M]. Massachusetts: Addision-Wesley, 1980.

[15] GROOCOCK. The Chain of Conformance[M]. New York: John Wiley & Son, 1986.

[16] GARVIN. Competing on the Eight Dimensions of Quality[J]. Harvard Business Review, 1987.

［17］BERTALANFFY. General System Theory：foundations development applications［M］. New York：George Braziller，1968.

［18］MILLER. Living Systems［M］. New York：McGraw-Hill，1978.

［19］CAPRA. The Web of Life：a new scientific understanding of living systems［M］. New York：Anchor Book，1996.

［20］CAPRA. The Turning Point［M］. New York：Simon & Schuster，1982.

［21］CAPRA. The Tao of Physics［M］. New York：Shambhala，1991.

［22］GROOCOCK. The cost of quality［M］. New York：Pitmans，1974.

［23］CHOUINARD. Let My People Go Surfing［M］. New York：Penguin Books，2005.

［24］LAWLER，WORLEY. Management reset：organizing for sustainable effectiveness［M］. San Francisco：Jossey-Bass，2011.

［25］BIRKINSHAW. Reinventing Management［M］. San Francisco：Jossey-Bass，2010.

［26］KLEINER. The Age of Heretics：A History of the Radical Thinkers Who Reinvented Corporate Management［M］. San Francisco：Jossey-Bass，2008.

［27］ALLOWAY. Laying Groundwork for Total Quality［J］. Quality Progress，1994.

［28］凯利. 必然［M］. 周峰，等译. 北京：电子工业出版社，2016.

［29］施特劳斯. 自然权利与历史［M］. 3版. 彭刚，译. 上海：生活·读书·新知三联书店，2016.

［30］杨钢. 质量无神［M］. 北京：中国城市出版社，2003.

［31］沙因. 企业文化生存与变革指南［M］. 马红宇，等译. 杭州：浙江人民出版社，2017.

［32］科特，诺里亚，等. 引爆变革［M］. 陈志敏，等译. 北京：中信出版社，2016.

［33］隆美尔，等. 质量炼金：企业竞争致胜的武器［M］. 刘伯根，等译. 北京：中国大百科全书出版社，1998.

［34］杨钢. 质与量的战争［M］. 2版. 北京：北京联合出版公司，2016.

［35］易中天. 帝国的终结：中国古代政治制度批判［M］. 上海：复旦大学出版社，2007.

［36］哈默，布林. 管理的未来［M］. 陈劲，译. 北京：中信出版社，2012.

［37］彼得斯，奥斯丁. 追求卓越的激情［M］. 张秀琴，译. 北京：中信出版社，2003.

［38］杨钢. 零缺无陷：中国零缺陷管理首席专家杨钢省思录. ［M］. 北京：北京大学出版社，2006.

［39］奈特. 基于价值的经营［M］. 郑迎旭，译. 昆明：云南人民出版社，2002.

[40] 克劳士比. 完整性：21世纪的质量［M］. 杨刚，等译. 北京：中国人民大学出版社，2006.

[41] 巴泽尔. 战略与绩效：PIMS原则［M］. 吴冠之，等译. 北京：华夏出版社，1999.

[42] 马利克. 战略：应对复杂新世界的导航仪［M］. 姜文波，译. 北京：机械工业出版社，2013.

[43] 曾仕强. 中国式管理［M］. 北京：中国社会科学出版社，2005.

[44] 戴维森. 承诺［M］. 唐晓红，等译. 北京：中信出版社，2004.

[45] 舍基. 人人时代：无组织的组织力量［M］. 胡泳，等译. 杭州：浙江人民出版社，2015.

[46] 郭士纳. 谁说大象不能跳舞［M］. 张秀琴，等译. 北京：中信出版社，2010.

[47] 黄卫伟. 以客户为中心：华为公司业务管理纲要［M］. 北京：中信出版，2016.

[48] 钱德勒. 看得见的手［M］. 重武，译. 北京：商务印书馆，2016.

[49] 威廉姆森，温特. 企业的性质：起源、演变和发展［M］. 姚海鑫，等译. 北京：商务印书馆，2007.

[50] 刘易斯. 失去灵魂的卓越［M］. 2版. 侯定凯，等译. 上海：华东师范大学出版社，2012.

[51] 雷恩. 管理思想的演变［M］. 李柱流，等译. 北京：中国社会科学出版社，2000.

[52] 斯莱沃斯基，韦伯. 需求［M］. 魏薇，等译. 杭州：浙江人民出版社，2013.

[53] 舒尔兹，扬. 将心注入［M］. 文敏，译. 杭州：浙江人民出版社，2010.

[54] 卡什，卡尔霍恩. 赢的力量：如何从需求商业模式中赢利［M］. 张帆，译. 北京：中信出版社，2012.

[55] 斯莱沃斯基. 价值转移［M］. 凌郢，等译. 北京：中国对外翻译出版公司，1998.

[56] 斯莱沃斯基，莫里森，等. 发现利润区［M］. 鲍勃，等译. 北京：中信出版社，2018.

[57] 鲁梅尔特. 好战略，坏战略［M］. 蒋宗强，译. 北京：中信出版社，2017.

[58] 马利克. 管理［M］. 刘斌，译. 北京：机械工业出版社，2018.

[59] 麦迪思. 企业生命周期［M］. 赵睿，译. 北京：中国社会科学出版社，1997.

[60] 卡普兰，诺顿. 平衡计分卡：化战略为行动［M］. 刘俊勇，译. 广州：广东经济出版社，2004.

[61] 埃文斯，林赛. 质量管理与质量控制［M］. 7版. 焦叔斌，译. 北京：中国人民

大学出版社，2010.

[62] 彼得斯. 乱中求胜：美国管理革命通鉴［M］. 朱葆琛，译. 北京：科学普及出版社，1988.

[63] 平克. 驱动力［M］. 尹碧天，译. 北京：中国人民大学出版社，2012.

[64] 高斯蒂克，埃尔顿. 胡萝卜原则［M］. 王成慧，等译. 北京：电子工业出版社，2013.

[65] 赫斯克特，萨赛，施莱辛格. 服务利润链［M］. 王兆刚，等译. 北京：机械工业出版社，2005.

[66] 赫斯克特，萨赛，施莱辛格. 价值利润链［M］. 刘晓燕，译. 北京：机械工业出版社，2005.

[67] 施密特，等. 重新定义公司［M］. 陈序，等译. 北京：中信出版集团，2015.

[68] 杜塔，曼佐尼. 过程再造、组织变革与绩效改进［M］. 焦叔斌，译. 北京：中国人民大学出版社，2001.

[69] 河本英夫. 第三代系统论：自生系统论［M］. 郭连友，译. 北京：中央编译出版社，2016.

[70] 舍伍德. 系统思考［M］. 邱昭良，译. 北京：机械工业出版社，2008.

[71] 圣吉. 第五项修炼［M］. 张成林，译. 北京：中信出版社，2018.

[72] 曾鸣. 智能商业［M］. 北京：中信出版社，2018.

[73] 库兹韦尔. 奇点临近［M］. 董振华，等译. 北京：机械工业出版社，2011.

[74] 乔伊纳德，斯坦利. 负责任的企业［M］. 陈幸子，译. 杭州：浙江人民出版社，2014.

[75] 彼得斯，奥斯丁. 追求卓越的激情［M］. 张秀琴，译. 北京：中信出版社，2003.